面向区域支柱产业的
快速响应制造优化方法

薄洪光 刘晓冰 著

科学出版社
北京

内 容 简 介

本书以典型的装备制造企业为研究对象,在分析现代优化调度理论方法与应用现状、快速响应相关背景理论、装备制造业供应链管理特点的基础上,构建快速响应管理理论框架,探讨快速响应管理机理——干扰管理和应急管理,建立混合无等待流水线干扰管理调度方法、考虑扰动的制造供应链配置优化方法、基于干扰管理的制造供应链动态调度方法、制造供应链多目标协商调度方法以及随机扰动下流程企业供应链协调调度方法。

本书可作为企业管理、工业工程与管理、物流工程与管理、管理科学与工程、工商管理等学科领域教师、科研人员及研究生的参考用书。

图书在版编目(CIP)数据

面向区域支柱产业的快速响应制造优化方法/薄洪光,刘晓冰著. —北京:科学出版社,2019.6
ISBN 978-7-03-061669-2

Ⅰ.①面… Ⅱ.①薄… ②刘… Ⅲ.①制造工业–工业企业管理–研究–中国 Ⅳ.①F426.4

中国版本图书馆 CIP 数据核字(2019)第 116829 号

责任编辑:李晓娟 / 责任校对:樊雅琼
责任印制:吴兆东 / 封面设计:无极书装

科 学 出 版 社 出版
北京东黄城根北街 16 号
邮政编码:100717
http://www.sciencep.com

北京凌奇印刷有限责任公司印刷
科学出版社发行 各地新华书店经销
*

2019 年 6 月第 一 版 开本:720×1000 B5
2025 年 1 月第二次印刷 印张:13 1/4
字数:300 000

定价:138.00 元
(如有印装质量问题,我社负责调换)

前　言

区域支柱产业是在区域经济体系中占有重要地位的产业。装备制造业是辽宁省四大支柱产业之一，对辽宁省的经济发展起巨大推动作用，如今此区域面临发展瓶颈，装备制造企业急需转型升级。面对动态扰动的市场环境，如何智能化、服务化地对市场需求进行快速响应，是本书研究的主要问题。

装备制造业是社会可持续发展的基石，是创造社会财富的直接源泉，是国防安全的重要保障。随着制造产品的复杂性和客户高效性的要求不断提高，企业的供应链管理方法需要基于实时过程信息实现动态优化和控制，而传统的供应链管理方法难以适应动态变化的企业内外部环境，因此实施具有自适应能力的快速响应管理势在必行。

快速响应管理是有计划、组织、指挥、协调的供应链管理活动，是在成本和效率优化的前提下，对企业内外部环境的影响进行快速反应，根据客户的需求，按时、按量、按地、按质、按价提供所需产品或服务的各项管理工作的总称。装备制造供应链的运作过程涉及人员、设备、订单、环境等诸多要素，人为因素、设备停机维修、订单变动等干扰时有发生，如何快速处理异常，在优化初始目标的同时，最小化干扰造成的系统扰动并恢复正产运作，是干扰管理致力解决的问题，也是实现快速响应管理的重要方法论。

本书以装备制造企业快速响应管理实践为研究背景，基于装备制造企业供应链管理视角，综合运用系统化、集成化管理思想，构建区域支柱产业的快速响应管理的理论框架和技术方法体系。全书共 8 章。其中，第 1 章绪论，主要介绍装备制造供应链快速响应管理的体系构架、工作逻辑和关键技术等；第 2 章理论综述，主要论述实现快速响应管理的主要方法，重点研究干扰管理方法；第 3 章供应链快速响应管理的机理，介绍基于泛在网技术的供应链主动感知实现框架，详细描述基于干扰管理和应急管理思想的快速响应机理；第 4~8 章为基于干扰管理思想的快速响应管理的实现方法和应用实例，分别为：混合无等待流水线干扰管理调度方法、考虑扰动的制造供应链配置优化方法、基于干扰管理的制造供应链动态调度模型、制造供应链多目标协商调度模型及算法研究，以及随机扰动下流程企业供应链协调调度方法。

与本书内容相关的研究工作得到了国家科技支撑计划项目（面向 CRH-MES

的 XBOM 本体建模与运行优化技术研究与应用，2015BAF08B02-04）、国家社会科学基金面上项目（供应链视角下装备制造企业快速响应的影响因素研究，17BGL084）、国防科工局基础科研项目（基于 XXX 系统的订单生产及物料配套项目及生产现场无纸化应用系统研究与开发）、辽宁省社会科学规划基金项目（物联网环境下制造供应链动态协调配置问题研究，L16BGL011）、辽宁省经济社会发展课题（智能制造环境下供应链动态配置问题研究，2017lslktyb-042）等的支持，在此表示衷心的感谢！在长期的基金课题研究和项目实践过程中，本书作者得到了多位老师的无私帮助，他们分别是大连理工大学的张令荣、冯长利、蒙秋男、李新然，大连民族大学的王万雷，北京交通大学的刘峰、张宁、张春、蒋增强、鄂明成，中国科学院沈阳自动化研究所的赵吉宾、胡国良。项目的研究成果是研究团队的集体智慧结晶，在此也向他们表示衷心的感谢。

在本书统稿过程中，作者指导的学生马晓燕、王蕾、张鑫、潘裕韬、刘海丰、李龙龙、李焕之、张慧琳、王兴冕、王庆瑞、白思航、陈映莲、徐婧等付出了辛勤的工作，在此表示衷心的感谢。另外，在本书撰写过程中参阅了大量中外文资料，在此，谨向这些国内外作者表示衷心的感谢。装备制造供应链快速响应管理已成为国内外学者关注的热点研究问题，其理论、方法处于快速发展的阶段。但由于作者水平有限，书中不妥之处在所难免，敬请广大读者批评指正。

薄洪光

2019 年 1 月 1 日于大连

目　　录

第1章　绪论 ... 1
- 1.1　区域支柱产业概述 ... 1
- 1.2　装备制造业概述 ... 2
- 1.3　装备制造供应链环境 ... 6
- 1.4　快速响应理论概述 ... 19
- 1.5　本书的主要内容 ... 30

第2章　理论综述 ... 31
- 2.1　新技术环境下供应链管理研究现状 ... 31
- 2.2　供应链快速响应的研究现状 ... 33
- 2.3　供应链快速响应管理的研究现状 ... 36

第3章　供应链快速响应管理的机理 ... 42
- 3.1　供应链主动感知体系构架 ... 42
- 3.2　供应链异常事件 ... 46
- 3.3　干扰管理 ... 47
- 3.4　应急管理 ... 51
- 3.5　供应链扰动事件的扩散和恢复机理 ... 55
- 3.6　供应链突发事件的扩散和恢复机理 ... 56

第4章　混合无等待流水线干扰管理调度方法 ... 59
- 4.1　混合无等待流水线调度问题分析和建模方法 ... 59
- 4.2　并发扰动下HNWFS干扰管理调度模型和算法 ... 66
- 4.3　考虑行为的HNWFS干扰管理调度模型和算法 ... 79

第5章　考虑扰动的制造供应链配置优化方法 ... 101
- 5.1　考虑成本与提前期的供应链配置优化 ... 101
- 5.2　电子装配品供应链的可靠性分析 ... 115

第6章　基于干扰管理的制造供应链动态调度模型 ... 127
- 6.1　制造供应链动态调度的干扰管理模型与算法 ... 127
- 6.2　供应链环境下HNWFS动态调度模型 ... 143

第 7 章　制造供应链多目标协商调度模型及算法研究 ⋯⋯⋯⋯⋯⋯⋯ 157
　　7.1　两阶段制造供应链干扰管理模型 ⋯⋯⋯⋯⋯⋯⋯⋯⋯⋯⋯⋯ 157
　　7.2　干扰管理协商调度算例 ⋯⋯⋯⋯⋯⋯⋯⋯⋯⋯⋯⋯⋯⋯⋯⋯ 167

第 8 章　随机扰动下流程企业供应链协调调度方法 ⋯⋯⋯⋯⋯⋯⋯⋯ 171
　　8.1　制造商出现扰动的供应链协调管理模型 ⋯⋯⋯⋯⋯⋯⋯⋯⋯ 171
　　8.2　供应商出现扰动的供应链协调管理模型 ⋯⋯⋯⋯⋯⋯⋯⋯⋯ 186

参考文献 ⋯⋯⋯⋯⋯⋯⋯⋯⋯⋯⋯⋯⋯⋯⋯⋯⋯⋯⋯⋯⋯⋯⋯⋯⋯⋯⋯ 201

第 1 章 绪　　论

作为长三角、珠三角、京津冀和东北等区域支柱产业的装备制造业,其对区域的经济发展起着巨大推动作用。在全国经济增长整体放缓的背景下,装备制造业作为重要支柱产业,急需转型升级。面对动态扰动的市场环境,如何智能化、服务化地对市场需求做出快速响应,成为装备制造业目前亟需解决的问题。

1.1　区域支柱产业概述

1.1.1　区域支柱产业概念及特征

随着社会的发展和科技的创新,经济区域化和个性化的发展特征愈加明显,经济欠发达地区需要寻求和发展其先进的区域支柱产业来发展区域经济,提高自身核心竞争力。区域支柱产业是指在某区域的经济体系中占有重要的战略地位,其产业规模在区域经济中占有较大份额,并起着支撑作用的产业或产业群。其特征如下。

1) 产出规模大。区域支柱产业的净产出在区域经济中占相对较高比重,一般可达5%以上。

2) 可持续发展。区域支柱产业具有很强的市场扩张能力、稳定并可持续增长的生产率和生产能力、可不断优化降低的生产成本,快于其他产业的发展速度。

3) 拉动区域经济发展。区域支柱产业不仅自身发展速度快于同期区域内GDP的增长速度,而且其产业链较长,可带动区域内其他相关产业的发展,同时带动区域就业需求。

区域经济成长的过程与支柱产业的发展息息相关,大力发展区域支柱产业,是区域经济发展的战略性选择,对所处地区的经济结构和发展变化具有广泛而深刻的影响。

1.1.2　区域支柱产业与装备制造业

为发展国家及地方经济,德国提出"工业4.0"概念,美国提出"先进制造伙伴计划",中国提出"中国制造2025"战略,以此来提高综合国力,建设世界强国。在中国制造业发展中,装备制造业对区域的经济发展起着巨大推动作用。因此,本书着眼于装备制造业研究,以期对以装备制造业为区域支柱产业的区域经济发展起到参考、借鉴作用。

1.2 装备制造业概述

装备制造业是一个国家制造业发展的核心,是反映国家制造业水平的关键因素,是国民经济发展尤其是工业发展的基础,一个国家经济发展和国防建设所需的生产、技术以及装备都与之密不可分。装备制造业相当于制造业的工具,拥有了强有力的工具,一个国家的制造业才能创造出更多的工业成果。因此,我国要提升国家综合实力、提高国家竞争力、实现工业现代化和产业结构的升级,大力发展和建立大而强的装备制造体系结构势在必行。

1.2.1 装备制造业概念

目前,关于装备制造业的概念在世界其他国家和国际组织并没有明确的定义,是因为装备制造业这个概念是我国特有经济体制下的产物,这一术语在我国理论界的正式提出最早可追溯到 1998 年的中央经济工作会议,该会议明确提出要大力发展装备制造业。

对于装备制造业的概念,理论界的认识不尽相同,尚无公认一致的定义和范围界定。2002 年,国家发展计划委员会将装备制造业定义为:为国民经济和国家安全提供技术装备的企业的总称,是为满足国民经济各部门发展需要而制造各种技术装备的产业。通常认为,制造业分为装备制造业和最终消费制造业两类,其中装备制造业是指能够为国民经济提供生产、技术、装备的工业的总称,即生产机器的机器制造业。

1.2.2 装备制造业分类

根据装备制造业产品的技术难度,可将装备制造业划分为以下 5 类,见表 1.1。

表 1.1 根据产品的技术难度分类的装备制造业

装备制造业分类	主要内容
通用类装备制造业	传统的机械制造类产品,工程机械、农业机械、机泵阀、建筑机械和运输机械等,绝大部分属于通用类装备

续表

装备制造业分类	主要内容
成套类装备制造业	主要指生产线等
基础类装备制造业	主要包括量具、机床、模具、元器件、工具、仪器仪表和基础零部件等
高技术关键装备制造业	超大规模集成电路生产中的单晶拉伸、硅片切抛、镀膜光刻、封装测试等核心技术设备制造业
安全保障类装备制造业	主要指新型尖端科研设备、军事装备、保障经济安全的关键性设备等

根据产品的功能和重要性，可将装备制造业划分为以下3类，见表1.2。

表1.2 根据产品的功能和重要性分类的装备制造业

装备制造业分类	主要内容
基础机械装备制造业	主要包括大规模集成电路制造设备、工业机器人、计算机集成系统、柔性制造单元与系统和数控机床等
机械和电子基础元器件装备制造业	主要包括气动、轴承、低压电器、液压、模具、仪器仪表及自动化控制系统、电力电子器件和微电子元器件等
重大成套技术装备制造业	主要供国民经济各部门生产使用，如先进大型的军事装备，超高压输变电成套设备，石油、天然气、煤、盐等化工产品的成套设备，矿产开采设备，大型火电、水电、核电成套设备，气体净化、污水和垃圾处理等大型环保设备，金属冶炼轧制成套设备，民用飞机、地铁、船舶、铁路和汽车等交通运输设备，大型医疗设备仪器和农业机械成套设备等

根据《国民经济行业分类》(GB/T 4754—2017)，可将装备制造业分为八大类，见表1.3，包含185个小类。

表1.3 根据《国民经济行业分类》装备制造业的分类

分类	C33	C34	C35	C36&37	C38	C39	C40	C43
装备制造业	金属制品业	通用设备制造业	专用设备制造业	交通运输设备制造业	电气机械及器材制造业	计算机通信及其他电子设备制造业	仪器仪表制造业	金属制品、机械和设备修理业

1.2.3 装备制造业特征

1. 产品制造特征

(1) 种类复杂

装备制造业产品种类繁多，涉及领域广泛。按照《国民经济行业分类》，可将装备制造业产品分为八大类，包含 185 个小类，既包括传统产业，也包括高新技术产业；既包括数控机床、柔性制造系统、计算机集成制造系统、大规模集成电路等资本技术密集型产品，也包括组装式的劳动力密集型产品。

(2) 按订单设计、生产批量小

装备制造业产品多为专业化强、昂贵的大型设备。其产品在用户的经营运作中往往发挥核心关键作用，因此，企业通常以销定产，采取离散的小批量生产模式。装备制造产品工艺流程复杂、约束限制多、零部件多，所以企业的生产能力和制造资源必须具有较高的柔性，并辅以相适应的管理方法和管理手段。

(3) 产品生产工艺复杂

装备制造业产品多是集机、电、液以及计算机控制为一体的复杂综合体，其生产工艺复杂，一个零部件往往需要在多台机床上加工，经过多个车间，多道生产工序。只有企业拥有完善的工艺流程和管理模式，才能恰当地安排车间作业计划，合理利用资源，保证准时交货。

(4) 产品生产周期长

装备制造业产品往往为大型成套设备，包括机架、缸体等采用焊接工艺的关键零部件，必须进行有效的处理防止其变形，以确保其性能的稳定，因此生产工艺非常复杂；主轴等采用锻造工艺的关键零部件，也需要经过铸造加表面淬火，如此复杂的生产过程也导致了产品生产周期很长。

(5) 产品技术含量高

信息技术、软件技术和先进制造技术的应用，提升了装备制造的生产柔性，提高了产品的技术含量，使制造工艺新型化，产品智能化。例如，在智能机床领域，通过配备多传感器系统，可以实现自动实时监控、诊断和修正在加工过程中出现的各类扰动或偏差(如刀具破损检测、机器故障停机等)，并能提供最优化的生产作业方案(如选择最佳加工参数、精度修正等)。这些现代化信息技术的应用都进一步提高了装备制造业的效率。

2. 行业环境特征

(1) 全球化

随着经济全球化的发展、高新技术的不断出现以及信息技术的广泛应用，装备制造业所涉及的领域也逐渐随环境而转变，装备制造业的技术研发、生产制造和销售服务的全球化合作趋势日益增强，逐渐呈现出全球化的发展趋势，通过对外贸易、资本流动、技术转移、提供服务而形成相互依存、相互联系的全球范围的综合体。数据表明，世界船舶产品超过一半用于出口，各国船厂的大多数订单来自国外，也有很多的国内船东通过公开招标在全球范围内寻找造船商。应国外船东的要求，一些零部件需要在国外采购，它们需要在设计和建造时符合一系列国际规范和标准。

(2) 信息化

信息技术和手段的引入给装备制造业带来了巨大的变化，其生产更柔性可控、其消费更便利、其流通方式更多样化。计算机辅助制造（computer aided manufacturing, CAM）、多智能体系统（multi-agent system）、柔性单元制造等信息化技术的广泛应用大大提高了生产作业效率和质量；企业资源计划（enterprise resource planning, ERP）等信息化管理工具改进了传统的经营管理模式，提高了交互性和可操作性。

(3) 协同化

装备制造业的发展过程会带动上下游的其他关联产业的发展，具有协同性强、服务链广、关联紧密的特征。例如，汽车制造业的统计数据显示，其上下游产业生产附加值在汽车产值中的占比达60%，其中包括保险、广告等相关产业服务。

(4) 技术与资金密集化

装备制造业是国家经济安全和国防安全的重要保障，因此其承载着一个国家最高水平的科学技术，凝聚着最高的科研智慧，其产品通过智慧将技术转化为实际生产力。装备制造业的产品从市场需求分析、设计创新、制造生产再到销售的过程中，需要大量流动资金来运营，因此其对资金的需求量也是巨大的。

1.2.4 装备制造业重要性

1. 装备制造业是国民经济的支柱产业

我们可以通过装备制造业在一个国家国民经济所占比例来判断其重要性。根据近三年的《国民经济和社会发展统计公报》，我国装备制造业一般要占规模以上工业增加值的30%以上。伴随着2016年"十三五"的开局，装备制造业增加值增长9.5%,占规模以上工业增加值的32.9%。"十二五"期间,我国经济年均增长率为7.8%,工业年均增长率为9%,而这其中仅装备制造业年均增长率达到13.2%,比我国经济年均增长率高5.4%,由此可以看出,装备制造业具有带动国民经济增长的发动机作用。

2. 装备制造业是国家科技成果转化的重要途径

装备制造业作为一个国家高新技术集中的生产领域,是科研成果向现实生产力转化的重要媒介。这个过程中先进技术装备不仅是科技向生产力转化的媒介和桥梁,也是转化的最终目标,这个过程中还实现了科研成果的潜在竞争力向产业、企业、产品的竞争力转化。

3. 装备制造业是国家经济安全和国防安全的重要保障

在经济社会发展的历史进程中,装备制造业一直处于发达国家高度重视和大力发展的地位,尤其是伴随着高新技术迅猛发展,发达国家更是十分重视装备制造业的水平和国际竞争力。高新技术装备机械产品一直就是发达国家对我国禁运的重点产品领域,尤其是高精度机床产品,由此可以看出,装备制造业承载着国家安全和经济建设的重要使命。

1.3 装备制造供应链环境

1.3.1 供应链的概念及特征

1. 供应链的概念

供应链的早期概念来源于"扩大的生产"(extend production),它认为供应链属于生产制造企业的内部过程,包括采购、生产制造、销售等环节。起初,供应链在概念上注重企业自身的利益目标,侧重于企业的内部运营层面,随着经营理念的进一步发展,企业更看重自身与其他企业的联系,目标也上升到整体利益最大化。于是,供应链的概念不再局限于内部运营层,而是开始扩大到供应链的外部环境,认为供应链是一个通过连接不同企业的采购、生产制造、包装、销售等过程将原材料转换为产成品,再到客户的价值链。

一般认为,对供应链问题的正式研究始于20世纪60年代。目前,各国相关研究机构和学者对供应链的定义见表1.4。

表 1.4 供应链的定义

定义机构/学者	定义
史蒂文斯(Stevens,1989)	通过增值过程和分销渠道控制从供应商的供应商到用户的流就是供应链,它开始于供应的原点,结束于消费的终点
克里斯多夫(Christopher,2000)	供应链是指涉及将产品或服务提供给最终消费者的过程和活动的上下游企业组织所构成的网络
国家标准化管理委员会《物流术语》(GB/T 18354—2006)	在生产及流通过程中,涉及将产品或服务提供给最终用户活动的上游与下游组织所形成的网链结构

目前供应链的概念已从全局和整体的角度考虑核心企业的网链关系,包括供应链上游的供应商、供应商的供应商及一切前向关系,也包括供应链下游的客户、客户的客户及一切后向关系。供应链已经从一种运作工具上升为管理方法体系和运营管理思维和模式。图 1.1 是供应链的网络结构模型。

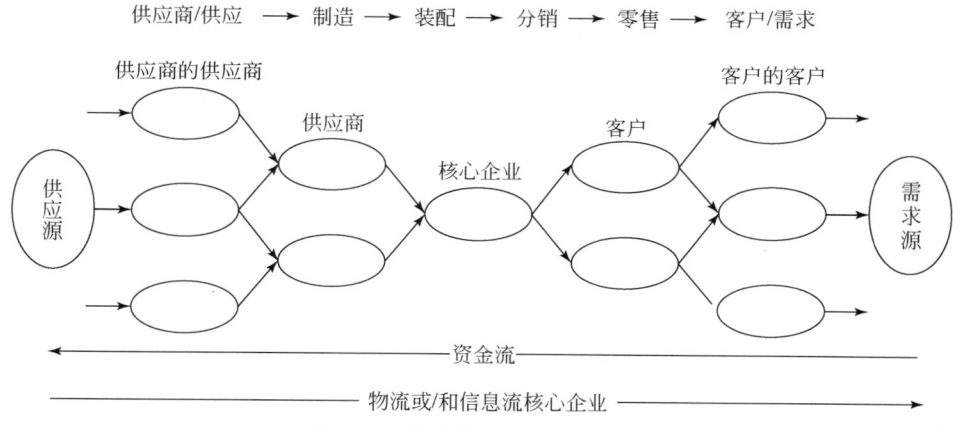

图 1.1 供应链的网络结构模型

由图 1.1 可以看出,供应链是由所有参与节点企业组成的网链,一般由一个核心企业(制造商或零售商,分销商的客户是零售商,零售商的客户是最终消费者)和若干前向及后向节点企业组成。在需求信息的传递和驱动下,节点企业通过在供应链中担任不同的职能分工(制造、分销、零售等),以物流、信息流、资金流为媒介,实现整条供应链的运作和增值。

综上所述,供应链是指以物流、信息流、资金流为媒介,由原材料供应商、制造商、零售商以及最终消费者组成的供需网络,即由原材料获取、加工并将成品送到用户手中的全生命周期过程所涉及的企业组成的网络。它不仅仅是一条连接前向供应商到后向客户的物流链、信息链、资金链,更是一条增值链。

2. 供应链的特征

从供应链的定义和网络结构模型可知,供应链一般由一个核心企业和若干前向及后向节点企业(供应商、分销商、零售商以及客户)组成。其特点为具有物流、信息流和资金流三种表现形态;每个节点企业代表一个经济实体以及供需的两个方面;一体化提供产品和服务的增值过程。此外,供应链的主要特征在于复杂性、动态性、层次性、竞合性、面向客户需求和交叉性。

(1)复杂性

供应链是一个复杂的、非线性的、虚拟价值链网络,也是由类型不同、层次不同的节点企业组成的实体网链。按功能划分,供应链上的节点企业有供应、生产制造、运输等不同类型;按层次划分,供应链上的节点企业有上游、下游、核心层等不同层次。供应链上的节点企业是具有独立经济利益的不同实体,也具有不同甚至相互冲突的经营目标。此外,各节点企业拥有不同的公司文化、管理模式、价值观等,这些都给供应链的协同管理增加复杂性。

在供应链的运营过程中,各节点企业都在进行增值活动,这些增值活动过程环环相扣,具有较强的时序性和协同性,即企业内部和外部都要做到"无缝衔接",在恰当的时间(right time),按照恰当的数量(right quantity)、恰当的质量(right quality),将恰当的产品或服务(right product or service)送到恰当的地点(right place),并保证总成本最小。供应链上任何一个节点企业出现异常干扰事件,都会影响其上下游节点企业的增值活动,造成整体利益的损失。在供应链中,各节点企业既存在着竞争,又需要相互合作实现共赢,构成一个具有耦合关系的整体系统。供应链整体结构比单个企业结构模型要复杂得多,其管理运作更是充满复杂性。

(2)动态性

供应链系统是一个动态运作的系统,它与内外部环境都有着紧密的联系。外部环境的变化(如宏观政策的变化、新兴技术的发展和应用等),内部环境的变化(如生产企业机器故障、订单插单等),都会影响系统整体功能的实现。因此,这就需要供应链系统具有动态性和适应性,在与内外部环境相互作用的过程中进行自我调整,调整和变化过程中保证各功能的实现,从而实现供应链系统整体利益的最大化。

(3)层次性

供应链是由分布在不同行业、不同区域的不同类型的各节点企业组成的网链,节点企业在整个系统中承担着不同角色和任务。此外,为了完成某一功能,该节点企业可能又需要构建一条分支的供应链,从而形成一条多层次、多维度、多功能、多目标的立体网链。同样,因为多层次结构,供应链上会出现信息不对称的问题,造成供应链管理(supply chain management,SCM)中出现不确定性。

(4) 竞合性

供应链是由多个具有独立经济利益的企业组成的网链。由于独立经济利益的驱动,节点企业间存在着竞争,然而,这种竞争又体现为矛盾和统一两方面。一方面,企业的目标是追求自身利益的最大化,而供应链的目标是追求整体利益的最大化,这就使个体目标和整体目标存在冲突,从而发生单个企业的行为违反整体目标,导致供应链整体效率和利益的下降。另一方面,在整条供应链上,任何企业的盈利都需要整条供应链的价值增值,换句话说,任何企业实现利润最大化,是以各合作伙伴共赢为基础的。供应链上各节点企业之间充满着竞争与合作,既相互影响、作用,又相互依赖、合作。竞合性的存在使供应链企业间关系密切且复杂,促进企业之间的无缝衔接,从而实现供应链整体的共赢。

(5) 面向客户需求

供应链的形成、存在、重构都是基于最终客户需求而发生的,并且在供应链的运作过程中,客户需求拉动是供应链中信息流、产品或服务流、资金流运作的驱动源。

客户需求多样化、个性化、价值参与化的特点使得供应链的运作都是基于客户需求而发生的,客户需求已经成为供应链中物流、信息流、资金流的驱动源。

(6) 交叉性

各节点企业在供应链上扮演着不同的角色,为了完成承担的职责和任务,该节点企业可能又需要构筑一条分支的供应链。所以,供应链上各节点企业既可以是这条供应链的成员,又可能是另一条供应链的成员。供应链之间存在着交叉性结构,增加了协作管理的复杂性。

1.3.2 供应链管理的概念及特征

1. 供应链管理的概念

供应链管理是由物流管理、系统工程等相关学科交叉融合发展出来的新的管理理念。随着全球市场需求多元化、个性化以及竞争不断加剧,供应链管理越来越被企业重视,完善的供应链管理体系可以协同企业内外部环境,通过一体化的管理模式,提升企业的核心竞争力。目前,国内外关于供应链管理的代表性定义见表1.5。

表 1.5　供应链管理的定义

定义机构/学者	供应链管理定义
利维（Levi,2007）	供应链管理是用于有效集成供应商、制造商、仓库与商店的一系列方法，通过这些方法，使生产出来的产品能以恰当的数量、在恰当的时间、被送往恰当的地点，从而在满足服务水平要求的同时使系统的成本最小化
美国供应链管理专业协会（Council of Supply Chain Management Professionals,CSCMP）	供应链管理贯穿于整个渠道，包括管理供应与需求、原材料与零部件采购、制造与装配、仓储与存货跟踪、订单录入与管理、分销，以及向客户交货
国家标准化管理委员会《物流术语》（GB/T 18354—2001）	利用计算机网络技术全面规划供应链中的商流、物流、信息流、资金流等，并进行计划、组织、协调与控制
国家标准化管理委员会《物流术语》（GB/T 18354—2006）	对供应链涉及的全部活动进行计划、组织、协调与控制

综上所述，供应链管理作为一种集成的管理理念和方法，站在满足客户需求的角度，对供应链中所涉及的全部活动进行计划、组织、协调与供职，即通过行使管理职能以及应用新兴技术，进行优化。通过寻求建立供应链上下游伙伴间的战略合作关系，减少运营成本，保证实现各合作伙伴应取得的绩效和利益的同时，达到合作共赢，以实现供应链整体绩效和效率的提升。供应链管理是一种集成的管理策略，注重企业之间的合作，通过发挥各自承担的职能（供应、制造、分销等），将各个企业有机地协调在一起，成为一个不可分割的整体。

2. 供应链管理的特点

(1) 以顾客为中心

在供应链管理中，市场需求的拉动是原动力，出发点和落脚点都是以顾客为中心，为顾客创造价值。供应链管理的目标是提高顾客的满意度，通过客户服务战略对市场需求做出快速反应，通过需求传递战略，将市场需求和提供的产品服务相连接，通过采购战略，降低供应链的成本，基于此，保证满足顾客需求与成本的平衡，获得竞争优势。

(2) 强调物流、信息流和资金流的集成

物流、信息流和资金流贯穿于企业日常运营中，在过去，企业间的这些流是间断的，如信息的不对称造成上游供应与下游需求不匹配，从而影响企业间的协调，导致供应链整体竞争力的下降。因此，供应链管理强调要将这些流集成化，实现企业间的信息共享、风险共担、利益共存，才能实现供应链的合作共赢。

(3) 强调相互协作

在供应链管理中，企业需要在供应链上进行明确定位，强调自己的核心业务和竞争力,针对非核心业务选择外包方式,与业务合作伙伴达成战略合作关系,实行信息共享、利益共存和风险共担。合作过程中需要明确自身在供应链的定位以及对合作伙伴业务过程的一体化共识。通过相互协作,企业就能更好地与供应商和用户实现集成与合作,在需求预测、产品设计、生产制造、运输配送等方面控制和优化整条供应链的运作。

(4) 强调一体化的精细管理

供应链由多个节点企业组成,除了各自拥有的核心业务外,其他业务功能需要引用外部资源实现,供应链管理强调的是一体化的精细管理,通过将具有不同核心能力的企业和资源整合起来,保证在动态变化的需求环境下整条供应链的协作运营。

(5) 注重信息技术的集成应用

在现今竞争激烈的时代,市场、产品、服务的竞争都离不开信息。通过企业间的互补实现快速响应和生产制造,满足市场需求个性化、差异化。因此信息化建设尤为重要,先进的信息技术能够促进信息在供应链各成员之间的共享,赢得市场的先机。

1.3.3 供应链管理的目标及模式分类

1. 供应链管理的目标

在市场动态化、需求多样化和个性化的环境下,供应链管理逐渐转向以市场和客户需求为导向,通过运用现代的企业管理技术、信息集成基础以及网络技术对整条供应链的商流、物流、信息流和价值流优化和控制,提高核心竞争力和市场占有率,提升客户满意度和最大利润,从而使供应链中各企业形成一个完整的网链结构,形成一个协同商务和协同共赢的战略模型。

供应链管理的目的是通过对供应链各个业务环节进行协调把控,能较好地管理从原材料到产成品、再到最终客户的流通过程,从而实现成本最小化,以及效率和体验的最优化。对于企业来说,供应链管理的根本目的就是增强企业的核心竞争力,其目标是提升客户的满意度,即做到在恰当的时间(right time),将恰当的产品或服务(right product or service),以恰当的状态或包装(right condition or packaging),按照恰当的数量(right quantity)和恰当的成本费用(right cost),交付于恰当的地点(right place)和恰当的客户(right customer)。

供应链管理是对初始供应商到最终客户整个业务流程的集成,它给各参与者提供有价值的产品、信息和服务。供应链管理是一个高度协同、相互作用、复杂的系统方法,存在诸多权衡和博弈。供应链管理的关键业务流程如图1.2所示。

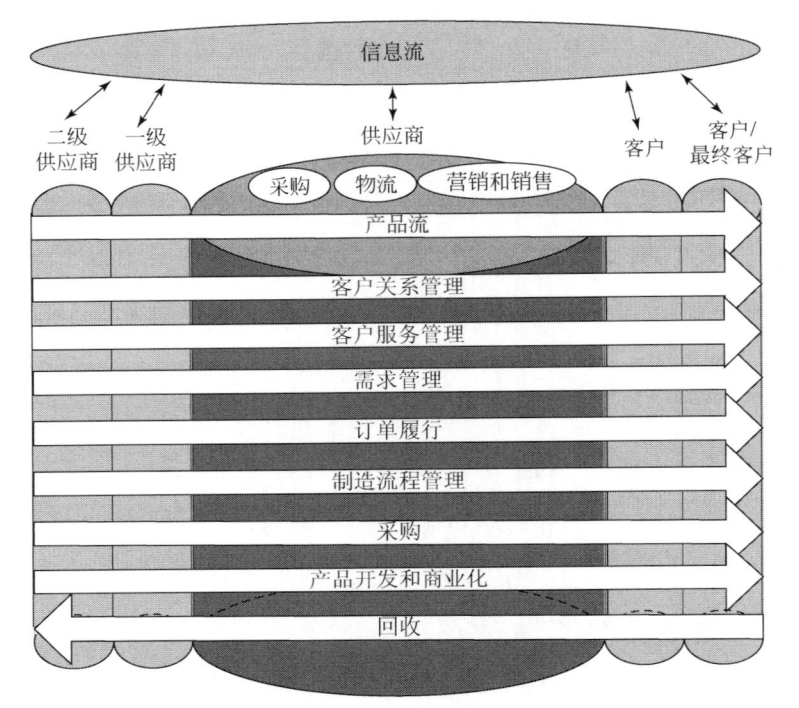

图1.2 供应链管理的关键业务流程

供应链管理的最终目标是满足客户需求并实现整条供应链所有企业的成本最小化。因此,不仅需要重视横向供应链成员之间的交流,还需要重视纵向供应链成员的总体流程的高效性和有效性,实现供应链整体的集成,达到供应链的多方共赢。

2. 供应链管理模式分类

根据供应链中占主导企业的类型不同,可以将供应链管理模式大致分为三种:以制造商为主导的供应链、以零售商为主导的供应链和以第三方物流(the 3rd party logistics,3PL)(集成物流供应商)为主导的供应链。

1)以制造商为主导的供应链,如图1.3所示。
2)以零售商为主导的供应链,如图1.4所示。
3)以3PL(集成物流供应商)为主导的供应链,如图1.5所示。

图 1.3 以制造商为主导的供应链

图 1.4 以零售商为主导的供应链

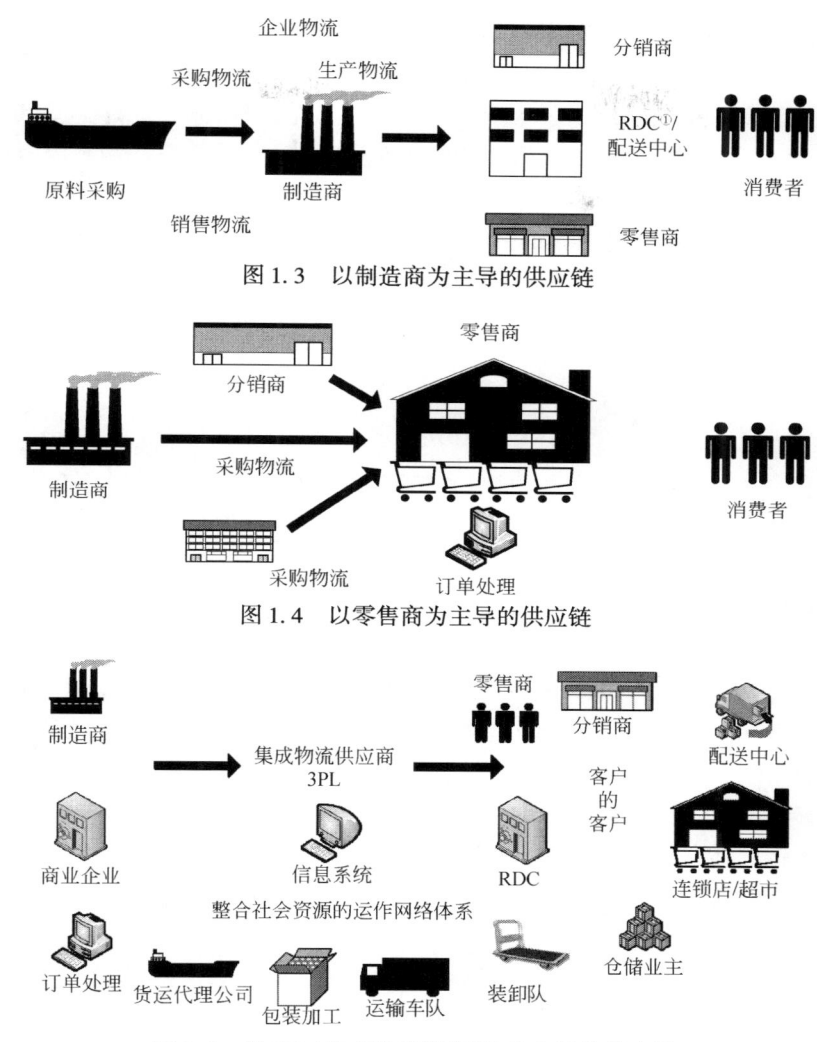

图 1.5 以 3PL(集成物流供应商)为主导的供应链

1.3.4 装备制造供应链的理论基础

1. 装备制造供应链定义

装备制造是指将原材料转化为装备工业半成品或成品的过程。装备制造过程

---

① RDC，regional distribution center，即区域分发中心。

是一个增加附加值并产生效用的过程,通过最后的产出大于投入实现企业的盈利。为了进一步提升制造效率、降低成本、缩短产品生命周期,许多大型的装备制造企业都在构建以制造商为核心的装备制造供应链。有数据显示,装备制造供应链有效提高了企业之间的合作效率,具有较强的快速响应能力,装备制造供应链的发展程度也已经成为衡量一个国家制造业发展的重要指标。

本书给出装备制造供应链的定义,装备制造供应链是指围绕核心装备制造企业所构建的供应链。装备制造企业作为核心点,汇聚着来自供应链上下游的物流、信息流和资金流,具有较强的决策影响力,供应链上其他的供应商、零售商等均依赖核心装备制造企业,为其服务。

2. 装备制造供应链特点

某个节点企业的战略调整可能会使装备制造供应链中与之合作的其他节点企业被边缘化,或者选择加入新的供应链中。目前,装备制造供应链的主要特征有动态性、互补性、分布性和复杂性。

(1)动态性

为了适应包括企业内部以及企业外部环境在内的激烈竞争,装备制造供应链需要不断调整自身的结构,以实现对复杂多变的市场环境和多元化、个性化的客户需求的快速响应。因此供应链的结构可能随着需求的变化而重组,供应链的结构是动态变化的。

(2)互补性

装备制造供应链中各企业所扮演的角色不同,通过企业之间的协调、合作、信息共享发挥自身的独特优势,进行企业之间的优势互补,提升供应链整体的核心竞争力。

(3)分布性

装备制造供应链的价值链是由不同企业共同合作完成的,有的会涉及国外企业,这体现了全球化制造的理念。同时地理上的广泛分布也增加了地域、政治、文化等因素的干扰。

(4)复杂性

装备制造供应链中各节点企业存在着不同的生产管理模式、信息系统等,如何将企业进行整合集成,打通商流、物流、信息流的渠道,是管理的难点也是关键点。

3. 装备制造供应链分类

装备制造供应链按产品和生产工艺的不同可以划分为 V 型、A 型、T 型三种,其基本结构如图 1.6 所示。

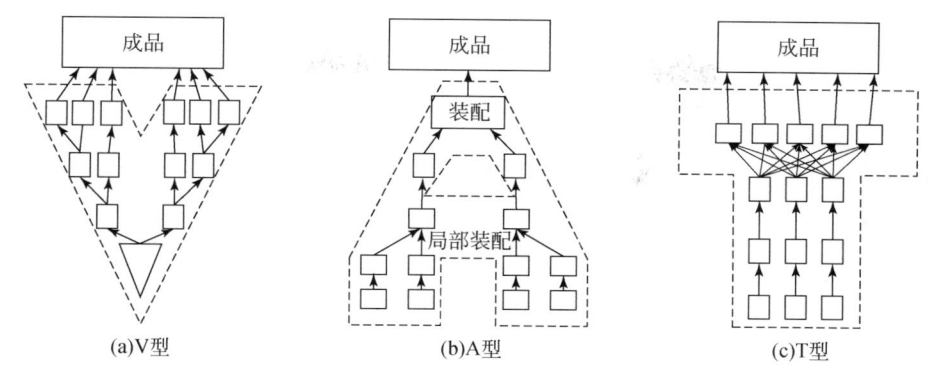

图1.6 V型、A型、T型供应链的基本结构

V型供应链(发散型的供应链)是供应链结构中最基础的结构。在V型供应链中,核心企业的下游客户往往要多于其供应商,总体呈分叉形结构。V型供应链中的物料往往以大批量的方式存在,经过企业加工转换为产成品进行分销。此类结构的供应链对识别内部能力瓶颈要求严格,包括供应商质量管理、产品生产流程管理、配送运输管理和营销管理。V型供应链主要存在于金属制品业。

A型供应链(汇聚型的供应链)一般是以订单或客户来驱动的供应链。在A型供应链中,多种原材料、零部件经过加工转换成为一种或少数几种最终产成品,是一种典型的汇聚型的供应链,即呈A字形状。此类结构的供应链对装配过程中的物流同步性要求严格,包括物料的入库期、订单的交货期等。A型供应链主要存在于航空制造业、船舶制造业、汽车制造业等重工业企业。

T型供应链(混合型的供应链)介于上述两种模式之间,其特点是对于供应链中的控制因素要求严格,如生产地的选址、营销促销的方式、分销的策略等。在T型供应链中,企业根据现有的订单确定所需的零部件,通过对零部件制造进行标准化和协同化改造来提升响应效率,主要存在于通信电子设备制造业。

根据供应链的功能模式不同装备制造供应链可以分为市场反应性供应链和物理有效性供应链。

市场反应性供应链主要针对需求动态化、多样化、个性化的市场,主要考虑供应链的柔性和响应速度,需要在前期对市场需求进行准确预测,并设置产能缓冲来增加供应链的整体响应速度。在市场反应性供应链中生产的产品具有利润率高、产品生命周期短等特点,因此此类供应链对于供应链内外部的信息都要密切关注,主要存在于通信设备、专用设备制造业等。

物理有效性供应链主要针对需求稳定的市场,主要考虑供应链的低成本、低库存和高效合作,需要降低生产、运输、库存等方面的成本费用,通过协调供应链成员企业间的信息,保持高的平均利用率,主要存在于通用设备制造业等。根据上述的描述,我们将两种制造供应链的特点总结为表1.6。

表1.6 供应链对比表

指标	市场反应性供应链	物理有效性供应链
基本目标	减小缺货、降价、库存带来的成本增加,快速响应市场需求	最经济的方式预测市场需求
制造的核心	多级缓冲库存制度	提高平均利用率
库存策略	布置零部件、半成品和成品的缓冲库存	最小化供应链的库存成本
提前期	加大投资以缩短提前期	成本一定的前提下,缩短提前期
供应商的标准	以质量为核心,提升响应速度和供应链柔性	以成本和质量为核心
产品设计策略	模块化设计降低设计成本	成本一定的前提下,绩效最大化

1.3.5 装备制造供应链新兴技术

1. 云制造

云制造是一种面向服务的智能化制造模式,体现了制造即服务的理念。云制造是先进信息技术、云计算以及物联网等交叉融合的产物,通过借用云计算的思想,将制造资源和制造能力虚拟化,构成可提供资源和能力的服务云池,实现制造资源与服务的开放协作,并进行统一管理,客户只需要通过云端就能随时随地按需获取制造资源与服务,完成产品研发、制造生产、销售等全生命周期的各类活动。与现有的制造模式相比,除数字化的特征外,云制造更为突出的技术特征有制造资源与服务的智能化、物联化、虚拟化、服务化和协同化。云制造实现了制造资源与服务的高度共享,提供了标准的、规范的、可共享的制造服务模式。

2. 大数据

大数据是指无法用常规软件工具进行捕捉、处理和管理的数据集合,也是一种解决问题的手段和途径。大数据在生产制造系统中的主要应用是预测,制造执行系统的运作过程中会产生大量的数据,通过对这些数据分析和挖掘可以洞察问题产生的因素、影响和解决方式,这些有价值的信息被抽象化建模,形成解决方案去避免问题的发生,以机器停机故障为例,将从以往依靠人的经验判断转化为依靠挖掘数据中隐性的线索进行预测，依靠数据分析使信息能够被更加高效和自发地利用与传承，其应用场景可以是需求预测、制造预测、运输监控等全生命周期过程。

3. 泛在网

泛在网是指广泛存在的网络，通过利用现有的网络信息技术，实现物理空间和信息空间的无缝对接，满足个人和社会对信息获取、存储、传播、决策的需求。泛在网不是创造一个新的网络，而是在现有网络资源和能力的基础上对其挖掘和加强，其服务将以无所不在、无所不包、无所不能的特征帮助人类实现在"5A"条件——任何时间（any time）、任何地点（any where）、任何服务（any service）、任何网络（any network）、任何对象（any object）都能顺畅地做到无缝交互，都能通过合适的终端设备与网络进行连接，获得连通、真实、智能化的信息服务。

如图 1.7 所示，泛在网的体系架构包括终端及感知延伸层、网络层及应用层。

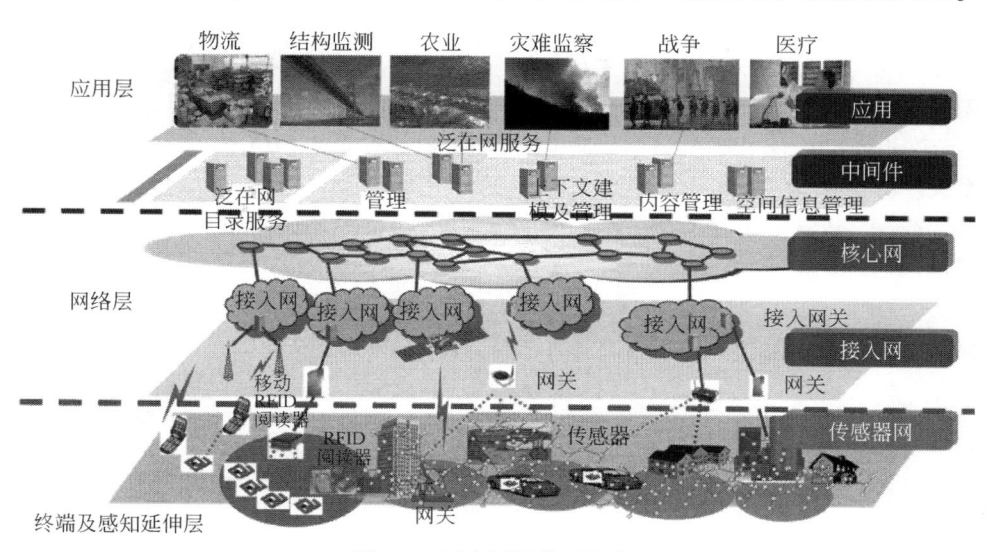

图 1.7 泛在网的体系架构

终端及感知延伸层位于体系架构的底层，是泛在网的底层硬件基础，其主要包括各类传感器、通信终端、射频识别（radio frequency identification，RFID）阅读器等。网络层位于体系架构的中间层，其主要包括泛在网互联子层和泛在网运营子层，泛在网互联子层实现感知节点的接入、协议转换和控制，为信息传递和共享提供有力支撑；泛在网运营子层实现对信息的存储、关联和分析，为业务的开放提供有力支撑。此外，该层对网络通信和信息处理两方面的运营也有帮助，从而形成动态管控的泛在网基础设施。应用层位于体系架构的顶层，是泛在网发展的目标，泛在网通过将传感网、物联网、互联网协同融合以提供更加智能化的服务,为各行业的实际应用提供共性支撑环境,形成面向行业应用(物流、农业、工业、环保、医疗等)的支撑平台。

4. 信息物理系统

信息物理系统(cyber-physical systems,CPS)由美国国家科学基金会(National Science Foundation,NSF)最早提出,可以理解其为基于嵌入式设备的高效能网络化智能信息系统,它通过一系列计算单元和物理对象在网络环境下的高度集成与交互来提高系统在信息处理、实时通信、远程精准控制以及组件自主协调等方面的能力,是时空多维异构的混杂自治系统。相较于现有的实时嵌入式系统和网络控制系统,CPS关注资源的合理整合利用与调度优化,能实现对大规模复杂系统和广域环境的实时感知与动态监控,并提供相应的网络信息服务,且更为灵活、智能、高效。

信息系统与物理世界的结合是 CPS 的基本特征。信息系统层面,由计算机、信息、控制器等概念构成,物理世界层面,包括设备和物理原理。CPS 通过分布式计算等系统网络,把计算能力嵌入物理世界,通过传感器获得设备信息,并通过执行器改变设备的物流状态。图 1.8 为 CPS 的抽象结构,其中 PDA_i 代表手持终端;a_i 代表执行器;s_i 代表传感器。

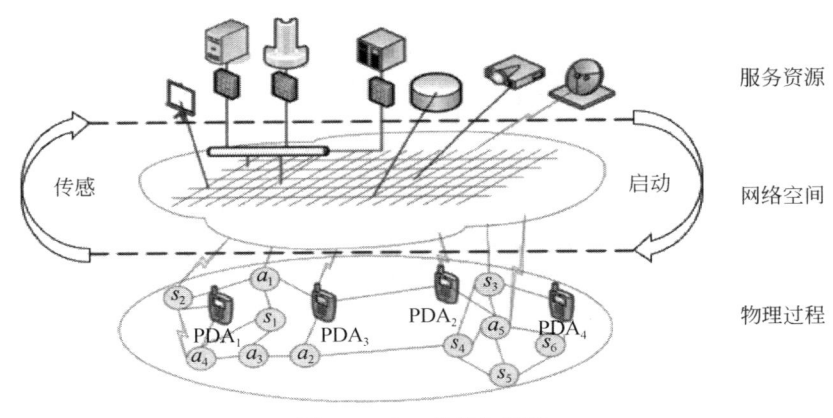

图 1.8 CPS 的抽象结构

从实体视角,构造 CPS 的整体结构如图 1.9 所示。

1) 包括物理实体和物理环境的物理世界。

2) 包括分布式传感器单元及连接件的传感器网络,其用于采集实施物理参数并上传至信息中心。

3) 分布式计算平台需要即时处理海量数据来优化系统,因此需要大数据技术

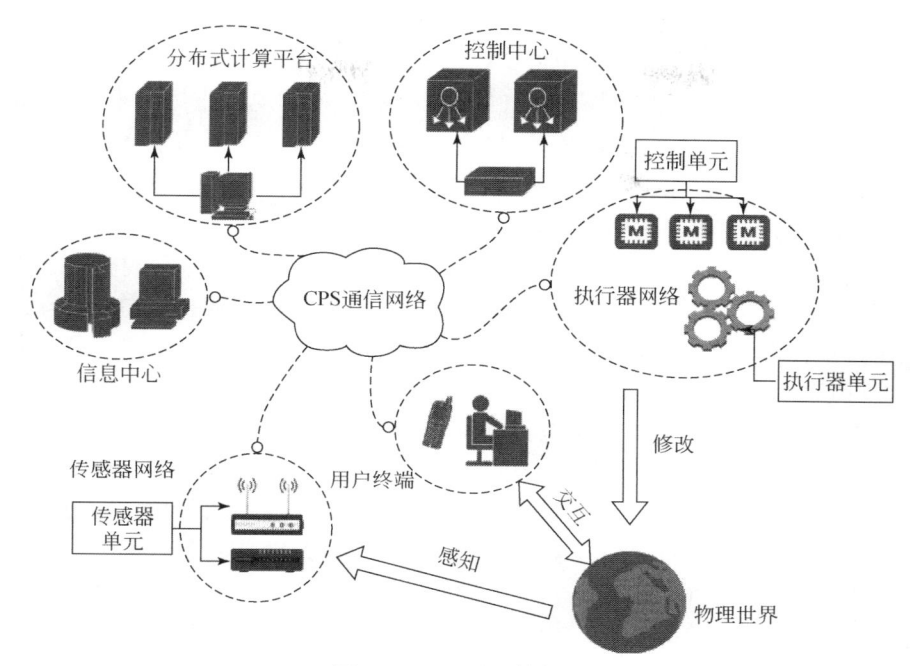

图 1.9　CPS 的整体结构

来集成计算资源和信息中心,以提供强大的计算和存储能力。

4)控制中心将集中控制和分布式控制相结合,以平衡本地控制和全局控制,实现系统的最佳控制。

5)执行器网络由分布式执行器单元及其控制器和控制单元组成,它们接收来自控制中心的信号,然后修改现实世界中相关的物理实体。

6)信息中心记录数据,其特点是存储大容量、来自传感器的连续数据以及分布式计算平台可选择的多种排序规则和调度算法。

7)CPS 通信网络是一个实时的网络系统,连接所有的部件以确保它们在线,并且在数据传输中使延迟可预测。

8)用户终端是指用户与 CPS 之间的接口,包括笔记本电脑、手机等智能设备。

1.4　快速响应理论概述

1.4.1　快速响应理论产生背景及其发展

20 世纪 80 年代初期,美国服装市场上流行的服饰产品一半以上来自进口的服装,在竞争激烈的服装市场,国外商品的渗透引起了美国当地纺织服装业的重视,他们通过寻求法律保护以及加大使用现代化设备力度的方式,以期取得更多的市场份额。80年代中期,进口配额政策的实施加快了美国制造业生产率,但是纺织服装业的市场占有率增长的效果却不显著。国外商品的不断入市使当地纺织服装业的巨头开始意识到,保护主义措施无法全面保护美国纺织服装制造业的领先地位,必须要寻找提高核心竞争力的方法。

1985年,Kurt Salmon协会开始着手研究如何提高美国纺织服装业核心竞争力,通过对纺织服装业产业供应链的分析研究,发现纺织服装业供应链的各个环节虽然十分重视提高各自的经营效率,但供应链的整体运作效率却不高。研究结果显示:纺织服装业服装产品供应链周期约为66周,其中制造周期为11周,仓储或物流周期为40周,销售在店周期为15周。此外,在周期如此冗长的供应链上还缺乏对需求预测的生产和销售,造成了巨大的时间、费用浪费和供需不平衡损失。服装产品供应链系统每年的总损失达25亿美元,其中2/3来自因供需不平衡造成的降价或缺货损失。基于此项报告研究,Kurt Salmon公司建议服装材料供应商、服装生产厂家和零售商共同合作,建立一个快速响应供应链,共享信息资源以实现市场份额的增长。

通过对纺织服装业供应链的分析研究,本书第一次提出快速响应的战略,以推动快速响应在制造业及其他行业的应用和发展。快速响应是针对供应链各节点企业(供应商、制造商和零售商)协同合作的战略,目的是减少原材料到终端销售的时间和整条供应链上的浪费,提高供应链整体的响应速度。供应商、制造商和零售商通过建立信息共享平台、预测市场需求变化、共同设计研发新产品等方式实施快速响应。从供应链运作层面来看,通过利用电子数据交换(electronic data interchange,EDI)等信息技术,使业务流程衔接加快,起到缩短提前期和降低成本的作用。快速响应理论在纺织服装业的成功应用,使其供应链周期从66周缩短到45周,交货提前期从62天缩短到15天。

21世纪以来,快速响应理论经过20多年的发展,其最初的目的没有改变。随着市场需求多样化、竞争激烈化和技术革新化,快速响应不断汲取其他方面的优点,并融入先进的生产管理理论和技术,包括丰田汽车公司的准时化生产、供应链管理理论、泛在网技术、云制造、大数据分析以及CPS,不断完善更新。最开始,供应链上的各节点企业都各自为营,彼此缺少沟通交流,更谈不上信息的共享。随着市场需求的多样化发展,企业经营者逐渐意识到应该增进彼此的交流合作,提高整体的供应链竞争力,以提高产品质量、满足客户需求,提供更优质的服务。

快速响应理论除了在纺织服装业的成功应用外,更被广泛应用于装备制造业以及其他行业。快速响应理论在过去的历史发展中取得了巨大的成功,供应链的各伙伴通过此理论,协作共赢,为客户提供了更好的服务,同时减少了整条供应链中的浪费和成本,提高了整体的核心竞争力。

1.4.2 快速响应理论基础概念

自从 Kurt Salmon 协会提出快速响应后,快速响应便成为各相关学科的研究热点,不同研究者从各自研究角度对快速响应进行了不同的定义和解释,见表 1.7。

表 1.7 快速响应的定义

学者	定义
Rajan (1999)	制造商为了在精确的数量、质量和时间要求条件下为客户提供产品,将订货提前期、劳力、物料和库存的花费降低到最小;同时强调系统的柔性以便满足竞争市场的不断变化。要求供应商、制造商以及分销商紧密合作,通过信息共享共同预测未来的需求,并且持续监视需求的变化以获得新的机会
Womack 和 Jones (1994)	快速响应是追求企业运作所有方面提前期缩短的一种战略,可以从两个方面定义:①客户方面,快速响应意味着以快速设计和制造产品达到快速响应不同客户的需求的目的;②在企业运作方面,快速响应专注于将所有运作任务的提前期缩短,进而引起质量改进、成本降低
Gunton (1987)	快速响应是制造业或服务行业的一种运作模式,在客户要求的时间范围内,致力于以精确的产品数量和种类快速提供客户需要的产品和服务
Sullivan 和 Kang (1999)	快速响应是一种战略,通过应用条形码技术进行库存控制以及纺织品制造商、服装制造商与分销商之间的信息共享来实现;快速响应是一种商业哲理,以准时制(just in time,JIT)的生产方式进行生产
Kincade (1995)	快速响应包含:①贸易伙伴之间的信息交流;②缩短时间;③快速响应客户需求的变化
Pugh (1991)	快速响应是一种客户服务战略,首先应用先进技术改造生产线,使其具有高柔性和高效率;然后分销商才能以更快的速度及时补充客户所需的数量、颜色、尺寸以及种类的商品。这种响应能力是劳动密集型、需求经常变动的产业所必须具备的
Lowson 等 (1999)	快速响应强调企业应该具备一定的响应速度和柔性,即按照客户所要求的恰当的时间、地点以及价格,企业以准确的数量、品种和质量快速提供客户需要的多品种的产品和服务。快速响应强调柔性和速度的目的是满足在竞争激烈、瞬息万变市场中的需求变动。通过组织结构、文化管理等方面的变革,依靠快速的信息传递以及信息和利益的共享,把企业及其供应链伙伴集合成一个互动的网络,实现快速响应
Ko 和 Kincade (1998)	快速响应是一种响应状态,即能够在合适的时间内向客户提供合适数量、合适价格和高质量的产品,而且在这一过程中充分利用各种资源并减少库存,重点在于增强企业生产的灵活性

综上定义，我们可以从以下五个方面理解快速响应定义的本质。

1）快速响应已成为一种供应链的发展战略，通过快速满足动态的市场和多变的客户需求，提高企业的核心竞争力，缩短企业的运营提前期。

2）快速响应强调的是供应链上整体响应速度的提高，包括供应商、制造商以及分销商在内。

3）快速响应理论不仅注重响应时间的减少，也关注合作协同能力的提高、技术研发能力的提高、产品质量的改进、运营成本的降低以及业务流程的优化。

4）面向客户需求的快速响应主要强调制造环节的响应速度和柔性，通过快速研发设计和生产制造，满足客户多样化的需求。

5）通过管理方式的变更和高新技术的应用，并依托信息化集成平台，供应链中各节点企业之间可以形成互联的快速响应。

1.4.3　装备制造企业快速响应供应链管理

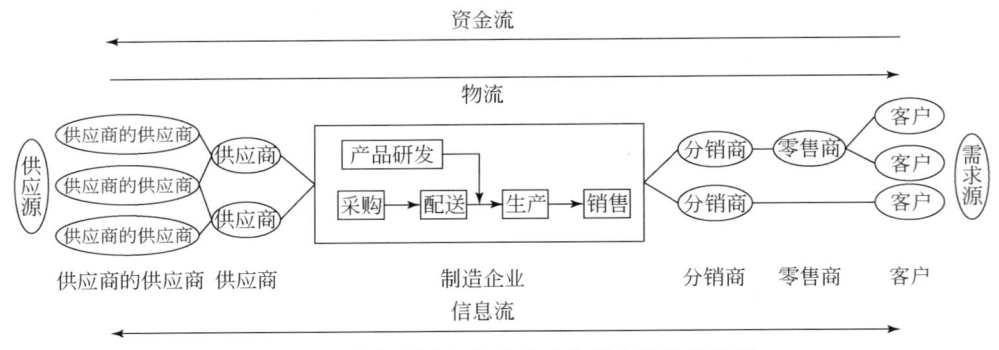

1. 装备制造企业快速响应供应链结构模型

在当今动态多变的市场环境下，装备制造企业快速响应供应链是指以制造企业为核心，吸引包括供应商、客户、分销商在内的上下游战略合作伙伴，围绕在制造企业周围，形成快速响应市场需求的网络结构。从参与对象角度来看，装备制造业快速响应供应链的各参与对象主要有供应商（包括供应商和供应商的供应商）、制造企业、分销商、零售商以及客户；从运作内容来看，涉及各参与对象之间的物流、信息流、资金流的同步与协调工作；通过企业间和企业内的协作，以"三流"为媒介实现整个供应链的快速响应，提升整体的核心竞争力。通过以上分析，可以构造如图1.10所示的装备制造企业快速响应供应链结构模型。

图 1.10　装备制造企业快速响应供应链结构模型

在装备制造业快速响应供应链中,制造企业处于核心地位,在供应链中占据主导地位。

1)装备制造企业是快速响应供应链上的信息枢纽。作为连接上游供应商和下游客户的信息交换中心,需求信息通过不同层级的分销中心传递到制造企业,在此分析处理,然后把需求信息传递给上游供应商进行采购备货。等所需物料、配套零部件到位后,再按相反的方向,由上游供应商传递到制造企业,经过加工制造,最终的产成品反馈由分销商传递给下游客户。制造企业作为信息枢纽,对供需信息进行交融分析,将加工处理的各类信息传递到供应链各节点企业之间进行共享、互通,使供应链进行高效运作。

2)装备制造企业是快速响应供应链上的物流中心。从产品的全生命周期来看,产品由提供原材料和零部件的供应商通过物流渠道流向制造企业,经过制造企业集成加工装配后,最终从不同渠道流向客户手中。制造企业依托对物流的调度,向供应商发出物料需求指令,保证其能在恰当的时间、恰当的地点、恰当的数量和恰当的质量达到生产线,同样的,依托对物流的调度,为客户提供增值服务。

2. 装备制造企业快速响应供应链管理特征

1)对动态多变的市场需求具有快速响应能力。
2)各节点企业之间具有协作、共赢、竞争博弈等性质的供需关系。
3)面向订单的生产模式以及推拉结合的生产特点。
4)动态多变的市场需求要求快速响应供应链具有拆分和重组功能,包括企业间和企业内的企业组织结构与业务流程具有灵活性和动态性,适应不同需求实现快速响应的重构及重组。

3. 装备制造企业快速响应供应链管理内容分析

以物流、信息流、资金流、价值流和业务流为媒介,实施快速响应战略,响应客户需求,才能使快速响应供应链进行高效运作。装备制造业快速响应供应链通过各种流的传递互通,以及各实体的参与,才能形成一个"有血有肉"的整体。

1)物流。物流是指供应链上物品的流动。除了物料从供应商沿着各节点到需求方的流动外,还有从需求方到制造商的反馈。在供应链各节点企业间和企业内都存在着运输、搬运以及仓储作业等环节,以完成物品的流动。

2)信息流。在装备制造供应链中,制造企业作为信息枢纽,承载着需求和供应两种不同流向的信息流。客户需求信息从下游向制造企业传递,供应商的供应订单信息从上游向制造企业流动,通过在信息中心进行分析处理,匹配各种信息流,并流向各节点企业内部。

3)资金流。物流流动的背后往往伴随着资金流的流动,通常利用资金流来监控物流的流动过程。装备制造业供应链各企业业务活动都会伴随着成本及资金的流动。当物料经过制造加工到达最终客户之后,消耗的资金才反向流回企业,产生盈利。

4)价值流。快速响应的过程就是供应链增值的过程,供应链通过快速响应可以成为增值链,物料从供方到制造企业,通过加工制造不断增加产品的技术含量和附加值,再以快速、准时的客户服务到达客户手中,这就是供应链全系统的增值过程。

5)业务流。业务流是物流、信息流和资金流运作的手段和措施。业务流决定了各种流传递的速度和质量,也决定了制造企业增值过程的效益,只有保障业务流的规范运作,才能实现效益的最大化,实现供应链的快速响应。

1.4.4 快速响应管理理论框架的构建

装备制造业快速响应管理理论不仅仅关注装备制造企业快速响应的结果,其本质和机理是揭示快速响应的客观规律。在本书中,基于相关文献资料的研究,我们构建了快速响应管理理论框架。快速响应管理理论框架帮助我们明确把握快速响应管理的内涵和普遍规律,包括核心理念、使能技术和理论方法。

快速响应管理理论框架主要从三个方面展开:第一方面是快速响应管理的核心理念是什么?第二方面是实现快速响应需要的技术包括哪些内容?第三方面是实现快速响应的理论方法有哪些?结合所建立的框架之间的耦合关系,构建了快速响应管理系统(quick response management systems,QRMS),用来描述实现快速响应的理论框架。我们将一个完整的 QRMS 划分为三层:快速响应核心层、快速响应使能层以及快速响应理论方法层。其中,快速响应核心层阐述快速响应的基本概念及目标,快速响应使能层是实现快速响应的手段、工具和技术,快速响应理论方法层是实施使能技术的支撑理论。根据上述描述,我们构建了 QRMS 体系结构,如图 1.11 所示。

通过 QRMS 体系结构,我们可以直观地看到,快速响应管理的核心层是指导方针,在使能技术和理论方法的辅佐下,我们才能更好地实施快速响应管理。下面我们将简要分析 QRMS 体系结构中各组成部分及其主要内容。

1. 快速响应管理的概念——核心层

QRMS 的核心层主要阐述快速响应管理的理念和特征,它阐明了快速响应管理是什么,是实施 QRMS 的概念基础和方针指南,是快速响应活动的出发点和核心

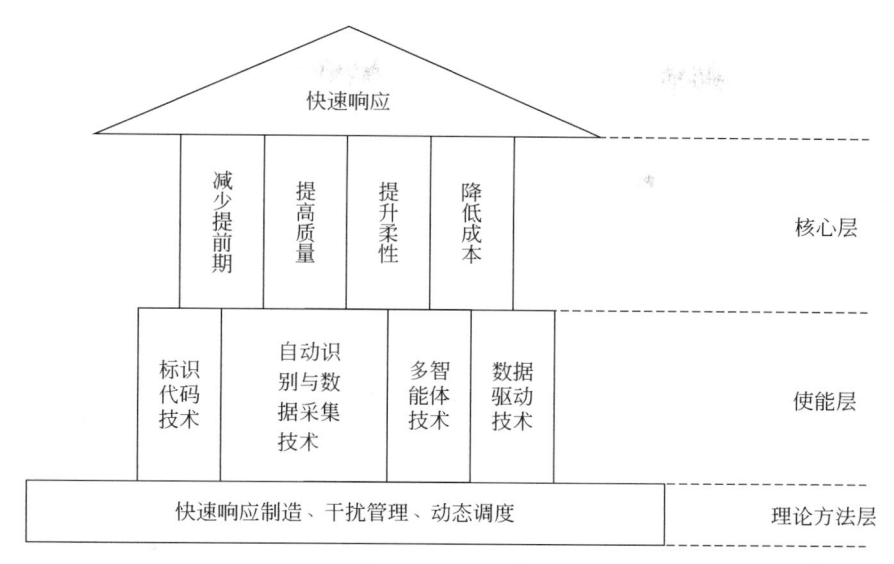

图 1.11　QRMS 体系结构

所在。

(1) 快速响应管理的理念

在当前经济全球化不断深入发展的大背景下，市场环境瞬息万变，市场需求趋于个性化、多样化，难以预测，实施快速响应管理才能更好地把握市场的脉络，快速响应管理是企业生存发展并取得竞争优势的制造管理方法和生产经营哲理，有别于传统的生产管理理念，主要包括以下五方面。

1) 快速响应管理的核心是"时基竞争"（指产品被生产出来、运到市场，并提供给顾客的速度上的竞争）。追求的是企业运作环节的提前期最小化，通过快速响应管理，企业可以满足动态化、多样化、以客户为驱动的市场需求。面对着需求不确定的市场环境，企业必须以快应快、以变应变，在时间上占得先机。

2) 快速响应管理以高质量的产品和柔性的业务流程为目标。质量和柔性是相辅相成的，当企业发现质量问题时，需要进行返工，势必浪费更多的时间和成本，如何快速有效地对其做出改善是关键，通过改进产品质量和提高作业流程的柔性，企业便可以快速响应客户或市场的需求，迅速占领市场份额。

3) 客户满意度的提高是实施快速响应管理的重要表征形式。客户满意度高代表着交易的延续、市场份额的扩大，它是企业实现盈利目标的先决条件之一。更快的响应速度才能满足客户动态化的需求，带来更高的客户满意度，继而给企业带来更多的收益。

4) 库存成本和运作成本的降低是实现快速响应管理带来的必然结果。传统的大批量生产方式虽然能带来规模效益,但是因供应链中牛鞭效应的存在,使企业的预测需求变异放大,带来库存的增加和较高的商业风险。如果做到对市场需求的快速响应,生产订单由客户需求触发,可以带来原材料、在制品以及产成品浪费的最小化,甚至实现零库存。快速响应管理是从供应、制造再到分销的整体流程的快速响应,是整体系统的良性循环。

5)信息是提高供应链整体快速响应速度的重要手段。供应链合作伙伴之间关系的建立和维系都是基于信息的沟通与交流的,及时准确的信息传递是提高供应链整体响应速度的关键,也是实现快速响应管理的重要保障。

(2)快速响应管理的特征

1)响应速度。对市场需求的快速响应是快速响应管理的本质特征,通过前期的快速识别客户需求,中后期的快速设计、制造以及分销,快速提供客户满意的产品或服务。

2)信息共享。信息共享与否将直接影响供应链的绩效,供应链各合作伙伴之间通过信息整合、信息传递、信息共享等,打通供应—生产—库存—销售的全链条通道,保证供应链上的信息畅通无阻,基于此才能实现对市场需求的快速响应。

3)资源集成。单个企业的资源和能力往往难以满足客户动态多变的需求,因此需要供应链各合作伙伴之间进行核心竞争力的集成,发挥各自的核心优势并协同并行,以实现对市场需求的快速响应。因此,企业内部进行资源集成的同时,更需要整合供应链合作伙伴之间的资源。

4)伙伴协作。在激烈的市场环境中,竞争已从企业间上升到供应链之间,企业间单打独斗的时代已经过去,供应链企业只有同舟共济,加强合作伙伴之间的协作关系,形成运作效率高、反应速度快、信息共享的供应链,才能提升供应链整体的竞争优势。

5)利益共赢。在过去,企业追求的目标是自身利益最大化,从而可能丧失自身的竞争优势。在供应链竞争时代,企业追求的目标变成了整个供应链利益的最大化,合作伙伴之间必须做到同舟共济、齐头并进、利益共赢,才能发挥供应链的核心价值。

6)过程柔性。生产过程的柔性化是快速响应市场需求的基础。面对多元化、个性化、动态化的客户需求,生产过程必须富有柔性,并能根据需求做到快速重组,才能以高效率、高质量的标准满足客户的需求。

2. 快速响应的实现技术——使能层

21世纪是信息化时代,信息技术的发展以及全球信息网络的兴起加快了经济全球化、市场全球化、竞争全球化的步伐。信息技术作为供应链中的重要媒介,已成为企业正常运作的关键使能技术。实现快速响应的所有使能技术的集合构成了

QRMS 的使能层,包括标识代码技术、自动识别与数据采集技术、多智能体技术以及数据驱动技术。

(1) 标识代码技术

对所要管理的对象进行正确识别是管理的基础,一般供应链管理对象的识别方法有两种:第一种是特征识别,即通过识别对象的特征来识别,但是此方法识别精度模糊,准确性较差;第二种是定义识别,即事先赋予识别对象一个标识(ID)代码,通过识别器与数据库相连,识别器获取的标识代码与数据库匹配,实现对管理对象的正确识别。目前企业主要应用第二种方法,统一的标识代码体系是供应链快速响应的前提,将标准化技术应用于供应链管理中,实现各环节数据自动采集和交互共享,真正能做到"货畅其流",将对实现快速响应打下良好的基础。

(2) 自动识别与数据采集技术

自动识别与信息采集技术自动识别对象的标识信息并将标识信息采集录入计算机、各传感器元件或其他控制设备。其特点是具有较高的准确性、高效性和兼容性,自动识别与信息采集技术是实现供应链中商流、物流、信息流畅通无阻的支撑技术,主要包括条码技术、射频识别技术、光学字符识别(optical character recognition,OCR)技术和磁卡识别技术。各种自动识别技术比较见表1.8。

表1.8 自动识别技术比较

指标	条码	射频识别	OCR	磁卡
基材价格	低	高	高	中
扫描器价格	低	高	高	中
非接触识读	接触5米	接触2米	不能	不能
优点	输入速度快 误码率低 设备便宜 可非接触识读	可在灰尘油污环境中使用 可非接触识读	可用眼阅读	数据密度高 输入速度快
缺点	数据不能变更 不能直接用眼阅读	发射及接收装置昂贵 发射装置寿命短 数据可改写	输入速度低 不能非接触识读 设备昂贵	不能直接用眼阅读 不能非接触阅读 数据可变更

(3) 多智能体技术

多智能体技术是由分布式人工智能研究延伸出的重要分支之一,通过将系统改造成分散的、彼此相互连通及协调的管理体系,来提供过滤信息、协商服务、动态监控、优化处理等功能或服务。因其具有较强的独立性、学习性、智能性以及合作性等特点,多智能体技术往往应用于复杂环境系统中,设计并实施企业管理系统。

基于多智能体技术的方法广泛应用于企业集成、供应链管理等方面,通过对供应链各组成要素(供应商、制造商、分销商、客户)进行建模,模拟整个供应链系统的业务流程,以便对需求预存、库存监控、生产状态以及其他环节进行更有效的管理,提高供应链各合作伙伴之间的合作协同能力,从而提升企业供应链的快速响应能力。

(4)数据驱动技术

数据驱动技术是近年来随着大数据和人工智能发展应运而生的全新信息技术,其核心是数据分析和数据挖掘,通过从供应链中的大量数据中提取潜在的、隐含的模式、规则和知识,包括聚类分析、特征分析、关联分析等,使用多种数据挖掘算法从提取的数据中确定模式或模型,可以预测供应链中未发生的事情并提前做出预案,避免不必要的损失。例如,在供应链的制造过程中,通过各类传感器实时、动态监控制造过程、状态信息,应用数据驱动技术对环境、数据等其他信息进行分析挖掘,可根据以往的数据推测车间可能发生的干扰故障,基于此得到最优的调度方案,以提高供应链的快速响应能力。

3. 快速响应的实现保障——理论方法层

快速响应的实现既需要信息技术的支撑,也需要管理理论方法的保障。快速响应的实现不仅仅是一种技术问题,也是一种新的管理理念和运作模式。实现快速响应的理论方法包括快速响应制造(rapid response manufacturing,RRM)、干扰管理和动态调度三个方面。

(1)快速响应制造

第二次世界大战是战争推动工业革命的时期,在这期间,大批量制造模式逐渐发展起来,第二次世界大战后,市场需求逐渐向个性化、多样化转变,导致企业面临诸多难题,如降低生产成本、缩短生产周期、提高产品质量和可靠性,同时,个性化需求的日益增强也带来了比以往更多的设计和制造更改风险。例如,美国的福特汽车公司提出了快速响应制造,以应对诸多挑战。

快速响应是一种技术和方法的总称,通过实施快速响应制造,企业可以针对市场的需求进行最快速度的产品开发、敏捷化的产品制造,以最少的时间和成本提供高质量的产品和服务。在世界经济全球化发展的环境下,客户对产品的个性化需求产生了快速响应制造这种生产方式,其基本思想是对市场现有需求或潜在需求做出快速响应的制造技术集成。大批量制造模式和快速响应制造模式对比见表1.9。

表1.9 制造模式比较

内容	大批量制造模式	快速响应制造模式
市场特征	相对稳定、需求统一、市场拉动需求	动态变化、难以预测、需求驱动市场

续表

内容	大批量制造模式	快速响应制造模式
产品特征	品种少、标准化、系列化	单件小批量、多品种、模块化
用户需求	低成本、高质量	客户化、快速响应
技术手段	数控机床、流水线生产、柔性智造系统、计算机辅助设计与制造等	并行工程、精益生产、敏捷制造、智能制造、可重组生产、成组技术等
业务流程	以资金流和物流为基础,供应链以制造为主,服务为辅,物料运行不畅	以资金流和信息流为基础,供应链以客户为中心,力求完美服务
资源分布	区域性、相对集中	全球分布
组织结构	采用功能划分部门的固定组织形式,多层次阶梯式结构	扁平网结构、动态的自主管理小组工作组织形式

快速响应制造是一个融合多学科、多模式而形成的综合生产系统。通过采用数字化设计、模块化工艺控制、柔性化加工制造和集成化管理,可实现对零部件进行快速工艺规划,并能对生产过程出现的随机干扰事件进行实时动态监控和调度。它是在充分利用原有供应链基础支撑技术的基础上,形成适应装备制造业多样化发展的生产系统。快速响应制造的核心是"快速"、"可变"和"动态响应"。"快速"是指在开发、工艺准备、生产制造、检测维修等阶段缩短研制周期和减少返工产品,其主要实现的技术包括数字化建模与仿真、并行工程、全生命周期数据管理、单元化和模块化制造及敏捷制造等。"可变"和"动态响应"是指提高产品加工的柔性,包括制造系统适应外部需求变化的能力和适应各种干扰的能力。

(2) 干扰管理

装备制造供应链成员企业快速响应市场需求是一个非常复杂的动态过程,涉及制造响应能力在不同主体之间的转移。在这个过程中,众多的不确定性因素使装备制造供应链处于多变的、不稳定的环境中,直接或间接地影响供应链的快速响应,使事先制定好的作业计划变得不优化甚至不再可行。干扰管理是能够使供应链恢复到原始状态的一种管理方法,并能使对供应链系统造成的影响降至最低。因此有效的干扰管理对装备制造企业和供应链竞争能力的提升起着关键作用。

(3) 动态调度

基于车间流水线的动态调度涉及信息、计算机、智能决策、管理学等多个学科的理论和方法。通过在传统装备制造环境中配置多种传感器,并对异构传感器集中管理和数据采集,实现对多源制造信息的实时、精确感知,这是生产流水线动态调度的基础。物联技术的应用使底层加工制造资源具有感知交互能力,以此实现资源和设备的感知,通过智能化建模和优化配置建立有制造任务驱动的制造执行系统。物联技术为制造执行系统全方位感知提供了技术支持,进而使实时获取制造执行过程中的干扰事件成为可能,借用多智能体(Multi-Agent)动态调度理念构建生产过程的多Agent体系构架(包括制造资源Agent、设备Agent、实时监控Agent及调度/重调度Agent)实现复杂装备制造产品生产过程的动态调度。

1.5　本书的主要内容

本书系统地介绍了装备制造供应链快速响应管理所涉及的关键方法、模型和技术,在供应链的实际运作过程中,停电、设备停机、紧急插单、检修、天气等原因都会影响供应链的正常运转,供应链的响应速度与应对扰动的能力紧密相关。本书以供应链内部环节为主,详细介绍了基于干扰管理思想的生产制造快速响应。全书共8章,各章节安排如下。

第1章主要介绍了区域支柱产业、装备制造业、制造供应链的概念和现代制造供应链新兴技术的最新发展趋势,进而描述了装备制造业在区域发展中的重要性及装备制造供应链快速响应管理的体系构架。第2章从供应链新环境、供应链快速响应及其管理方法展开描述,重点研究了基于干扰管理和应急管理理论的快速响应方法论。第3章在供应链扰动感知的基础上,详细描述了基于泛在网技术的供应链主动感知实现框架,并对基于干扰管理和应急管理思想的快速响应机理进行了重点研究。第4章以混合无等待流水线(hybrid no-wait flow-shop,HNWFS)加工环境为背景,详细描述了针对工件扰动和机器扰动并发的干扰管理调度方法,在此研究基础上考虑了人的有限理性的特点,进行了考虑行为因素的干扰管理调度方法研究。第5章从供应商选取的角度出发,考虑经济、政治、自然环境的变化可能造成供应商中断生产的情况,详细描述了考虑扰动的制造供应链配置优化方法。第6章在生产调度的基础上,针对供应商和制造商之间的协商调度问题,详细描述了信息不对称环境下的供应链协调调度干扰管理模型,其次针对制造商分批约束的HNWFS车间问题展开了研究。第7章在制造供应链环境下,对流水线上多目标调度问题展开了研究,并重点从调度规则、启发式算法入手。第8章以双机成比例无等待流水线为背景,详细描述了针对生产商遇到停机产生的供应链扰动过程,并提出了现金补偿协调机制,实现供应链扰动协调干扰管理。

第 2 章　理 论 综 述

2.1　新技术环境下供应链管理研究现状

2.1.1　CPS 综述

自从 NSF 提出 CPS 后,众多学者对此展开了研究。CPS 包括大量的并行且互联的传感器、计算机和机器设备,用以采集和解读数据,从而控制物理世界的制造单元。CPS 是复杂的、多学科的、具有物理意识的下一代工程系统,通过使用变革性研究方法,将嵌入式计算技术(网络部分)整合到物理现象中。这种整合主要包括从多学科角度对物理系统的观测、通信和控制方面(Volkan et al.,2014)。

CPS 可以从不同特征来描述。CPS 是实体物理世界和虚拟数字世界的融合。首先,CPS 涉及大量并行和相互关联的传感器、计算机和其他机器,它们收集和分析数据以在此基础上做出决定并控制真实世界的物理过程。因此,系统工程需要将工业过程和控制系统与信息技术相结合(Rajkumar et al.,2015)。其次,CPS 必须能够与其他系统或系统的一部分积极配置服务和网络,这些系统可能在一开始就不为人知,并以受控方式提供新的复合组件和服务(Colombo et al.,2013)。此外,CPS 的重要特征是其适应环境变化的能力,这需要对环境和应用数据进行持续监测和评估(Wan and Alagar,2014)。最后,CPS 必须在物理层面与人类进行交互,这需要使用多模式控制界面,包括对人类行为的识别和解释,以及系统与单个人或群体之间的互动决策(Schirner et al.,2013)。

在过去的几年中,CPS 利用领域的要求和整体复杂性急剧增加。当前已广泛应用到生鲜产品运输(Bogataj et al., 2017)、机器人(Fink et al., 2012)、医疗健康系统(Cheng, 2008;Wang et al., 2011)、智能家居(Smirnov et al.,2015)和电力系统(Pasqualetti et al.,2013)中。传感器、数据采集系统、智能计算和信息交流技术的发展,使物料、机器、产品等工业物理实体和软件、互联网应用等信息层的有机连接成为可能(Babiceanu and Seker,2016)。在 CPS 环境下,物理设备(产品和设备等)、信息采集设备(传感器和 RFID 等)和信息处理设备(计算机和服务器等)通过网络系统实现连接,CPS 可以追踪和监控这些设备,使管理者掌握其状态(Lee et al., 2018)。

在制造领域,CPS 集成了物理过程、遍在计算、高效交流和有效控制等要素(Cao et al., 2013),将积极影响过程自动化和控制中的网络物理生产系统(cyber-physical production systems,CPPS)的生产(Monostori,2014),这可被视为工业 4.0 中重要一步。Leitão 等(2016)提出了工业 CPS 的概念,表现为物理和信息要素相互作用的网络,以此检测和控制现实世界中的物理设备。通过应用传感器、高清摄像头、执行器等,可使 CPS 实现制造过程的实时监控,减少故障诊断时间。因此,CPS 在制造过程中的实施,可以实现制造过程的可视化,提升效率,使工作流程自动化,优化能源消耗,实现制造单元之间的信息实时交互等。

基于上述功能,CPS 在解决传统调度方面有着独特的优势。Zhang 等(2008)讨论了一个任务调度问题,该问题基于行为受反馈控制规则控制的 CPS,通过联合设计控制规则和任务调度算法,实现了单处理器控制多倒立摆情境下的绩效和能源预测。Liu 和 Jiang(2016)把 CPS 引入车间智能制造中,并且把异构设备间的互联和互操作性、多来源和异构大数据的管理与分析,以及学习方法三种关键技术结合在一起形成了 CPS 架构。Babiceanua 和 Seker(2016)提出了制造 CPS (manufacturing CPS,MCPS),并对 MCPS 中的大数据分析应用进行了综述,基于此,又提出一个针对车间调度的基于大数据分析的故障预测方法。通过 CPS 设备进行实时监控,实时监控数据可以直接采集传输至故障预测模块用于故障预测(Jia and Wang,2017)。

2.1.2 HCPS 综述

20 世纪 80 年代后期以来,信息技术,尤其是互联网技术的飞速发展对智能制造的发展起到了巨大的推动作用。美国在 21 世纪初提出了 CPS 理论(Baheti and Gill,2011),CPS 通过实施情景意识和智能控制可将物理世界和网络空间连接起来。随着 CPS 相关技术的发展和行为因素的研究,智能制造系统从传统的 CPS 向"人-信息-物理系统"方向演变(胡虎等,2016)。"人在回路"的智能制造模式(human-in-the-loop cyber physical systems,HCPS)成为当前研究的热点和最具发展前景的制造模式之一(Zhou et al.,2018)。

为了更加明确人是如何成为 HCPS 系统中的一个组成部分,Sowe 等(2016)建立了一个人力服务能力描述模型来显示人员的一般能力以及执行特殊任务的能力。这些能力被分解为多个元素,以便设计人员可以有效识别并将人员集成到系统的设计过程中。Schirner 等(2013)提出了"人在回路"应用的原型平台和设计框架,用于恢复或增强人类与物理世界的交互。Ma 等(2017)将人的因素纳入传统的 CPS 数据处理模型中,并为 CPS 数据和决策智能制定了一个闭环计算范例,提出了基于网络、物理和人为因素的决策模型。Ma 等(2015)提出了一种高效长期的 CPS 事件处理模型 LTCEP,这是一种针对智能空间 CPHS 的高效数据处理模型。它利用语义约束演算将长期复杂知识分解为子知识模型,并建立长期缓冲/检测机制来优化 CPHS 数据处理和决策中的实施响应能力。在智能交通系统(intelligent traffic system,ITS)中,互连使交通系统(即车辆、道路和人)中的所有相关元素连接,而不是孤立的元素,人为因素的互连和操作是未来 ITS 的重要标志,在这种情况下,CPHS 参考模型将为运输管理提供新的视角,并将以最小的资源实现目标(Lin et al.,2017)。

2.2　供应链快速响应的研究现状

快速响应被 Kurt Salmon 公司提出后,成为众多学者研究的热点。供应链快速响应的相关研究可以分为四类:第一类是供应链快速响应影响因素的研究;第二类是供应链快速响应机制的研究;第三类是供应链快速响应过程的研究;第四类是快速响应供应链的研究。

2.2.1　供应链快速响应影响因素的研究

邹辉霞(2007)认为,从响应时间的角度实现快速响应制造意味着缩短和优化客户角度的提前期,基本途径是对各环节时间实现压缩或直接对供应链的流程进行重构。杨瑾等(2007)从合作协同能力、流程一体化程度、信息集成水平和客户需求导向性四个方面研究分析了产业集群环境下供应链快速响应能力影响因素,提出了关于快速响应能力评价的指标体系和模糊多指标评价方法。张连成等(2008)从探索敏捷制造生产管理模式、构建专业化的柔性生产线、建立集成化先进制造管理平台三个层次出发,研究了复杂军工产品供应链,提升了制造系统生产能力和快速响应能力。吴娟(2010)从历史绩效、质量、响应速度、生产能力、技术水平、财务状况、管理水平七个方面研究分析了生产制造供应方面的快速反应能力,构建了相关的快速反应能力的评价指标体系和模型。苏程等(2011)认为,敏捷性是指制造企业能够灵活、集成和快速地响应市场变化的能力,并基于模糊层次分析法构建了基于时间、成本、鲁棒性和自适应范围的企业敏捷性评价指标体系及算法模型。张玉春等(2013)对企业集群环境下供应链快速响应能力影响因素进行了研究,得出集群网络协同基础、流程一体化程度、信息与物流集成水平、顾客需求导向性影响因素,并提出应整合集群资源,实现顾客需求的快速响应,提高供应链快速响应能力。杨锌等(2015)从设计、仿真和制造三个方面给出了一种快速铸造方法,提高了铸造工艺设计和铸型制备的效率,极大地缩短了铸件的生产周期,提升了企业快速响应制造能力。杨腾等(2015)从制造企业加工设备的基本信息、加工能力、实时状态和服务质量四个方面对云制造模式下加工制造动态服务能力进行了深入分析研究,提出一种制造服务的主动发现机制和相应的敏捷配置方法。杨海等(2015)基于快速响应制造理念以及在对企业内部资源整合和生产线制造管理方式优化的基础上,从技术准备系统、生产过程仿真和制造执行系统三个方面出发,构建了航空复杂产品生产线快速响应制造体系。刘检华等(2015)深入研究归纳了影响快速响应制造的共性技术,包括并行工程和集成制造、单元制造与可重构制造系统以及虚拟制造技术,且详细论述了快速响应制造技术的基础理论和实现技术。吴成林(2016)从运营模式、供应链成员间关系、供应链结构与资源配置、快速响应的物流计划模式、物流技术及物流网络等方面研究分析了制造企业提升快速响应能力的途径与方法。

2.2.2 供应链快速响应机制的研究

在需求发生变化的情况下,Serel(2012)探究了预算约束对制造商的响应机制和库存策略所带来的影响,在初始需求预测的基础上下单,收集新的市场信息,更新需求预测。Zhao等(2015)针对制造商和零售商组成的两阶段供应协商问题,探讨了假定价格合同为协商的唯一依据条件下,两次价格对响应订货批量的影响。针对存在不确定需求和多个催货选项的供应链,Fu等(2013)研究了存在不确定需求和多个催货选项因素下对一个制造商单期响应型库存决策的影响。Yang等(2015)基于报童模型,考虑策略消费者在供应链环境下的快速反应策略问题,研究了快速响应额外成本在不同结构供应链中对协商机制的影响。Chow等(2012)研究了最小订货量(minimum order quantity,MOQ)对两阶段供应链协调快速响应机制的影响,通过分析证明了静态的、预先确定的MOQ会阻碍供应链间信息的传递和更新。Xu等(2016)从网络结构的角度,基于复杂网络理论,分析了节点企业在敏捷供应网络中反应能力和距离因素对快速响应决策的影响,建立了基于网络的进化机制的敏捷供应链响应模型。Modak等(2016)提出了一个在合作或非合作模型下的一个制造商和多个零售商闭环供应链协商响应模型,研究了供应链中企业所占地位(领导或被领导)对协商机制的影响。Yan和Huang(2015)考虑了外部环境的不确定性与企业的适应性之间的关系,提出了在顾客需求动态变化情况下的快速响应模型。Serel(2015)基于报童模型,分析了不同采购结构下(本地供应商和海外供应商)制造商的最优生产策略问题,认为本地供应商比海外供应商更能够快速响应制造商的随机需求。Zhang 等(2014)分析了多源信息的可靠性对制造商快速响应机制的影响,提出了基于信息流的贝叶斯信息融合方法。Wang 等(2014)研究了竞争条件下供应链中制造商对需求波动快速反应中采取不同采购机制(效率型和响应型)时对生产效率的影响,发现当需求不确定性高或者产品的竞争不是太强的情况下,响应型往往是有利的。

2.2.3 供应链快速响应过程的研究

Choi 和 Chow(2008)提出通过均值方差(mean variance, MV)的方法研究快速响应系统,通过调整价格承诺政策、服务水平承诺政策和回购政策等措施,实现双赢的局面。Caro 和 Martínez-De-Albéniz(2010)提出一个不对称的两期库存为基础的扩展竞争性消费者模型,分析(不对称)生产成本和订购灵活性对竞争结果的影响,并且研究在该竞争条件下采用快速响应模式的影响。Shan 等(2013)以上海飞机制造公司(Shanghai Aircraft Manufacturing Company, SAMC)为例,提出并构建了一种快速响应生产系统(rapid response production system, RRPS)模型,为提高快速响应能力和减少突发事件造成的经济损失提供新的思路。Chow 等(2012)研究施加 MOQ 约束对采用了快速响应系统的双层供应链的影响,并提出最优化模型来分析该情况的协调问题。Li 和 Cheng(2013)指出应急资源计划的实施对降低灾难损失有直接的影响,并且通过引入 MRPII 的资源规划方法和应用线性加权算法进行优化,提出了快速应急响应的资源规划。Yang 等(2015)研究在战略性客户行为的供应链结构中,快速响应对供应链性能的影响,并且比较在不同的供应链结构中的快速响应值。Chen 和 Song(2014)针对全球化背景下供应链的稳定性问题,提出一种基于犹豫模糊信息的 TOPSIS 方法。Zhang 等(2016)阐述了城市轨道装备制造快速响应能力的形成机制,提出了概念模型假说,以突出反映组织间应急协作关系和快速应急能力。

2.2.4 快速响应供应链的研究

学术界普遍认同,为应对全球经济一体化和市场需求的快速变化,以快速、可变和动态响应为主要特征的快速响应技术在制造型企业组织中发挥了重要作用。

吴忠和等(2015)考虑二级供应链在面对突发事件引起的零售商生产成本变化下,信息不对称对集权式与分权式下供应链的协调机制的影响。朱传波和季建华

(2013)分析不同采购方式和单个供应商可靠性对制造商快速响应决策的影响,并进一步指出供应商不可靠情况下,企业应该重点关注期望实现订货量而不是最优订货量。王文宾等(2015)针对回收再制造供应链企业分析不同政府决策目标对其协商响应的影响。计国君和杨光勇(2011)考虑不同风险偏好顾客对供应链随机配给策略的影响。黄河等(2015)针对单个制造商和单个供应商组成的供应链动态决策问题,分析供应风险和采购成本对供应链努力和期望收益的影响。刘家国等(2015)利用以制造业为主行业样本,对供应链脆弱性削减机制进行实证研究,认为供应链的弹性和柔性是影响供应链快速响应能力的重要因素。王建华等(2011)考虑敏捷供应链中运输调度问题对快速响应能力的影响,建立了基于供应商可用时段时间槽表示方式下的敏捷供应链集成调度模型。关旭等(2015)以加工-装配式供应链为研究对象,分析不同零部件库存运作模式对供应链响应的影响。

2.3 供应链快速响应管理的研究现状

快速响应作为一种先进的管理技术和战略思想,已成为供应链管理研究的热点,为企业带来了新的利润增长点和竞争力。本书将从供应链干扰管理和供应链应急管理两方面阐述供应链快速响应管理的实现方法。

2.3.1 供应链干扰管理的研究

1. 干扰管理思想的形成与发展

关于干扰管理的研究早在 20 世纪 70~80 年代就已经开始,但是直到 90 年代干扰管理这一概念才被明确提出。Yu 和 Qi(2004)是干扰管理研究领域的奠基人,对干扰管理思想的形成做出了巨大贡献。他们首先将干扰管理应用在航空领域,1993 年,他们成功研发了一套恢复航班正常运行的软件系统 Crew-Solver,解决了美国大陆航空公司的纽瓦克自由国际机场因暴风雪袭击导致整体运营瘫痪事件。此项系统在之后的暴风雪袭击事件以及 2001 年的"9·11 事件"中,都为美国大陆航空公司节省了大量资金,赢得了客户的信赖。

干扰管理方法在航空领域的成功尝试,使人们看到了干扰管理巨大的应用潜力,很多学者转向这个方向的研究,同时把较为成熟的管理思想和方法引入其他领域,并获得了成功,干扰管理的思想逐步形成。作为干扰管理领域的领军学者,2004 年,Yu 和 Qi 给出了干扰管理的定义:在计划的开始阶段,用优化模型和求解算法得出一个好的运行计划;计划实施中,内外部不确定因素导致干扰事件的发生,使原计划变得不可行,需要实时地产生新计划,新计划要考虑到原来的优化目标,同时又要使干扰带来的副作用最小。其给出的定义包含三层含义,首先是寻找最优的执行方案并执行,其次是确认干扰事件的影响,最后是制定基于干扰事件的对执行系统干扰最小的新的执行方案。Clausen 等(2011)也认为应当把新的执行方案对初始方案干扰最小作为干扰事件发生后的干扰管理目标。国内的学者也对干扰管理做出了开创性的研究,如陈安和李铭禄(2006)认为,干扰管理应该是一种尽可能恢复执行系统初始状态的管理问题,但是干扰管理针对的是偏离系统初始状态幅度较小的事件,这样的偏离并没有对系统运行造成毁灭性的负面影响,因而可以通过有效的干扰管理方法予以补救;他们还对于干扰管理和应急管理之间的区别做了较为详细的阐述,认为应急管理不同于干扰管理,其面对的是一个无法挽回的损失或毁灭性的事件,只能减损,不可恢复。

2. 供应链干扰管理方面研究

供应链的生产调度问题基本上是由环境、种类、机器数量、工件或任务的性质及目标函数组成。环境、种类、机器数量有多种变化,工件或任务的约束更是错综复杂,再加上度量不同性能的目标函数,从而形成了种类繁多的生产调度模型。根据调度系统的复杂程度,可以分为单机调度、多机调度、流水车间(flow-shop)调度、加工车间(job-shop)调度四种类型,其中,单机调度和多机调度可以统称为机器调度,流水车间调度和加工车间调度可以统称为流水线调度。本节根据调度的不同类型分别总结干扰管理的研究应用现状。

(1)单机调度干扰管理

单机调度是生产调度中最简单、最常见的调度方式,也是研究其他类型调度的基础。Qi 等(2006)运用干扰管理思想研究了机器调度问题,将扰动恢复费用指标纳入新调度方案的优化目标中,基于最短加工时间优先(shortest processing time,SPT)的排序规则,建立了新调度方案与原调度方案费用偏差最小的重调度模型,运用动态规划和启发式算法对模型求解。引入事前干扰管理和事后干扰管理两种不同的干扰管理策略,解决调度系统面临机器故障和工件工期变动两种干扰时通过修正 SPT 规则求得最优调度方案的问题。

Hall 和 Potts(2004)研究了在单机调度环境下,有新的工件到达时,通过限定新到达工件位置变动数、推迟时间数及两者之和作为限定调度的因素,建立以最大延迟时间和加权完工时间和为目标函数的调度模型。通过权衡原有工件的调度成本和插入新工件后的干扰成本,找出最优调度方案,此外还扩展研究了新工件重复到达这种多扰动因素下的调度模型。Abumaizar 和 Svestka(1997)针对多干扰事件情况的机器调度问题,提出了以前一个干扰修复方案作为后一个干扰问题初始方案的重调度策略。

Leus 和 Herroelen(2005)研究了单机系统遇到单工件扰动时的复杂性问题,证明目标函数为初始加工时间偏离期望的单机扰动问题的复杂性是普通的 NP 难;此外,还证明了附加不等的准备时间限制及带优先级限制的单机扰动问题是强 NP 难。Ballestín 和 Leus(2008)研究了单机情况下,加上共同的最后完工期的限制,目标函数是使工件计划开工时间和实际开工时间的偏差最小,采用两种启发式算法求解单工件发生扰动时的调度优化问题。

刘锋等(2012a)针对单机环境下最小化加权折扣完工时间和机器的干扰问题,建立了既考虑原目标又考虑干扰事件对初始计划造成扰动的双目标干扰管理模型,鉴于模型的复杂性,传统优化算法不理想,设计了基于量子遗传算法和非支配排序遗传算法的混合启发式算法。同时,还对加工能力受限的单机干扰管理问题(刘锋等,2012b)、考虑加工效率变化的变速机干扰管理问题(刘锋等,2013)等进行了研究。

姜洋等(2012)从客户不满意度、运作成本以及工件加工顺序三方面度量单机调度系统的扰动,构建了字典序多目标单机调度干扰管理模型,并采用改进的蚁群算法进行求解。他们还从行为的角度,针对机器受扰的单机调度干扰管理问题进行研究,在前景理论的基础上,通过融合模糊理论,提出考虑行为主体的扰动度量方法(姜洋等,2013)。

(2) 多机调度干扰管理

目前,针对多机调度的研究以双机调度和并行机调度居多。其中,双机调度可看作双单机环境,所以单机调度环境下的成果可以比较容易地扩展到双机环境中。Lee 等(2006)研究了双机调度情形下,针对未完工工件的受扰调度问题,提出两种处理方法:一种是将未完工工件安排到其他机器上,但要承担额外的转移时间和费用;另一种是等待受扰机器恢复后再做排序处理。他们针对上述解决方案,建立了目标函数,使初始调度的费用函数、可能的运输费用及初始调度偏离产生的干扰费用综合最小的数学模型,最后通过多项式算法和伪多项式算法求解得到最优调度方案。Lee 和 Yu(2008)在他们 2006 年的研究基础上,将干扰管理推广到平行机的应用中,当所有机器在一定时间内以一定的概率变得不可用时,提供伪多项式时间算法重新安排工作使平行机调度系统处于最优状态。

Petrovic 和 Duenas(2006)提出针对双机调度系统遇到不确定干扰时的一种新的以模糊逻辑为基础的决策支持系统。他们将此应用于陶器厂的实际生产调度中,提出一个预测反应式调度模型,分两步对系统进行调度:首先建立一个具有吸收扰动的预测调度方案,其次当干扰事件产生的影响过大时,采用重调度策略。在判定干扰强度并决定调度策略时,依靠使用标准模糊集和二级模糊集描述原材料短缺的干扰源。生产试验证明了采用模糊推理进行调度策略选取的合理性以及预测反应式调度策略的有效性。

Vieira 等(2000)针对并行机系统中不同类型的工件在动态到达且具有不同的安装时间的情况下,提出了新的分析模型用以预测 3 种重调度的执行质量和效率,平衡不同的衡量方法。Barua 等(2005)研究了模拟半导体晶片设施的生产调度系统遭遇随机的机器故障的干扰,通过对半导体行业中常用的几种调度规则与他们提出的全局调度规则在应对干扰影响时进行性能比较,分析了在不同的干扰层次下,不同调度策略的优缺点,寻找在特定环境下能使目标函数为最大、加工延迟时间最小的调度策略方案。

(3) 流水线调度干扰管理

流水线生产组织方式在实际工业生产中非常广泛,因为调度环境比机器调度问题更加复杂,所以干扰管理带来的影响也更加复杂。Lee(1997)研究了双机器流水车间环境下,一台机器不可用的情况,采用伪多项式的动态规划算法求解问题,证明这种干扰问题是 NP 难问题;还分别给出两台机器上出现扰动问题时的最坏情况误差界,得出在双机器流水车间的不同机器之间发生扰动时不能互相替换的结论。Mehta 和 Uzsoy(2002)认为,加工车间调度中的扰动会使工期延长,或者造成原来的生产调度不可行,因此提出了预测型调度,用以吸收扰动影响,以便保证良好的调度性能,而不影响材料采购、机器维护等生产外部活动。他们提出的预测型调度将空闲时间插入调度中,用以吸收机器故障带来的影响,而空闲时间的插入数量和插入位置取决于机器故障、修理分布及预测型调度结构,至于扰动对初始调度的影响可通过总完工时间和偏离程度得出。

近年来,在流水线调度的干扰管理研究领域,国内学者的研究成果相对突出。潘逢山和叶春明(2012)针对流水线加工环境中有新工件到达的情况,以最小化最大完工时间和最小化干扰时间差为优化目标,建立了流水线干扰管理调度模型。李铁克等(2010)结合混合流水车间所具有的工艺连续性和工序设备并行性的特点,在充分考虑重调度前后方案的时间安排和机器指派方面尽量保持一致的前提下,运用干扰管理思想和约束满足技术建立了混合流水线重调度模型,提出了基于局部性修复策略的启发式求解算法。薄洪光等(2013)针对双机成比例无等待流水线重调度问题,研究了在机器扰动工况下如何通过干扰管理方法来降低流水线的利用率损失和减少待加工工件集的总滞后时间。他们利用基于理想点趋近的多目标处理策略,将干扰管理模型的多目标问题转换为二次规划单目标问题,并设计了基于量子行为微粒群优化(particle swarm optimization,PSO)与启发式局部寻优搜索机制相结合的求解算法。

2.3.2 供应链应急管理的研究

1. 应急管理思想形成与发展

Clausen 等(2001)通过研究从纽约到伦敦的波音 747 客机在飞行过程中突然失灵事件,发现了运筹学方法应用的新领域——应急管理。研究介绍了应急管理的概念,而且指出在其他行业,如造船业中也需要对突发事件进行应急管理,并通过钢板管理和定期航班延误这两个实例介绍了应急管理的实施过程。最后提出应急管理还可以运用在集装箱运输和网络控制领域。Yossi(2001)通过研究指出,"9·11 事件"后,供应链中的应急管理引起了企业界和学术界的广泛关注,特别是在全球恐怖主义威胁环境下麻省理工学院交通与物流中心的应急管理研究。Elkins 等(2005)介绍了供应链管理专业协会给出的针对供应链突发事件应急管理的十八条建议。Kleindorfer 和 Saad(2009)从分类和风险评估角度对供应链应急管理遇到的突发事件进行了研究分析,介绍了十大风险管理方法,并给出了美国化工业应对突发事件风险管理的经验总结。

2. 供应链应急管理定义

张菊亮和陈剑(2008)定义了供应链应急管理就是研究当突发事件发生进而引起社会、经济发生大变动时如何选取最优策略,使损失最小,收益最大。庄品和张庆(2007)认为供应链应急管理的定义可以总结为:它是一门研究突发事件作用机理、发展规律的学科,它是供应链管理中的新发展,其主要的基础学科包括系统科学理论、运筹学、人工智能理论、应急管理理论等;应急过程包括应急预案、事故监控、应急响应和回复处理及反馈评估;控制因素包括物流、信息流、资金流。

3. 供应链应急管理机制研究

在供应链应急管理机制的研究上,张凯峰等(2004)提出以量化的性能指标为基础来构建一套信息、过程与人的集成框架和一套可配置、可扩展的软件架构建立供应链例外事件管理系统,以便快速发现供应链系统中出现的突发事件,做出快速响应。王勇和陈俊芳(2004)提倡利用信息系统处理供应链突发事件,研究供应链事件管理技术产生、发展及应用,并将此应用于实际案例中验证。刘建等(2007)将模糊数学方法和数据库技术结合,构建模糊查询模型,及时全面地查询应急管理中的相关信息,使管理者可以第一时间了解突发事件发展状态,并能及时稳妥地做出正确决策。雷臻和徐玖平(2004)从应急管理政策、机构、流程三个方面阐述供应链上突发事件应急管理的机制。朱子华和李严峰(2006)对供应链中突发事件进行了分类、分级和分期。李丛和张洁(2003)通过对贝利控制公司的实例研究,提出建立藕节型供应链来加强供应链的应对能力,并分析了具体的建立方法。丁玲(2006)从预测、不可预见因素的预测评估、供应商评估和信息风险预测四个方面阐述了供应链突发事件的预测方法,最后提出了具体的应对突发事件的防御机制。

第 3 章　供应链快速响应管理的机理

3.1　供应链主动感知体系构架

3.1.1　体系构架

为了进一步探索和应用现代制造供应链的基础支持技术在供应链快速响应过程主动感知方面的优势,设计了基于泛在网技术的供应链主动感知执行系统体系构架(图3.1),该体系构架主要由互联、对象感知、信息整合、应用服务和数据服务中心五部分构成。

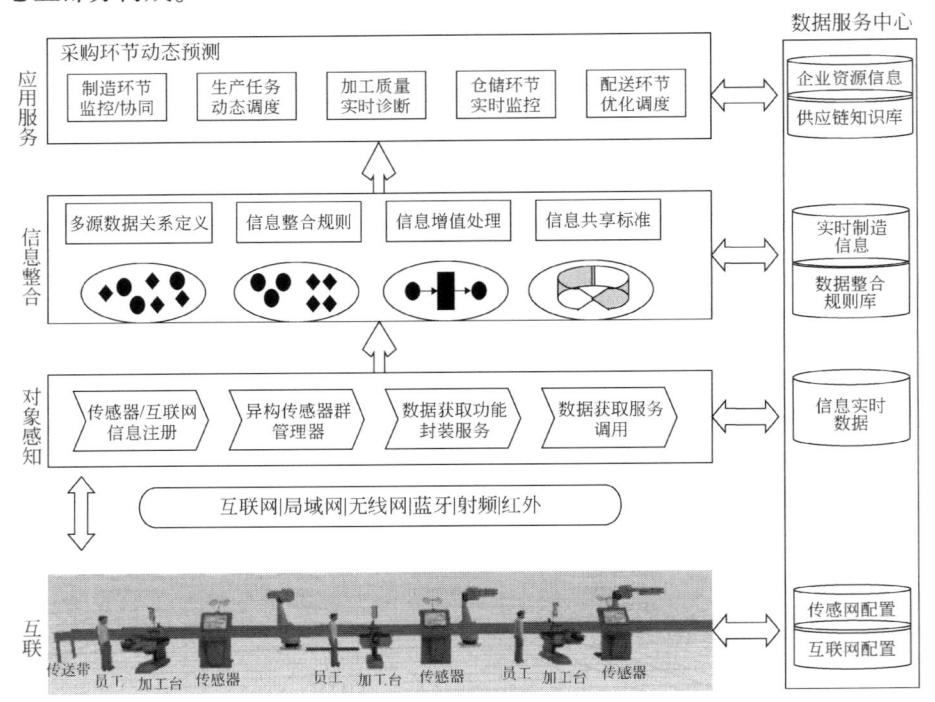

图 3.1　基于泛在网技术的供应链主动感知执行系统构架

如图 3.1 所示，互联主要包括面向物理制造资源层的物物互联和面向生产运营调度的人物互联与人人互联，通过配置各类传感器和无线网络以实现制造过程各环节的互联、互感，确保制造过程中传递的多源信息实时、准确和可靠。对象感知主要针对多种传感器群与互联网设备，为各类传感器在异构通信网络环境下主动地感知和传输各类供应链信息的实时运营活动提供服务。信息整合是在获得运营过程数据的基础上，对源自异构传感器上多源、分散的现场数据转化为可被执行过程决策利用的标准运营信息提供服务，通过对多源数据关系定义、建立信息整合规则、增值处理实现多源数据在运营执行环境中的增值，最终整合并转换为可直接为运营执行过程监控与优化服务的标准运营生产信息。应用服务主要面向供应链中的不同环节，通过提供采购环节动态预测服务、制造环节监控/协同服务、生产任务动态调度、加工质量实时诊断、仓储环节实时监控服务、配送环节优化调度服务等实现泛在网技术下供应链运营过程的信息透明、过程实时感知和动态优化管理。数据服务中心主要从数据、信息和知识的层面为供应链运营执行系统提供随用随到的信息服务，主要包括传感网配置信息、互联网配置信息、信息实时数据、数据整合规则库、用于供应链运营执行系统决策服务的可靠性知识库、企业资源信息等。

3.1.2 运作管理

1. 采购环节的工作逻辑

基于泛在网环境下的采购环节的工作逻辑如下所述。

1）通过网络信息技术、电子商务技术和计算智能技术实现对采购物料资源的智能化建模，进而使物料需求量在采购过程中可以进行主动交互，并实时与其他物料资源和管理系统共享其状态信息。

2）在采购前期，首先要对采购量进行预测，制定确定的采购清单。采购清单包括固定订单需求量和预测需求量两部分，对于固定订单需求量，泛在网下电子商务技术的引入使生产商和客户之间可做到实时在线交流，客户订单的变动都能被生产商准确、及时地感知；对于预测需求量，泛在网下数据分析与挖掘技术对库存记录/物料销售记录以及顾客需求信息进行收集分析，得出物料销售的实时动态信息和客户的潜在需求信息。其次利用数字管理模型和计算机模拟仿真技术对相应物料进行需求预测，感知预测需求量，从而能更快捷、准确地制定采购清单。

3）在采购阶段，首先要对采购渠道进行规划，针对所需物料的特性制定不同的采购方案，如对于数量多、采购金额高的物料采用集中采购以获得价格折扣；对于数量少、采购金额低的物料采用联合采购以减少管理成本。其次要对市场上的供应商进行选择和评估,既要考虑供应商自身能力,又要考虑供应商协同能力,建立一套合理的供应商评价指标体系来定期对供应商进行评价,在促进双方的合作方面,起到监督改进作用,并能保证订单快速、准确的执行。

4)在采购订单签发后,综合考虑配送订单的优先级、配送状态信息等,利用电子商务平台实现订单配送过程的动态监控与优化,做到实时感知订单的状态信息。一旦服务已经提供或产品已经运送,就开展供应商绩效评价工作,从而确定供应商是否真正满足了需求。这也是控制活动,如果供应商的工作没有满足所需的需求,就需要找出原因并及时采取相应的纠正措施。

2. 制造环节的工作逻辑

基于泛在网环境下的制造环节的工作逻辑如下所述。

1)通过传感技术、信息技术和计算机智能技术实现对底层制造资源的智能化建模,进而使各制造资源在再制造过程中可以进行主动交互,并与其他制造资源和上层管理系统共享其实时状态信息。

2)当生产车间收到加工制造任务时,根据工序级任务的主要参数和加工资源的实时状态,资源优化配置模块通过对加工任务进行优化配置,将任务分配给最优的加工资源。根据制造资源优化配置的结果,采用智能算法对加工任务进行排序,进一步得出各个工序详细的运作时间。利用 RFID 标签对配件进行标识,便于在生产流水线有效地控制加工处理时间,实时监控其状态信息。

3)物料搬运配送阶段,利用 RFID 标签对物料标识,并综合考虑配送任务的优先级、配送路径、配送装载具容量等,形成完整的配送方案,实现物料配送过程的动态监控与优化。

4)在生产过程中,泛在网下物联技术的应用使各级工序可以实时向上层管理信息系统反馈生产实况(进展程度、物料用量等),从而对生产性能有充分的感知,实时、准确地了解生产系统的生产状况,也方便对生产异常的原因进行快速追踪、溯源。

5)当生产过程中发生异常现象时,泛在网下可实现实时、准确地了解生产系统的生产状况,实时主动感知能力也对生产异常的原因的快速追踪、溯源起到很大帮助,从而能及时查出异常的关键环节并进行调整,确保制造任务的高质、高效生产。

3. 仓储环节的工作逻辑

基于泛在网环境下的仓储环节的工作逻辑如下所述。

1)通过 RFID、传感技术以及数据采集的应用,可以对物料进行状态以及数量的感知,达到高效实时监管的同时也提高仓储管理的工作效率。

2)入库作业管理。物料经制造加工后进入仓库存储管理,首先物料要进行验收,仓管员获得验收记录后,利用手持 RFID 阅读器或在入库通道设置固定 RFID 阅读器对物料扫码检验。贴有射频识别标签的物料在通过 RFID 阅读器时,RFID 阅读器即可获得物料的相关信息,RFID 阅读器与仓储管理系统连接,可实现信息的自动录入和采集,并反馈物料所应存储的区域,仓管员按照指令将物料按区域分类堆码。其次物料按比例进行抽检,质量合格后方可入库。

3)在库时管理。物料入库后,仓储管理系统按照物料属性分配存储区域和货位,自动分拣设施对物料进行分类分拣上架操作,完成物料的存放操作。针对对储存环境有要求的特殊物料,配备相应的传感器(温度、湿度、压力传感器)。传感器的信息通过网络传输到仓储管理系统中,做到对其性能情况实时掌握。此外,根据物料的重要程度及属性对物料开展盘点工作,核查实际数量与账面数量的一致性。同时,仓管员要严格遵循标准化的质量管理,定期现场巡查状况,保证操作区域的清洁与通畅,发现威胁应及时解决。

4)出库作业管理。仓管员根据系统生成的拣货单,利用手持 RFID 阅读器,寻到指定的货位并按照相应的批号、数量提货。随后自动分拣系统按照实际订单或货物批量进行自动分拣,最后包装出库。

4. 配送环节的工作逻辑

基于泛在网环境下的配送环节的工作逻辑如下所述。

1)通过信息技术、传感技术和计算智能技术,实现对配送物料的管理,进而使配送物料在配送执行过程中进行主动交互,并与运输管理系统共享其实时状态信息。

2)订单处理阶段。客户通过互联网、电话等多种方式传递需求信息。确认订单后,通过仓储管理系统对订单进行优化,订单分为客户自提、配送两大类,并列明配送时间,由数据管理系统进行过滤,根据系统作业优化原则排序、优化,制定作业计划,并生成对应的运输计划,安排运输时间、车辆、车次,制定最优路线。

3)分拣阶段。对优化后的订单开展分拣工作,根据其特性采取按单分拣、批量分拣等多种分拣作业方式,提高作业效率。

4)配装阶段。仓储管理系统根据配送计划安排配送的车辆和制定配送的路线。利用 RFID 阅读器核对、分辨物料所属订单的客户路线,并被运送到指定车辆前,准备装载。根据物料属性在运输车内部部署监控网络,如温度监控、压力监控等,做到能实时监控车内运输物料的质量状态。

5)运输阶段。利用传感技术获取运输物料的相关信息(属性、位置、状态等);利用 GIS 技术将物料信息显示在电子地图上供管理者监督察看。并可根据运输环境的变化,生成应对方案,及时向配送车辆传递变化和指示信息,从而实现对物料全程实时监控。

6)盘点阶段。物料运送后,使用 RFID 阅读器清点货物数量,并输入仓储管理系统。核对确认后,更改库存数据。

3.2 供应链异常事件

从突发性的影响特征角度来看,异常事件是指在一定区域内突然发生的,规模较大且对社会产生广泛负面影响的,对生命财产构成严重威胁的事件和灾难,如火灾、爆炸、坍塌等恶性事故。

从系统论角度来看,异常事件是指在特殊情况下,由于系统的内部条件和外部环境发生急剧变化,系统的稳定性和可控性遭到破坏,系统的行为出现异常情况而发生质变的一类无秩序的意外事件。

从组织危机角度来看,异常事件是指一类超常规、突然发生的、需要立即处理的事件,也称为危机事件。

根据上述不同角度的异常事件的定义,将其内涵嵌入供应链中,由供应链系统的外部或内部因素导致的、能引发广泛而恶劣影响的异常事件对具有多主体、跨区域、多环节特征的供应链系统的影响将更加显著,尤其是伴随着供应链层次越来越复杂,所跨地域范围越来越广。它可能造成需求的巨大波动、供应商不能及时供给或中断原材料供应、交通设施不可用及信息通道堵塞等,这些影响将直接导致供应链不再协调甚至断裂。

综上所述,可将供应链异常事件定义为由供应链系统的内外部因素导致的,突然发生的、带有负面的风险效应,给供应链造成严重危害、损失或影响,使其发生系统性的运营障碍甚至断裂且需要立即处理的一切常规或非常规的紧急事件。

当异常事件对供应链产生干扰之后,供应链会陷入中断状态,为了使供应链尽快恢复到正常运营状态,减少异常事件对供应链造成的损失,管理者需要选择和制定供应链快速响应管理策略,对异常事件进行有效的控制和处理。

异常事件按照其发生的概率和事后危害性两个角度可以分为两大类,一类属于日常运营的扰动事件,其特点是发生概率大、事后危害性不大、易于控制,如机器故障、订单变更等。另一类属于突发事件,其特点是发生概率小、事后危害性大、不易控制,如自然危害、金融危机等。同时,针对异常事件的供应链快速响应管理也可以分为两大类:一类是针对日常运营扰动事件的干扰管理,另一类是针对突发事件的应急管理。

3.3 干扰管理

3.3.1 干扰管理的概念及特征

1. 干扰管理的概念

客观世界往往存在很多的不确定性,不确定性带来的随机事件使供应链处于多变的、非线性的、不稳定的环境中,并产生不同的影响和干扰,这些随机事件即扰动事件。它们使事先制定好的计划可能变得不合时宜,不优化甚至不再可行。扰动事件发生后,需要管理者及时做出反应,将其对供应链系统的影响降至最低,以尽可能小的扰动恢复系统的正常运营,这就是干扰管理致力研究解决的问题。

干扰管理主要面对的是稍微扰动原计划状态的事件,而这样的扰动只是微小的,没有造成很大负面影响的扰动,是可以通过积极的管理来纠正的。目前具有代表性的定义见表 3.1。

表 3.1 干扰管理的定义

学者	干扰管理定义
Yu 和 Qi(2004)	在计划开始阶段,用优化模型和求解算法得出一个好的运行计划;在计划实施阶段,内外部不确定因素导致干扰事件的发生,使原计划变得不可行,需要实时地产生新计划,新计划要考虑到原来的优化目标,同时又要使干扰带来的副作用最小化
Qi 等(2006)	在多个干扰行为或事件使计划执行过程偏离了计划的前提下,使之动态地恢复到原先计划状态的一门管理方法

2. 干扰管理的特征

(1) 预防性
设计供应链干扰管理系统时,必须认识到供应链干扰管理的关键是干扰的预防,不管干扰事件是否发生,都能有效地应对供应链日常运营的风险。

(2) 弹性
弹性是指能够使供应链在受到突发事件干扰时仍能保持运营稳定,且能使其快速恢复到正常运营状态。此特性带来的直接收益是可以使供应链快速恢复到正常运营状态,把损失降低到最小。此外,从长期收益来看,可以在供应链突发事件发生时比竞争对手更快地做出更加合适的反应,赢得更多机会。

(3) 协作性

供应链作为一种扩展企业,它强调每一个成员企业都要去和其他成员企业进行合作。

(4) 灵活性

因供应链是多环节、多通道的一种复杂系统,导致各种供应链中断的原因不同,很难找到处理干扰事件的统一方法与固定模式,只能具体情况具体分析,采取灵活多变的方法应对供应链中断。

3.3.2 干扰管理的应用范围

1. 生产扰动事件

生产扰动事件是对供应链生产过程中所有与计划不一致的事件的统称。在生产系统中,生产扰动事件是实时发生的,存在着各种不确定的扰动因素(图 3.2)。

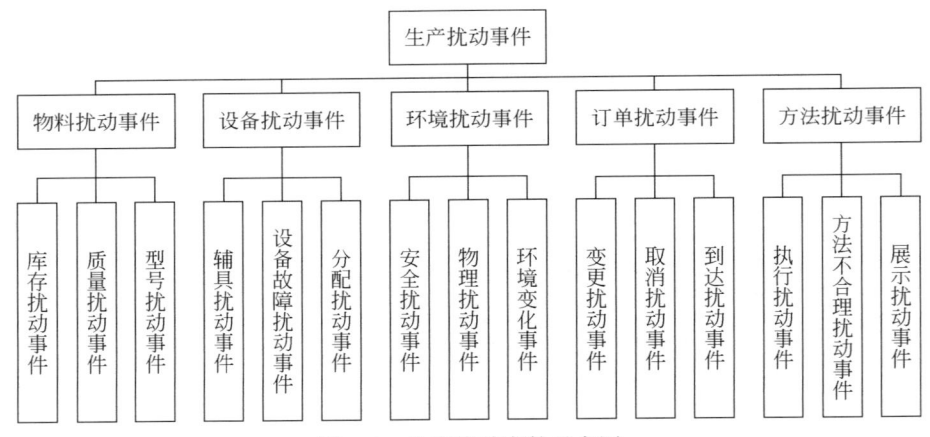

图 3.2 生产扰动事件示意图

1) 物料扰动事件,包括物料数量低于最低库存水平、采购延迟产生的库存扰动事件,物料质量、标准不合格而产生的质量扰动事件,物料被错误配送到加工设备产生的型号扰动事件。

2) 设备扰动事件,包括设备安装错误、参数调节错误而产生的辅具扰动事件,运行过程中因电气系统等系统组件的异常、人员操作不熟练而产生的设备故障扰动事件,以及加工分配到错误设备而产生的分配扰动事件。

3) 环境扰动事件,包括生产过程中产生安全事故的安全扰动事件,生产过程受到强电、高温等产生的物理扰动事件,随时间不断变化而产生的环境变化事件。

4) 订单扰动事件,包括变更物料加工规格、交货状态产生的变更扰动事件,订单紧急撤销、生产计划变化产生的取消扰动事件,订单临时增加产生的到达扰动事件。

5) 方法扰动事件,包括生产过程中出现加工顺序错误、物料或工具使用错误等问题而产生的执行扰动事件,因生产工艺计划错误而产生的方法不合理扰动事件,因生产流程、方法描述及其他展示原因而产生的展示扰动事件。

2. 物流扰动事件

物流是物料及与之相关的信息发生空间移动的过程,包括物料从采购到装卸搬运再到仓储入库等环节的统筹安排与管理。因此凡是涉及以上环节的扰动事件都属于物流扰动事件(图3.3)。

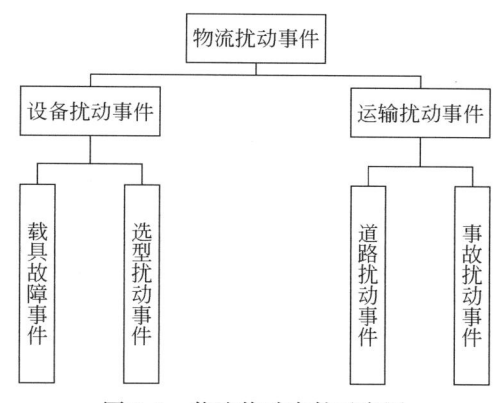

图 3.3 物流扰动事件示意图

1) 设备扰动事件,包括物料运输、搬运、装卸过程中因控制系统或配件损坏而产生的载具故障事件,以及物料被分配到错误的装载器具、包装材料而产生的选型扰动事件,都会导致物料运输的中断。

2) 运输扰动事件,包括运输过程中因环境变化(天气恶劣、交通阻塞等)而产生的道路扰动事件,以及运输过程中因发生交通事故而产生的事故扰动事件。例如,在2013年年初,我国华北地区、淮河以北地区及长江中下游地区连续多日出现雾霾天气,很多地区可见度不到200米,不少高速公路被封,飞机停运,春运客流高峰也使铁路运输系统运转压力增大。这一系列现象导致大量汽车零配件和其他原材料不能在规定的时间内准确运往工厂而停顿,物流受阻严重,汽车生产成本因此上升,汽车供应链的成本和需求都受到影响。

3. 信息流扰动事件

供应链结构已从简单的链式供应链不断向复杂的网状供应链发展。信息管理的内容也不断扩展,有信息采集、传输、储存、处理等阶段。采集阶段 RFID 阅读器和条码技术的应用,显著提高了信息采集的精度,减少了人工误差;数据库技术的发展,使信息的快速储存、检索、转换成为可能;随着互联网技术的发展,信息在企业间传递也实现了无缝衔接。

因其具有隐蔽性,信息流扰动事件的隐患因素的开线不是一蹴而就的,而是经由量变到质变的跃迁,在或长或短的时间内发生(图3.4)。

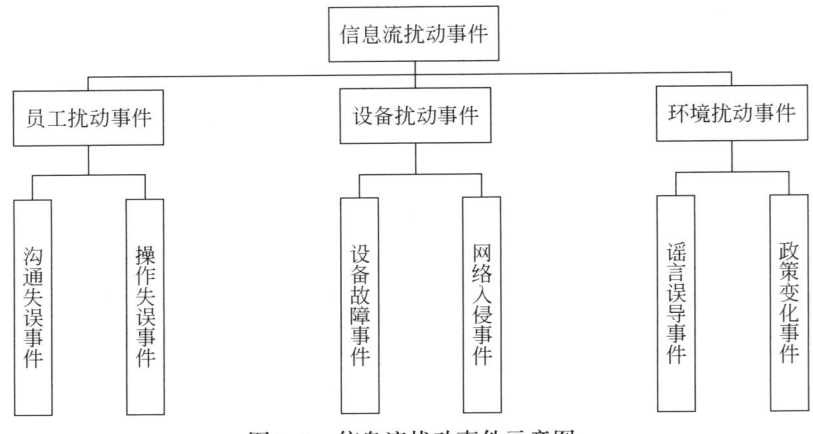

图3.4 信息流扰动事件示意图

1)员工扰动事件,包括信息交流误解或误传而产生的沟通失误事件,因培训不足或懒散态度而产生的操作失误事件。如 1998 年,因工作人员操作失误致使计算机故障,造成某国际机场排程和指挥故障,延误了货物与人员的运输,给整条供应链造成了巨大损失。

2)设备扰动事件,包括信息传递过程中,因电气系统、控制系统等异常而产生的设备故障事件,以及因黑客入侵信息系统造成数据修改或损坏而产生的网络入侵事件。例如,2006 年中国台湾海峡地震造成的海底光缆断裂事件,使多个国家和地区受到波及,导致供应链中各企业丧失相互的通信连接,使多家企业承受巨大损失。

3)环境扰动事件,包括因他人发布恐慌的市场谣言导致人们决策受影响而产生的谣言误导事件,政府颁布新规定以及新技术引用而产生的政策变化事件。例如,2001 年我国国家药品监督管理局负责人紧急召开记者会,宣布禁售含苯丙醇胺(phenyl propanolamine,PPA)成分的感冒药后,此类药品随即被查封,致使其销售额快速蒸发,整条供应链陷入瘫痪状态。

3.4 应急管理

3.4.1 应急管理的概念及特征

1. 应急管理的定义

应急管理是指面对突发灾难性事件,而且是在损失已经造成的情况下对供应链进行的管理,预警是应急管理的前奏,但不是应急管理的组成部分,应急管理面对的是无法挽回的损失或灾难事件,只能通过努力来减少损失或者终止损失的蔓延,而无法在成本不增加的情况下使状态恢复到损失之前。

2. 应急管理的特征

(1) 紧迫性

应急管理处理的突发事件大多是自然灾难或社会安全这些破坏性强、影响力大的事件,会对供应链系统造成灾难性的破坏,甚至带来生命威胁。所以在应急管理的过程中要有较强的时间观念,需要做到迅速收集各种信息,最重要的是确保能够在事件发生后的第一时间开展应急工作。反应时间的长短很大程度上决定了应急管理的成败。

(2) 预防性

设计供应链应急管理系统时,必须认识到供应链干扰管理的关键是干扰的预防,对可能发生的突发事件要加强检测、预警,力争在危机的孕育和萌芽时期就能够通过深入细致的观察和研究,防微杜渐,做好各种方法准备。

(3) 专业性

各种危机之间的关系错综复杂,所以在应急处理时,要充分利用各行业专家的力量,依靠科学的知识和专业的技术来解决危机事件。

(4) 全民参与性

面对供应链的重大危机时,仅仅依靠单个部门的积极应对来圆满地解决危机是不可能的,很大程度上需要广泛地依靠企业全体员工以及供应链上的其他企业的积极参与和大力支持。

3.4.2 应急管理的应用范围

根据突发事件来源将供应链突发事件分成两类：供应链外部突发事件和供应链内部突发事件(图3.5)。

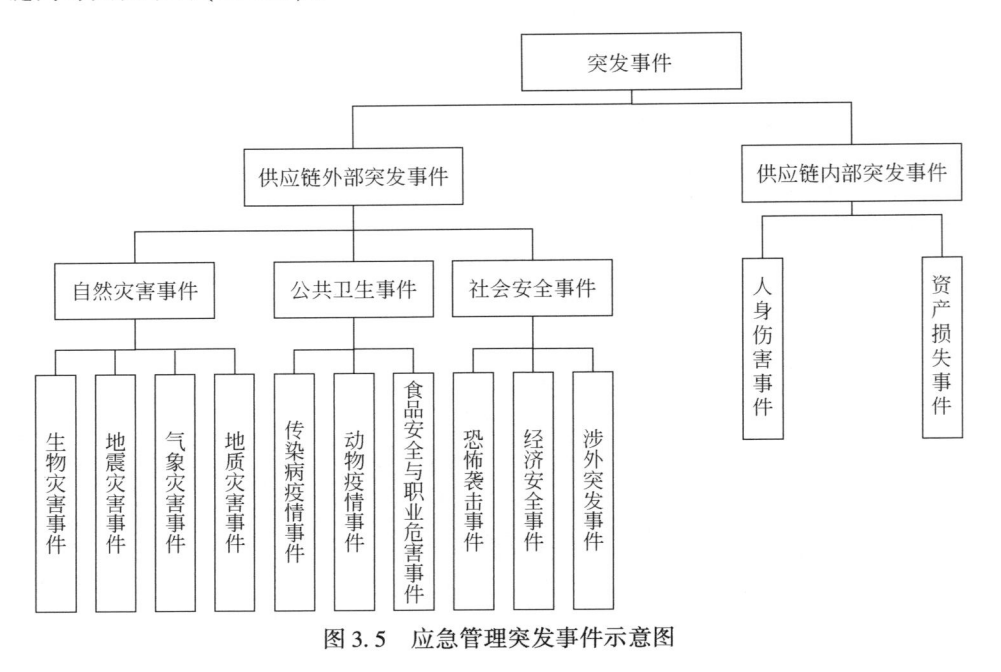

图 3.5 应急管理突发事件示意图

1. 供应链外部突发事件

主要指产生于供应链系统环境之外的突发事件。例如，自然灾害事件、公共卫生事件、社会安全事件等。

1)自然灾害事件是指由地震、洪水、台风、海啸、沙暴、暴风雪、雷击等自然原因而导致的突发事件。例如，我国台湾作为全球最主要的半导体生产地之一，在1999年发生的大地震使计算机器件供应短缺，苹果公司因此陷入供货短缺、顾客投诉率增多和销售额大幅下滑的困境，影响全球的电子信息产品供应网络。

2)公共卫生事件包括常见的传染病疫情、动物疫情和食品安全与职业危害等事件。例如，2001年在英国发生的口蹄疫事件，影响整个英国的畜牧业、旅游业和其他一些行业及其供应网络。"非典"期间，一些国家和地区对中国人入境限制，造成外贸企业和内陆企业接触性贸易遭到严重损失等。

3)社会安全事件是指由人们主观意愿产生，会危及社会安全的突发事件。包括恐怖袭击事件、经济安全事件、涉外突发事件等,表现为游行示威、罢工、社会骚乱、盗窃、网络攻击、恐怖活动等形式。例如,"9·11事件",不仅对全球许多行业的供应链系统造成了灾难性的破坏,而且对整个世界政治经济形势产生了显著的影响。

2. 供应链内部突发事件

包括多方面,如员工因工作环境受到的人身伤害事件,企业资产因火灾等遭受的损失,企业因投资、融资决策的失误造成的资金链断裂等。

无论是哪种类型的突发事件,均具有以下共同特征。

(1) 突发性

突发性指事件能否发生,发生的时间、地点、方式以及爆发的程度等情况,人们都难以准确把握;突发事件的起因、实际规模、事态的变化、发展趋势以及事件的影响深度和广度也不能事先描述和确定,都是难以完全准确预测的。许多灾害和风险,如各种事故、火灾等,人们很难预测其发生的时间、地点和形式;有些灾害和风险,如地震、洪水、台风等,虽然可以用统计模型来测算其发生的概率和强度,但对这些灾害风险发生的具体形式及造成的影响或后果,还难以完全准确预见。这就反映了突发事件具有极大的偶然性和随机性。

(2) 紧急性

紧急性指事件所反映的问题极端重要,并且其发生是突如其来的或者只是短时预兆,这些事件是关系社会、组织和个人安危的,必须立即采取紧急措施加以处理和控制。突发事件的发生是突然的,而且其发展是非常迅速的,随着事件的发展、演变,它所造成的危害和损失可能会越来越大,如自然灾害造成与之前原材料供应地运输路线中断,如果不能立即采取措施寻求可替代的供应商,随着时间的推移,企业的生产将持续中断,由此造成的失销成本也将更高。

(3) 破坏性

破坏性指事件的发生会对供应链产生严重的影响。发生在供应链上任何一个节点企业或连接环节的突发事件都会给整个供应链造成严重危害和损失,造成系统性的运营障碍甚至断裂。此外,突发事件对供应链造成的危害不仅体现在经济上的直接损失,而且对供应链上企业之间的合作心理可能造成深远影响。因为在应对突发事件的过程中,需要供应链上各个不同企业实体之间进行有效协调和密切配合,在处理过程中难免产生矛盾和冲突,积累到一定程度供应链内部便会土崩瓦解,不得不进行重组。

(4) 复杂性

首先,造成突发事件的原因是相当复杂的,既有存在于供应链系统外部因素引发的突发事件,如地震、台风、政治事件、军事事件、恐怖事件等;也有存在于供应链系统内部因素引起的突发事件,如人员流失、资金链断裂等。其次,突发事件的后果也是复杂的,发生在供应链上的任何一个节点企业或连接环节的突发事件都会在一定时间内扩散到其上下游企业,继而影响整条供应链的正产运营,使各企业蒙受不同程度的损失。

3.4.3 应急管理的过程

应急管理是一个动态的过程,分为四个阶段,分别是减缓(mitigation)、准备(preparedness)、响应(response)和恢复(recover),如图3.6所示。

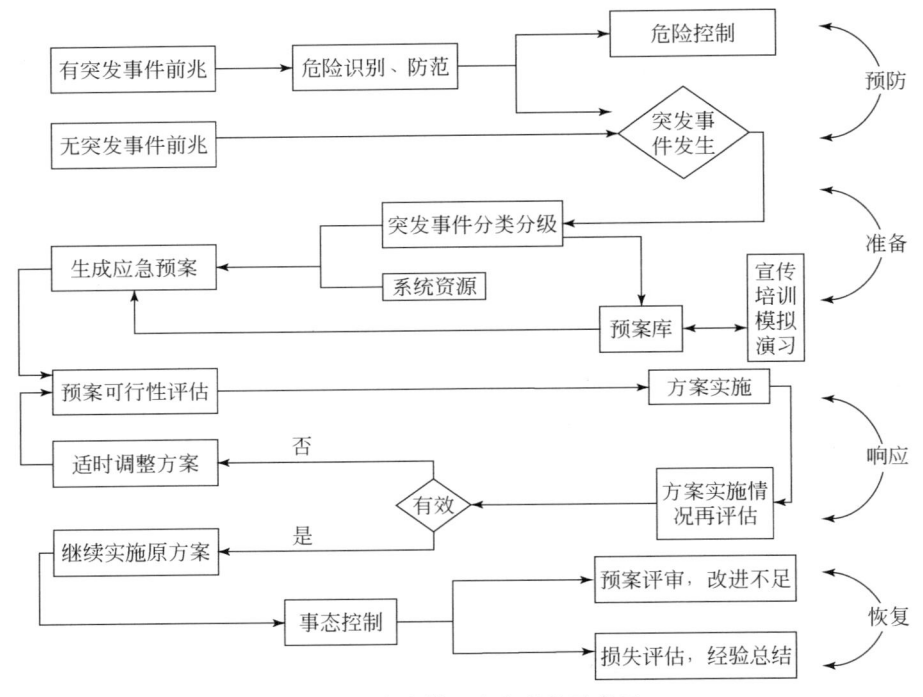

图 3.6 应急管理突发事件示意图

1)减缓阶段又称预防阶段。监测预防是供应链应急管理过程的第一个阶段,在此阶段,供应链中各企业首先要做好各种风险评估,预测可能出现的风险及后果,采取有效的措施,以加强供应链正常运行,避免不必要的突发事件发生。

2)准备阶段包括预警监测、信息处理等工作,也包括对突发事件的分类分级及针对各类突发事件建立相应的预案库。

3）响应阶段是指在突发事件发生、扩散过程中采取的各种紧急处理工作，其中包括启动应急预案，控制事态的发展，以减少人、财、物的损失等。响应阶段起着决定性的作用，此阶段措施实施得是否及时与正确，对整条供应链的发展运营有重要意义。

4）恢复阶段是指突发事件发生后的各种善后、重建等工作。通过制定相应的善后管理措施，及时、迅速地恢复正常的生产运营状态，同时更新备案，在日后的运作过程中尽可能杜绝类似事件的发生。

3.4.4　干扰管理和应急管理的区别

干扰管理和应急管理的区别见表 3.2。

表 3.2　干扰管理和应急管理的区别

指标	解决对象（管理范畴）	目标	侧重点
干扰管理	频发性+常规性的扰动事件，如暂时缺货现象、交通阻塞现象等	保持原计划不变	策略和措施
应急管理	偶发性+灾难性的突发事件，如自然灾害事件、恐怖袭击事件等	努力减少损失或者终止损失的蔓延，难以使状态恢复到损失之前	预案

3.5　供应链扰动事件的扩散和恢复机理

供应链是经济社会发展的结果，由市场竞争在内的各种因素共同推动供应链的形成，驱动其在环境中不断发展突破，在激烈的竞争环境下，企业间迫切需要资源整合与共享，需要利用核心优势对抗其他竞争者，进一步促使企业间的广泛合作。

在目前开放的供应链环境中，节点企业之间实时地进行业务交流，供应链各成员之间的关系既有竞争，也有合作，这种竞争与合作交织的复杂性决定了供应链面临众多不确定性因素的挑战，受各种异常事件影响的概率比单个企业大幅度上升，同时在供应链的运营之中存在着大量的不确定因素，既有主观因素又有客观因素，因此一旦企业受到异常事件的影响，成本增加、财产损失的可能性会大幅度上升。

3.5.1 供应链扰动事件的扩散机理

随着供应链内部的运作，会不断出现包括生产扰动、物流扰动、信息扰动在内的干扰事件，它们都存在或长或短的时间延滞，随时间的推移形成复合干扰事件，通过不断积聚与增强，当供应链内部某一节点或环节不足以承受其所带来的冲击时，扰动传播源便产生。扰动传播源在供应链内部依附于物流、信息流、资金流等传播介质，沿着供应链业务流程、价值链等路径进行传播，影响着供应链内部其他节点或企业的正常运作和决策，形成扰动扩散域，如图3.7所示。

图 3.7 扰动事件扩散模型

3.5.2 供应链扰动事件的恢复机理

恢复机理可以把确定扰动传播源当作切入点，通过传播源分析辨识扰动事件发生的原因，从微观和中观角度辨识，微观角度是供应链中生产设备故障、计划调整等角度，中观角度则是考虑供应链中物流、信息流、资金流通道的恢复角度，如图3.8所示。

图 3.8 扰动事件恢复模型

3.6 供应链突发事件的扩散和恢复机理

3.6.1 供应链突发事件的扩散机理

供应链突发事件的扩散就是源自供应链系统外部或系统内部的突发事件沿着

供应链网络影响系统的其他节点企业乃至整个网络的过程,其中系统内部的突发事件是指发生在节点企业或连接环节上的事件。供应链突发事件扩散的后果将导致影响范围扩大,或破坏损失加剧,或性质改变、升级。下面将从供应链系统模型、供应链突发事件扩散模型阐述扩散的机理。

1. 供应链系统模型

供应链系统模型主要包含两部分:系统环境和供应链网络,如图3.9所示。

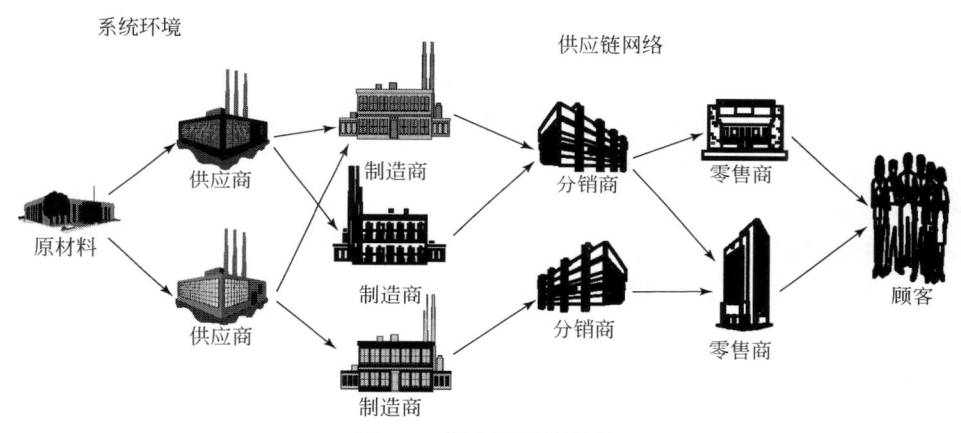

图 3.9 供应链系统模型

系统环境是指供应链网络外部环境,包括自然环境、经济环境和政治环境等。节点表示供应链中各个企业,包括供应商、制造商、分销商、零售商和顾客等。连线表示各个企业之间的联系,包括物流、信息流、资金流的传递等。

系统环境与供应链网络之间息息相关,进行着物质、能量的交换。系统环境中爆发的突发事件会影响供应链网络中的节点企业,或者导致连接环节中断,同时,供应链网络中的节点企业又能通过一定的方法和策略改变与影响系统环境。

2. 供应链突发事件扩散模型

供应链突发事件扩散模型如图3.10所示,详细描述如下:

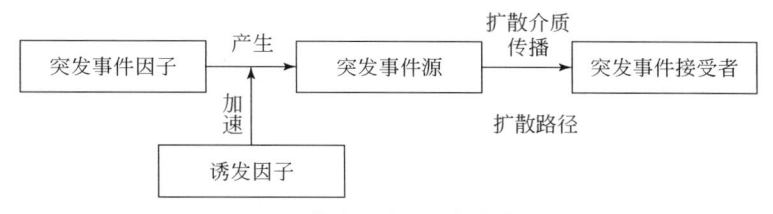

图 3.10 供应链突发事件扩散模型

突发事件因子客观存在于供应链系统中,如自然界的移动、经济形势的变动等,是系统环境和供应链网络中存在的不确定性和危险因素,是引起突发事件的潜在条件,也是导致突发事件并造成损失的根本原因。突发事件因子受到激发后引起能量聚集或异动,诱发因子能使这一过程加剧。当能量聚集或异动超过供应链网络中某一节点的承受能力之后,突发事件便爆发并导致损失。最开始爆发的突发事件源就是突发事件首要传播者,它沿着一定的扩散路径,如业务流程,依附于相应的扩散介质,如信息流、物流、资金流等媒介,影响着供应链网络中其他的节点异动。

3.6.2 供应链突发事件的恢复机理

在供应链突发事件的恢复过程中,事中应对措施与事后恢复阶段往往很难划分清楚,重要的是研究突发事件恢复机理时要考虑的多种因素。

1) 恢复时间因素,突发事件发生后,尽早将急救物资或设备运到事发现场,对挽回损失具有重要的意义,更是下一步恢复的基础,即越早控制时间的发展,就越早开始系统的恢复与重建。

2) 恢复成本,供应链中各个企业都以营利为目的,突发事件爆发后,如何高效地利用有限的资源进行分配与投入生产运作,是决策者压缩成本、增强竞争力的必要手段。

3) 恢复后效能指企业采取应急措施后达到的效果,包括生产能力恢复的程度,突发事件发生后,尽快恢复产能,才能保持客户满意度、赢得市场先机。

第4章 混合无等待流水线干扰管理调度方法

4.1 混合无等待流水线调度问题分析和建模方法

本章以某金属制品制造企业的实际热连轧加工过程为例,对有无等待这一特殊工艺约束的混合流水线调度环境进行分析。

混合无等待流水线(hybrid no-wait flow-shop,HNWFS)是指一系列的生产阶段以及每个生产阶段内的并行生产线,且加工对象经过每个生产阶段时不能停留,必须连续通过,也称为柔性无等待流水线(flexible no-wait flow-shop),这方面的调度问题一直是研究的热点。本章从实际生产过程角度出发,基于细致的生产特征和工艺约束分析,抽象出复杂环境下的HNWFS问题,并对不确定性条件下这一类调度问题的建模和处理方法进行简单介绍。

4.1.1 HNWFS调度问题分析

1. 混合流水线调度问题介绍

在流程型装备制造业中,由于产品结构多样、生产组织形式和工艺过程复杂等,生产过程变得相对复杂。产品的生产加工一般需要经过多个生产阶段,每个生产阶段包含不同的工艺,有时因特殊的工艺要求或库存限制,还存在组批、连续型加工等组织方式。在这种工业生产中,企业为了适应各种不确定性变化,通常会选择柔性生产,即在一个或多个生产阶段配置两条或更多的生产线(机器)。假设一批物料在经过前期加工环节后,需要以半成品形式进入某一加工环节A生产,之后才能成为客户订单要求的产品。已知在A这一加工环节包含多个生产工艺,这些生产工艺可以归纳为若干个生产阶段(工序),每个生产阶段包括不同数量的并行生产线(机器),有些并行生产线是完全可替代的,即每条生产线上的加工工艺和工具基本相同,只是加工速度有所区别;而有些并行生产线是不可替代的,即从物理位置上属于一个生产阶段,但是生产线的加工工具可能存在不同,需要根据待加工的物料属性进行选择。

图 4.1 描述了 A 生产环节的生产调度环境。A 生产环节是由五个生产阶段组成的,每个生产阶段又包括不同数目的生产线,其中,第 1 生产阶段、第 3 生产阶段、第 4 生产阶段只存在一条生产线,第 2 生产阶段存在两条完全可替代的生产线,第 5 生产阶段的三条生产线中有两条是完全可替代的,另一条因设备更加精密或具备特殊的加工工具为不可替代的生产线。不仅如此,由于产品的品种和规格不同,其加工路径也不完全相同,有些产品会跳过其中某一生产阶段。

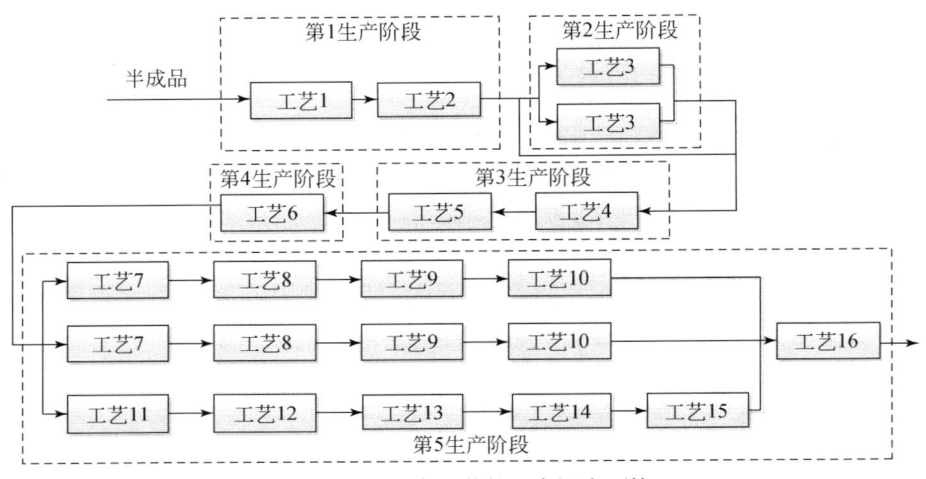

图 4.1 A 生产环节的生产调度环境

以 A 生产环节为代表的生产调度针对的生产资源包括生产阶段、每个阶段的并行生产线(机器),所需完成的加工任务是生产合同(称为 job)中生产路径包含的每道工序。生产调度任务包括两个方面:①根据每个 job 的产品品种和属性,为其生产路径上的每个生产阶段选择唯一的生产线进行加工;②为每条生产线上的 job 进行合理排序,从而达到调度目标最优化。

制定生产调度方案时需要考虑的生产要求和约束包括:①在选择生产线时,必须充分遵循每个 job 的生产要求,选择生产能力和生产工具相匹配的生产线;②每条生产线的机器都需要进行必要的检修和维护,且检修和维护计划生产调度人员已知;③生产线上因相邻 job 的属性不同,需要更换加工工具,会造成转换时间;④每个生产阶段之前设置有缓冲区,缓冲区的库存能力有限,无等待加工环境下缓冲区库存为 0;⑤其他针对具体加工环境的生产约束。

通过仔细分析上述生产约束以及每个 job 的生产路径可以发现:①虽然 job 的生产路径存在差异,但基本上都按照从第 1 生产阶段到第 5 生产阶段的顺序(flow-oriented),只是其中跳过了个别生产阶段;②生产阶段上存在多条并行生产线,这不同于传统调度问题,属于柔性调度问题。鉴于此,我们可以考虑将"job 不通过某生产阶段"处理为"经过该生产阶段时的加工时间为 0",由此上述生产调度问题可以合理地抽象为混合流水线调度问题(hybrid flowshop scheduling problem,HFS)。

2. HNWFS 调度实例

某公司棒材连轧生产线如图 4.2 所示,关键工序为初轧和热连轧。其中钢锭通过均热出炉后,按规格称重,进入初轧机进行开坯,轧制成适合热连轧机组轧制的中间坯料,开坯过程中进行火焰处理,中间坯经飞剪切头尾或定尺后,进入连轧机组一次轧制成所需的规格,经后续处理形成大棒材并入库。

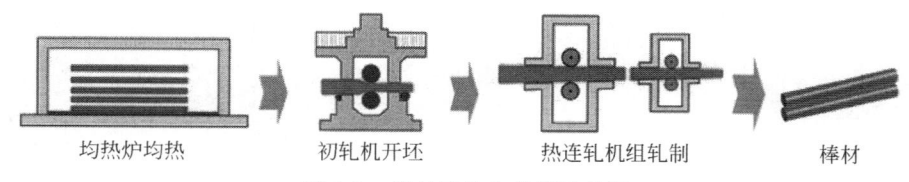

图 4.2 棒材连轧生产线示意图

初轧和热连轧生产过程对应的主要工艺流程如图 4.3 所示。

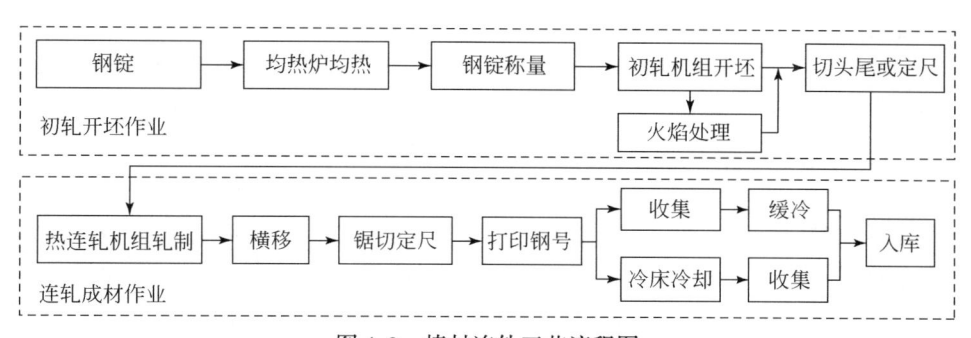

图 4.3 棒材连轧工艺流程图

初轧和热连轧是棒材生产线的关键生产阶段,钢锭经均热炉均热后,需进行初轧和相关处理,才能以中间坯形式进入热连轧机组;同一钢锭只能进行一次初轧开坯,只能进行一次热连轧轧制;初轧轧机和热连轧机组在某一时刻只能对一个钢锭或钢坯进行轧制;将初轧后钢坯在飞剪上的处理纳入初轧工序,由于热连轧工艺的温度要求,初轧后钢坯必须马上进入热连轧机组,即初轧和热连轧两个工序必须连续完成。将初轧机和热连轧机组看作两台串行机器,钢锭及其后续形态看作工件,则初轧—热连轧生产线上棒材的生产过程就是双机无等待流水线问题。已知此公司棒材连轧生产线上在初轧、热连轧阶段均具有多台设备,则这一环境下的工件排序和设备安排问题就是 HNWFS 调度问题。

4.1.2　HNWFS 生产调度不确定性分析

生产系统中的不确定性事件很多,特别是复杂连续型生产过程。不确定性事件的发生会干扰调度决策者对实时生产系统的认知,使他们无法根据实际情况制定客观有效的调度方案,同时,不确定性事件还会对已经制定好的调度方案的具体实施产生干扰。

引起干扰的不确定因素主要包括主观不确定因素和客观不确定因素。但其中相当一部分不确定因素是因获得的信息不完整造成的。造成信息不完整的主要原因是信息获取不充分。其中包括信息量的不充分,决策者对将要发生什么没有清晰的预知;此外,还包括对信息本身传递的内容把握不充分,也就是说,决策者虽然获得了足够的信息,却因某些原因没能将信息用准确的模型和数据来描述。解决这类信息不充分问题的主要方法就是尽可能多地获得信息,并应用科学有效的方法对信息进行分析。

在实际生产过程中,对于调度决策者和调度执行者来说,不确定性事件的发生是非常复杂且无法杜绝的现象。按照产生来源的不同,可以将不确定性事件分为以下四类。

1)系统自身的不确定性。系统自身的不确定性通常来自传质系数或者传热系数、热力学和动力学系数等。由于实际生产过程中工艺流程复杂,物料发生各种物理、化学变化的实时数据往往与实验室数据有较大差别,而且这些实时数据本身就很难获得。这一类不确定性,增加了生产调度问题建模的难度。

2)生产过程中的不确定性。这类不确定性的原因可能是生产过程中设备处理能力的变化,所需物料供应的变化,或者是物料所受压力或者自身温度的变化等。例如,物料经过上一工序后存放时间过长、零部件质量不合格、某一设备的生产能力变化等。

3)外部环境的不确定性。这类不确定性主要是由市场环境变化引起的,在目前日趋激烈的竞争环境下,企业的开放性不断扩大,需求量和价格的变动,以及原材料的供给,都会增加企业生产调度系统的不确定性。

4)离散的不确定性。这类不确定性包括人工操作失误、机械或者设备的故障、仪表失效等。离散的不确定性事件也会给企业的生产调度过程带来影响。

4.1.3　不确定条件下 HNWFS 调度问题建模

HNWFS 环境中各种不确定事件的发生,对生产调度提出了新的更高的要求。

越来越多的人开始关注不确定条件下生产调度设计和优化问题。

研究发现，观察者对不确定性的描述或者测量是通过不确定理论来实现的，不管这种不确定性是主观上的人类印象还是客观上的系统属性。也就是说，观察者获取信息是通过不确定性理论的过滤，而非"直接获取"。图 4.4 给出了不确定性的信息描述过程。

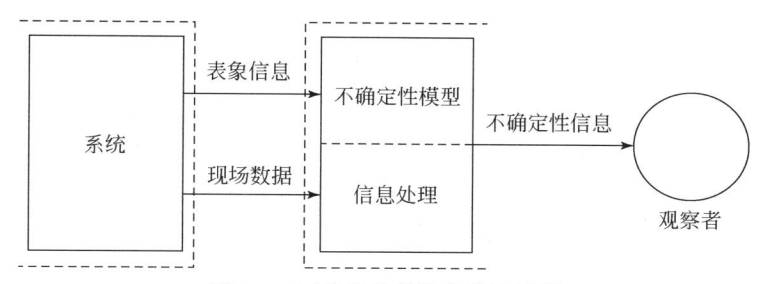

图 4.4 不确定性的信息描述过程

集对理论、区间代数、证据理论、概率论、灰集理论、模糊集理论以及粗集理论是常用的处理不确定性信息的方法。在生产调度研究中处理不确定性常用的理论和方法包括随机规划、灵敏度分析、模糊规划、鲁棒优化、多目标优化、干扰管理调度等(丁然，2006)。

(1) 随机规划

在处理生产调度中不确定性事件的过程中，通常可以以随机变量的形式表示一些参数，这就形成了随机规划模型，如式(4.1)所示：

$$\begin{aligned}
&\min f(x, \boldsymbol{\xi}) \\
&\text{s. t.} \quad g_i(x, \boldsymbol{\xi}) \leq 0, i=1,2,\cdots,m \\
&\quad x \in X \subset \boldsymbol{R}^n
\end{aligned} \quad (4.1)$$

式中，$\boldsymbol{\xi}$ 为一个随机向量，且分布概率已知；x 为决策变量；$f(x, \boldsymbol{\xi})$ 为目标函数；集合 $\boldsymbol{R}^n$ 表示 n 维几何空间；$g_i(x, \boldsymbol{\xi})$ 为约束条件。

到目前为止，带补偿的二阶段模型、机会约束规划模型、期望值模型是常见的随机规划模型。这些模型因目标函数不同带有不同的表现形式，但都是不含预测的随机规划模型。这些模型在生产计划和调度、车辆路径问题、设备布局问题以及随机网络中应用广泛。无论是从实际应用的角度还是从理论研究的角度，都需要建立满足各种决策态度和需求的随机规划模型。

(2) 灵敏度分析

灵敏度分析可以衡量不确定数据对模型输出产生的影响，该方法常见于预测、估计或者统计和假设等不确定的模型中。线性规划(linear programming, LP)的灵敏度分析在寻找到一个最优解后，一般要确定所研究问题中的每一个系数单独产生变化时对所得最优解有何影响。评估当某些不确定的输入参数变化时是否还满足可行性条件和最优性条件,这一过程会用到单纯形法的性质。

一般 LP 问题描述如下:

$$\begin{aligned} & \max z = CX \\ & \text{s. t.} \quad AX \leqslant b \\ & \quad X \geqslant 0 \end{aligned} \quad (4.2)$$

式中,C 为目标函数的系数;A 为技术矩阵;b 为右端常数向量。

$X_B = B^{-1}b$ 为其最优基,那么 $\overline{C} = C - C_B B^{-1} A \leqslant 0$ 为最优性条件,可行性要求 $X_B = B^{-1}b \geqslant 0$。其中,$X_B$ 为对应约束 $AX \leqslant b$ 加松弛变量后的一个基变量,B^{-1} 是与之对应的工艺系数矩阵。

通过灵敏度分析可以得到最优解保持不变的时候各参数变化范围,同时可以分析数据变化如何影响最优解。此时的灵敏度分析是一种优化后的分析,因为是在寻找到最优解之后进行的。该方法特点如下:①采用确定性模型。实际建模时几乎不考虑不确定性的存在;②用得到结果后的分析来测度不确定性造成的影响是一种被动行为;③一般严格依赖最优解或者最优解的求解方法。上述特点体现了 LP 灵敏度分析过分依赖求解过程这一局限性,同时该方法也不够主动。

(3)模糊规划

模糊规划是一种与随机优化类似的用以优化不确定性问题的手段。二者在建模方法以及对不确定性的衡量方式上有所区别。连续或者离散的概率密度函数用来描述随机规划中的不确定性参数;而模糊规划中的参数是模糊的,约束被视为模糊集合,约束的隶属函数视为约束的满意度,而且一些约束可以违背。例如,假设线性约束为 $a^T x \leqslant \beta$,可变参数 β 的取值范围为 $[b, b+\Delta b]$,同时 $\Delta b \geqslant 0$,则此约束的线性隶属函数 $u(x)$ 被定义为

$$u(x) = \begin{cases} 1, & a^T x \leqslant b \\ 1 - (a^T x - b)/\Delta b, & b \leqslant a^T x \leqslant b + \Delta b \\ 0, & b + \Delta b \leqslant a^T x \end{cases} \quad (4.3)$$

模糊规划分为可能性规划和柔性规划。前者处理的范围较广,考虑目标函数中的参数以及约束中的参数的不确定性;后者则考虑另外的参数(右端参数)的不确定性。

(4)鲁棒优化

Soyster(1973)最早提出了处理包含不确定性数据的线性优化问题的鲁棒优化方法,通过一种线性优化模型构建一个能够对凸集上所有数据均为可行的解。针对如式(4.2)所示的 LP 模型,由 Soyster 提出的模型如式(4.4)所示:

$$\max z = CX$$
$$\text{s. t.} \sum a_{ij}x_j + \sum \hat{a}_{ij}y_j \leqslant b_i, \forall i,j \in \tau_i$$
$$-y_j \leqslant x_j \leqslant y_j, \forall j \quad (4.4)$$
$$X \geqslant 0$$

式中，集合 τ_i 为第 i 行约束中不确定参数；分项 a_{ij} 由对称有界的随机变量 $\hat{a}_{ij}$ 构成，在范围 $[a_{ij}-\hat{a}_{ij}, a_{ij}+\hat{a}_{ij}]$ 取值。

此后，较多学者展开了针对线性优化问题的鲁棒优化的研究。Mulvey 等（1995）提出了另外一种解决不确定性条件下大规模优化问题的鲁棒优化方法，其考虑的优化问题具有如下结构：

$$\min c^T x + d^T y \quad (4.5)$$
$$\text{s. t.} \quad Ax = b \quad (4.6)$$
$$Bx + Cy = e \quad (4.7)$$
$$x, y \geqslant 0 \quad (4.8)$$

式中，x 为设计变量；y 为控制变量；约束式（4.6）不受噪声和干扰的影响；约束式（4.7）受噪声和干扰的影响。可能取值的情景集合为 $\Omega = \{1, 2, \cdots, S\}$，每个情景 $S \in \Omega$ 对应的参数集合为 $\{d_s, B_s, C_s, e_s\}$，概率为 p_s，且 $\sum p_s = 1$。

上述问题的鲁棒优化模型为

$$\min \sigma(x, y_1, \cdots, y_s) + \omega\rho(z_1, \cdots, z_s)$$
$$\text{s. t.} \quad Ax = b$$
$$B_s x + C_s y + z_s = e_s, \quad \forall s \in \Omega \quad (4.9)$$
$$x, y_s \geqslant 0, \forall s \in \Omega$$

式中，引入 z_s 作为误差向量。模型中包含两种相异的成分，即受到输入影响的控制成分和不受噪声以及输入影响的固定不变的结构成分。因此在模型中引入两组变量，即 x 为决策变量或者设计变量，其最优值不以不确定性参数为实现条件；y 为控制变量，一旦发觉不确定性参数，可用来调节系统行为，最优值取决于所有不确定性参数的实现和最优的控制变量，因为不可行的情况是很难避免的，所以通过惩罚函数来协调。鲁棒优化的思想不同于传统的随机优化，它是在可行和最优之间寻找最优而不是基于一般的最坏情景设计和分析的思想。

（5）多目标优化

针对决策问题中的不确定性，构建目标优化模型的思路是，如果可以确定决策解的最优程度并且确定不确定因素的影响，同时决策可以在两者间权衡，那么决策者可以更好地评估决策质量、决策的鲁棒性以及决策的可靠性。

（6）干扰管理调度

在干扰管理中，将一切使初始方案不最优或不可行的不确定性事件统称为扰动,干扰管理就是致力于解决如何应对随机扰动问题的理论方法。与前面五种处理方法的主要区别是,干扰管理调度强调在考虑初始调度优化目标的前提下,尽量使新的调度方案与原有的调度方案偏差最小,即扰动修复目标。所以,干扰管理调度模型是一个多目标优化模型,也是一个全新的调度优化方法。目前,关于干扰管理调度的研究和应用刚刚起步,但是越来越受到学者和企业管理者的重视。常见的干扰管理数学模型可描述如下:

$$\min f(x) \quad (4.10)$$

$$\text{s. t.} \quad x \in X \quad (4.11)$$

$$\min\{f(x), g(a^+, a^-)\} \quad (4.12)$$

$$\text{s. t.} \quad x \in \hat{X}$$
$$x + a^+ - a^- = x^0 \quad (4.13)$$
$$a^+, a^- \geqslant 0$$

其中,式(4.10)为初始问题的优化目标;式(4.11)为初始问题的约束条件;式(4.12)为出现扰动后具有两重优化标准的多目标函数,其根据实际问题的不同,多目标函数的处理方法不同;式(4.13)为出现扰动后的约束条件;a^+、a^-为出现扰动后变量的偏离。

4.2 并发扰动下 HNWFS 干扰管理调度模型和算法

本节针对并发扰动工况下的 HNWFS 生产调度问题,综合考虑加工作业要求、工件特征和调度规则等多约束条件,分别以最小化加权完工时间和、最小化加权滞后时间和为初始调度目标和扰动修复目标,构建了 HNWFS 问题的干扰管理调度模型,设计了支持搜索方向动态可变的多目标随机加权处理策略,提出了改进局部搜索机制与 PSO 算法相结合的混合求解算法,并设计了算例实验。

4.2.1 问题描述

由 n 个具有相同优先级的工件组成加工工件集 $J = \{1, 2, \cdots, j, \cdots, n\}$ ($n > 1$),需要依次经过 HNWFS 系统中的 I ($I \geqslant 2$)道加工工序进行生产。该 HNWFS 系统的加工环境为:流水线上每一工序均有 L 台并行同速机器可供使用,可看作有 L 条功能与资源配置完全相同的生产线 $A, B, \cdots$;任一机器在某一时刻只能加工一个工件;每个工件在各道工序机器上只加工一次;每个工件必须连续经过 I 道加工工序;若工件加工被迫中断,需重新进入 HNWFS 系统进行加工。假设在 0 时刻,

HNWFS 系统和待加工工件集 J 均准备就绪。已知工件 j 在工序 i 的加工时间为 p_{ij}，令工件 j 经过工序 i 时在 A、B 生产线机器 M_{ij}^1、M_{ij}^2 上的开工时间分别为 s_{ij}^1、s_{ij}^2，完工时间分别为 C_{ij}^1、C_{ij}^2，工件 j 在 HNWFS 系统完工时间为 C_j，可行的调度加工时间表为 π。

（1）初始调度方案

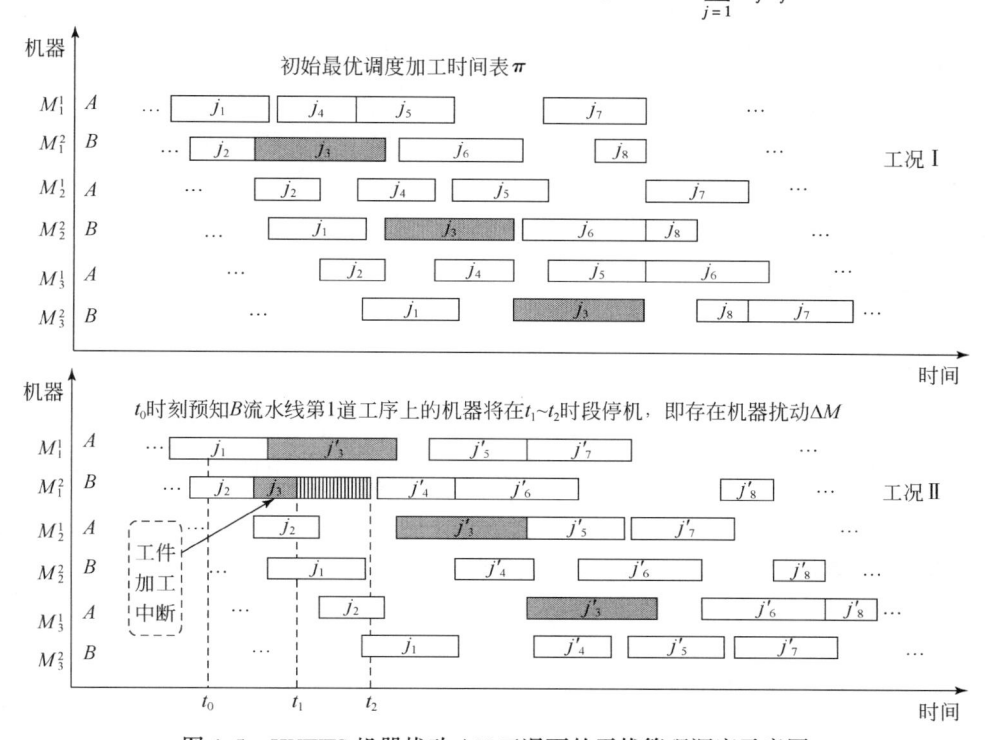

n 个工件的加权完工时间和反映了一个由调度引起的所有持有或库存成本指标。以最小化工件的加权完工时间和 $\sum_{j=1}^{n}\omega_j C_j$ 为初始调度的优化目标，则初始调度问题可以描述为 $FF_1 \mid \text{nwt} \mid \sum_{j=1}^{n}\omega_j C_j$，生产调度专用的三参数表示法：$FF_1$ 表示两台并行机进行流水作业；nwt 表示无等待流水线；$\sum_{j=1}^{n}\omega_j C_j$ 表示优化目标函数。针对这一问题，是没有伪多项式时间算法的，即该问题是一个强 NP 难问题。针对本节的初始调度问题，工件排序遵循先到先服务（first come first served, FCFS）的规则，可以采用微粒群调度算法搜索全局最优解，由此可得初始最优调度加工时间表为 π（如图 4.5 工况 I 部分所示），最优目标函数值为 $f(\pi)=\sum_{j=1}^{n}\omega_j \bar{C}_j$。

图 4.5 HNWFS 机器扰动 ΔM 工况下的干扰管理调度示意图

在实际生产过程中,因经常出现生产扰动,加工过程不可能完全按照初始调度方案执行。扰动的表现形式是复杂多样的,包括机器被占用、紧急插单、临时撤单、交货期和交货量变动,以及人员不足、缺料等。本节仅以流水线上出现一次机器被占用的情形为例,进行干扰管理调度问题描述,实际生产过程中还经常出现多个扰动同时发生导致加工能力受扰的情形,称为并发扰动。本节将机器被占用的情形称为机器扰动,包括故障、检修、高优先级订单占用等,记为 ΔM。机器扰动 ΔM 对初始最优调度加工时间表 π 可能产生的影响,如图 4.5 中工况 II 部分所示,在 HNWFS 系统加工执行过程的 t_0 时刻预知流水线 B 第 1 道工序机器 M_1^2 上将在 t_1 时刻($t_1 > t_0$)出现机器扰动 ΔM,使机器 M_1^2 在 $t_1 \sim t_2$ 时段被占用。机器扰动 ΔM 的出现使 j_3 及其之后所有未加工的工件都不能再按照初始最优调度加工时间表 π 进行。在这种情况下,为了减小机器扰动 ΔM 造成的影响,尽快使 HNWFS 系统恢复生产,需要对 HNWFS 系统中剩余待加工的工件进行重新安排,形成兼顾初始调度目标和扰动修复目标的重调度干扰管理方案,即新的调度方案加工时间表 π'。同理,对于有两个或多个机器扰动同时发生的并发扰动,也需要进行重调度干扰管理。

(2) 干扰管理策略

本节主要探讨两个及两个以上机器扰动并发情况下的干扰管理调度方法,简称为并发扰动。依照干扰管理的基本思想,进行干扰管理调度时,既要根据并发扰动在 HNWFS 系统的具体表现形式考虑如何保持初始调度问题的优化性能指标,也要考虑尽可能减小干扰管理调度与初始最优调度方案的偏离程度,即需要使新的加工时间表 π' 与初始最优调度加工时间表 π 尽可能一致。

1) 初始调度目标:HNWFS 系统中待加工工件的加权完工时间和 $f_1(\pi') = \sum_{j=1}^{n'} \omega_j C_j$。

2) 扰动修复目标:最小化待加工工件的加权滞后时间和 $\sum_{j=1}^{n'} \omega_j T_j$。其中,初始调度形成的最优加工时间表 π 中,工件 j 在 HNWFS 系统的完工时间为 $\bar{C}_j$。实际加工执行过程中因并发扰动的影响,需要对工件重新安排,形成的干扰管理方案中工件 j 在 HNWFS 系统的完工时间为 C_j。定义工件 j 的加工滞后时间 $T_j = \max\{C_j - \bar{C}_j, 0\}$,则扰动修复目标最小化待加工工件的加权滞后时间和可表示为 $f_2(\pi') = \sum_{j=1}^{n'} \omega_j T_j$。

综上所述,本节研究的 HNWFS 干扰管理调度问题可描述为

$$\text{HNWFS}: FF_l \mid \text{nwt}, \Delta M \mid f_1(\pi'), f_2(\pi')$$

4.2.2 问题建模

为了便于对问题模型描述,我们定义决策变量 $x_j^{j'}$ 表示工件 j 在排序中被安排到第 j' 个位置(若被安排,则 $x_j^{j'}=1$,否则 $x_j^{j'}=0$),决策变量 x_{ij}^k 表示工件 j 在工序 i 上是否指派由机器 M_{ij}^k 加工(若被指派,则 $x_{ij}^k=1$,否则 $x_{ij}^k=0$);对于由多个并发机器扰动 $\Delta M_i^k[t_S,t_F]$ 所形成的机器不可用时间窗,可依次记为 $[t_m,t_{m+1}]^{M_i^k}$(其中 $m=1,3,5,\cdots$)。这样,HNWFS 系统的干扰管理调度模型可以描述如下:

$$\min_{i \in I, j \in J'} \{f_1(\pi) = \sum_{j=1}^{n'} \omega_j C_j, f_2(\pi) = \sum_{j=1}^{n'} \omega_j T_j\} \tag{4.14}$$

$$\text{s.t.} \quad s_{ij} = s_{ij}^k \cdot x_{ij}^k, p_{ij} = p_{ij}^k \cdot x_{ij}^k \tag{4.15}$$

$$\sum_{j=1}^{n'} x_j^{j'} = 1, \sum_{j'=1}^{n'} x_j^{j'} = 1 \tag{4.16}$$

$$\sum_{k=1}^{K} x_{ij}^k = 1 \tag{4.17}$$

$$C_{ij} = s_{ij} + p_{ij}, C_j = s_{1j} + \sum_{i=1}^{I} p_{ij} \tag{4.18}$$

$$s_{ij}, C_{ij} \notin [t_m, t_{m+1}]^{M_i^k} \tag{4.19}$$

$$\sum_{j=1}^{n'} x_j^{j'+1} s_{1j}^k \geqslant \sum_{j=1}^{n'} x_j^{j'} s_{1j}^k, j' \in \{1,2,\cdots,n-1\} \tag{4.20}$$

$$s_{(i+1)j} = s_{ij} + p_{ij}, i \in \{1,2,\cdots,I-1\} \tag{4.21}$$

$$\sum_{j=1}^{n'}\sum_{k=1}^{K} x_j^{j'_A} x_{ij}^k s_{ij}^k \geqslant \sum_{j=1}^{n'}\sum_{k=1}^{K} x_j^{j'_B} x_{ij}^k (s_{ij}^k + p_{ij}^k), j'_A, j'_B \in \{1,2,\cdots,n\}, j'_A \geqslant j'_B \tag{4.22}$$

在模型中,式(4.14)为干扰管理调度问题的优化目标;式(4.15)为工件在工序上开工时间和加工时间的表达式;式(4.16)确保调度排序中的每个位置只能对应唯一的工件,每个工件只能对应唯一的排序位置;式(4.17)确保每个工件在任意工序只能被指派到一台机器上进行加工;式(4.18)为工件在各加工工序上的完工时间,以及在 HNWFS 系统的总完工时间的计算式;式(4.19)为不能将工件安排在机器扰动时间窗内加工;式(4.20)为排序靠前的工件在首工序上优先加工;式(4.21)为无等待流水作业的约束,即工件一旦进入 HNWFS 系统开始加工就必须连续完成;式(4.22)为对于指派到同一台机器上加工的工件,只有当排序靠前的工件完成加工时,排序靠后的工件才能开始加工。

4.2.3 问题求解

PSO 算法,是美国心理学家肯尼迪(Kennedy)和电气工程师埃伯哈特(Eberhart)受鸟类捕食行为的启发,于 1995 年提出的一种基于群体智能理论的随机寻优演化计算技术。考虑到 PSO 算法具有全局快速寻优的特点,以及启发式邻域搜索算法具有提高算法局部搜索性能的优势,本节提出基于改进的局部搜索机制与 PSO 策略紧密结合的混合 PSO 算法,对 HNWFS 干扰管理调度模型进行求解。

1. 算法初始化

(1) ROV 规则编码

构造从微粒位置矢量到工件排序的映射编码是应用 PSO 算法求解 HNWFS 干扰管理调度问题的首要步骤。本节利用微粒位置矢量值的升序排列(ranked order value,ROV)规则对各微粒的矢量维度进行位置排序,将微粒的连续位置 $X_i = [x_{i,1}, x_{i,2}, \cdots, x_{i,n}]$ 转换为离散的工件排序 $\pi = (j_1, j_2, \cdots, j_n)$,从而计算微粒所对应的调度方案的目标值。

ROV 规则具体实施步骤(Lee and Yu,2008)如下:对于一个微粒的位置矢量,首先将取值最小的分量位置赋予 ROV 值 1,其次将第二小的分量位置赋予 ROV 值 2,以此类推,直到将所有分量位置都赋予一个唯一的 ROV 值,从而基于 ROV 值构造出一个工件排序。考虑到微粒的位置矢量中可能同时存在多个相同值的分量位置,若出现这种情况,可以随着位置的增加依次将这些位置上的值累积加一个足够小的正数,使微粒的各位置分量值互不相同,也几乎不影响微粒的位置值信息。

例如,考虑 6 个工件的调度问题,微粒的位置矢量为 $X_i = [2.17, 3.26, 0.69, 1.78, 0.08, 1.33]$,首先赋予 $x_{i,5}$ 的分量位置 ROV 值 1,其次赋予 $x_{i,3}$ 的分量位置 ROV 值 2,接下来依次赋予 $x_{i,6}$、$x_{i,4}$、$x_{i,1}$ 和 $x_{i,2}$ 对应的分量位置 ROV 值 3、4、5 和 6,从而得到工件的加工排序 $\pi = (5,6,2,4,1,3)$。

(2) 微粒位置初始化

记 n' 维搜索空间中第 k 个微粒的位置向量和速度向量分别为 $X_i = [x_{i,1}, x_{i,2}, \cdots, x_{i,n'}]$ 和 $V_i = [v_{i,1}, v_{i,2}, \cdots, v_{i,n'}]$。在 t 时刻,搜索的每个微粒所经过的最佳位置记为 $P_{i,\text{best}}^{n'} = [p_{i,1}, p_{i,2}, \cdots, p_{i,n'}]$。则 $t+1$ 时刻各微粒的位置和速度迭代更新公式为

$$x_{i,j}(t+1) = x_{i,j}(t) + v_{i,j}(t+1), j \in \{1, 2, \cdots, n'\} \quad (4.23)$$

$$v_{i,j}(t+1) = \omega v_{i,j}(t) + c_1 r_1 [p_{i,j} - x_{i,j}(t)] + c_2 r_2 [p_{g,j} - x_{i,j}(t)] \quad (4.24)$$

式中,ω 为惯性权重;c_1 为认知学习因子;c_2 为社会学习因子;r_1、r_2 表示约束因子。

(3) 多目标处理策略

为解决 HNWFS 多目标干扰管理调度问题,将传统的多目标加权线性累加策略与随机权重方法相结合,建立支持 PSO 算法搜索方向动态可变的随机加权线性累加适应度函数,即 $f(x) = \sum_{k=1}^{K} \lambda_k \cdot f_k(x)$。其中,$\lambda_k$ 为第 k 个目标的非负权重系数 ($\sum_{k=1}^{K} \lambda_k = 1$)。在算法迭代过程中,每一组权重系数决定了种群个体在目标空间中的某一个搜索方向,为了增加 PSO 算法搜索方向的多样性,获得尽可能丰富的非劣解,λ_k 按照 $\lambda_i = \text{rand}_k / \sum_{k'=1}^{K} \text{rand}_{k'}$ 方式随机生成,rand_k 为 $(0,1)$ 均匀分布的随机数。采用这种方式,本节适应度函数表达式可描述为 $\text{rand}(\cdot) \cdot f_1(\pi') + [1 - \text{rand}(\cdot)] \cdot f_2(\pi)$,其中 $f_1(\pi)$、$f_2(\pi)$ 为两个优化目标函数。

2. 局部搜索机制

基于邻域的局部搜索算法对于算法搜索能力的改善有着非常重要的作用。针对求解 HNWFS: $FF_l | \text{nwt}, \Delta M | f_1(\pi), f_2(\pi)$ 问题的混合 PSO 算法,本节设计了两种局部搜索邻域策略,分别是多重邻域搜索策略和随机邻域搜索策略。基于上述两种邻域搜索策略的混合 PSO 算法分别定义为 HPSO-M 算法和 HPSO-R 算法。

(1) HPSO-M 算法(多重邻域搜索)

本节 HPSO-M 算法主要用到的 3 种邻域结构分别是在 insert 邻域结构基础上衍生形成的 forward_insert 和 backward_insert 邻域结构,以及 swap 邻域结构。与 insert 邻域结构相比,新构造的前向后向插入邻域算子 forward_insert 和 backward_insert 邻域结构更加多样、搜索过程更加细致。HPSO-M 算法中的局部搜索过程是基于上述三种邻域结构进行均匀搜索的,操作方式如图 4.6 所示。

1) forward_insert(π, k_1, k) 邻域结构:随机将工件 k 插入工件 k_1 之前,其中 k_1 为排列 π 中位于 k 之前的随机位置,也称前向插入邻域结构。

2) backward_insert(π, k, k_2) 邻域结构:随机将工件 k 插入工件 k_2 之前,其中 k_2 为排列 π 中位于 k 之后的随机位置,也称后向插入邻域结构。

3) swap(π, k_1, k_2) 邻域结构:随机将排列 π 中第 k_1 和第 k_2 位置的工件交换。

进行多重邻域搜索时,首先,初始化多重邻域算子并确定最大搜索步数 M;其次,对每一代微粒依次执行 forward_insert、backward_insert 和 swap 三种邻域操作,分别计算适应度 $\text{rand}(\cdot) \cdot f_1(\pi') + [1 - \text{rand}(\cdot)] \cdot f_2(\pi')$,取三种操作所得最大的适应度值更新微粒的最佳位置 $p\text{best}$;最后,判断多重邻域是否达到最大搜索步数 M,选取最优结果更新种群的最佳位置 $g\text{best}$。

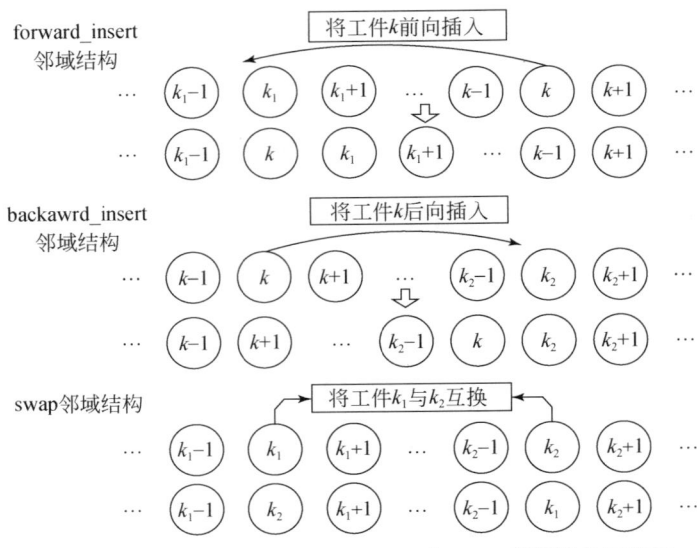

图 4.6 forward_insert、backward_insert 与 swap 邻域结构示意图

(2) HPSO-R 算法(随机邻域搜索)

研究表明,求解流水线调度问题的一些邻域结构形成的解空间呈现一种大峡谷地貌,且局部最优解和全局最优解多集中在峡谷底部。大量对比性仿真研究表明,insert 操作适合对大峡谷形区域进行搜索,因其随机性、灵活性强,能够引导搜索快速到达峡谷底部,而 swap 操作则有助于跳出局部最优,更能保证搜索的分散性。基于此,本节在求解 HNWFS 干扰管理问题的 HPSO-R 算法中,设计了一种 insert(π, k_1, k_2) 邻域结构和 swap(π, k_1, k_2) 邻域结构相结合的随机邻域搜索机制。

1) insert(π, k_1, k_2) 邻域结构:将排列 π 中第 k_1 位置上的工件插入第 k_2 位置。

2) swap(π, k_1, k_2) 邻域结构:同多重邻域搜索中 swap(π, k_1, k_2) 邻域结构。

基于随机策略的插入与交换操作相混合的 insert-swap 邻域结构可以定义为 $F(c_{P\text{II}} \otimes X_{\text{best}}(g))$,表示以 $c_{P\text{II}}$ 概率对各代最优个体执行步长为 M 的局部搜索,$c_{P\text{II}}$ 为两阶段概率分布区间:$c_{Pi}[\alpha_1, \beta_1]$ 和 $c_{Pii}[\alpha_2, \beta_2]$。对于任意 $(0,1)$ 均匀分布随机数 rand(·),若 $\alpha_1 \leq \text{rand}(\cdot) \leq \beta_1$,则执行 insert($\pi, k_1, k_2$) 邻域搜索操作;若 $\alpha_2 \leq \text{rand}(\cdot) \leq \beta_2$,则执行 swap($\pi, k_1, k_2$) 邻域搜索操作。设定 insert($\pi, k_1, k_2$) 是大概率算子,即概率大于 swap($\pi, k_1, k_2$)。随机邻域搜索算子 $F(c_{P\text{II}} \otimes X_{\text{best}}(g))$ 的概率分布区间与搜索操作选择的对应关系如式(4.25)所示:

$$c_{P\text{II}} = \begin{cases} c_{Pi}[\alpha_1, \beta_1] & \alpha_1 \leq \beta_1 \Rightarrow \text{insert}(\pi, k_1, k_2) \\ c_{Pii}[\alpha_2, \beta_2] & \alpha_2 \leq \beta_2 \Rightarrow \text{swap}(\pi, k_1, k_2) \end{cases} \quad (4.25)$$

针对概率分布可能重叠的情况,定义组合邻域结构 COM$\langle I, S \rangle$,描述两种邻域算子的组合状态，并规定组合状态下两邻域算子的优先级顺序为：先做 insert 邻域搜索，再做 swap 邻域搜索。例如，当 $\alpha_2<\beta_1$ 时，即存在重叠区域 $[\alpha_2,\beta_1]$，若随机数 rand(·) 满足 $\alpha_2 \leqslant$ rand(·) $\leqslant \beta_1$ 条件，则形成组合邻域结构，在该邻域结构按照邻域算子的优先级顺序交替执行 insert 和 swap 两种邻域搜索操作。

3. 混合 PSO 算法的框架流程

混合 PSO 算法是 HPSO-M 算法和 HPSO-R 算法的统称，两个算法进行全局寻优时都执行标准 PSO 迭代，在进行局部搜索时，分别执行基于多重邻域的局部搜索和基于随机邻域的局部搜索。算法流程图如图 4.7 所示。

步骤1：根据ROV规则编码，以随机方式初始化种群微粒位置与速度

步骤2：将当前微粒位置和目标存储于pbest中，将种群中微粒的最优位置和目标值存储于gbest中

步骤3：按照式(4.23)、式(4.24)更新种群中各微粒位置，并结合先到先服务调度规则进行机器分配调整

步骤4：评价种群所有微粒的适应度 rand(·)·$f_1(\pi)$+[1−rand(·)]·$f_2(\pi)$

步骤5：比较种群中每个微粒当前目标值与pbest的目标值，并更新pbest；比较当前所有pbest与gbest的目标值，并更新gbest

步骤6：执行局部搜索计算（HPSO-M算法执行多重邻域搜索，HPSO-R算法执行随机邻域搜索）

HPSO-M算法（多重邻域搜索）
- 初始化多重邻域搜索算子和确定最大搜索步数 M
- swap 邻域操作 / forward_insert 邻域操作 / backward_insert 邻域操作
- 评价三种操作 rand(·)·$f_1(\pi)$+[1−rand(·)]·$f_2(\pi)$
- 判断是否达到最大搜索步数 M，并更新gbest

HPSO-R算法（随机邻域搜索）
- 初始化邻域搜索算子 $F(c_{P\text{II}} \otimes X_{best}(g))$，最大搜索步数 M
- $c_{Pi}[\alpha_1,\beta_1]$ / 概率重叠 / $c_{Pii}[\alpha_2,\beta_2]$
- insert 搜索 / COM<I,S>搜索 / swap 搜索
- 判断是否达到最大搜索步数 M，并更新gbest

算法终止准则 否 / 是

输出混合PSO算法的gbest及目标值并停止算法

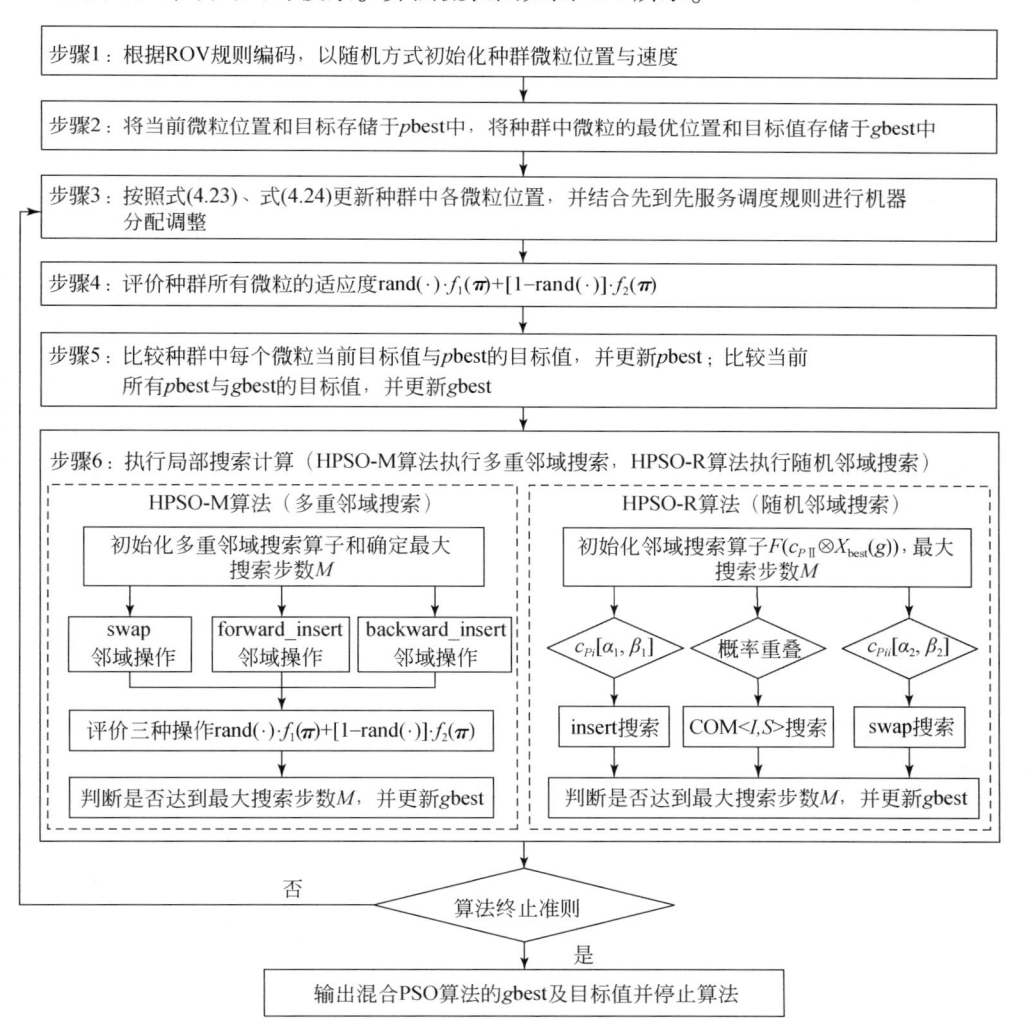

图 4.7　HNWFS 调度问题干扰管理的混合 PSO 算法流程图

4.2.4 算例实验

1. 实验设计

针对 HNWFS 问题的数值实验算例参数设置为:在 HNWFS 加工环境中,3 个工序上的机器 M_1^k、M_2^k 与 M_3^k($k=1$ 或 2)的加工速度分别为 v_1、v_2 与 v_3,不妨假设 $v_1:v_2:v_3=1:0.9:0.8$;待加工工件的数量为 50 个,重置 0 时刻后对所有工件进行排序编码,工件 1 在工序 1 上的加工时间为 $p_{1,1}=10$,工件 2、工件 3、…、工件 50 在工序 1 上的加工时间满足等差数列(公差为 0.2),即 $p_{1,2}=10.2$,$p_{1,3}=10.4$,…,$p_{1,50}=10+(50-1)\times 0.2=19.8$;根据工件集在工序 1 的加工时间和各工序上机器加工速度的比例关系,可得工件集在工序 2 和工序 3 的加工时间。实验假设 50 个工件的权重系数均为 1,且在并发扰动工况下待加工工件的最早开工时间为 $t_0=0$。

在该数值算例实验环境中,随机设置 3 组不同时间窗的机器扰动事件,分别为工况 Ⅰ[60,90]、工况 Ⅱ[140,170]和工况 Ⅲ[150,180]。数值实验分别就基于多重邻域搜索的 HPSO-M 算法与基于随机邻域搜索的 HPSO-R 算法进行比较。混合 PSO 算法的参数设置为:①微粒迭代优化部分。种群规模 $M=80$,最大迭代次数 Max=100,种群中各个微粒的加速因子 $c_1=c_2=2$,微粒的惯性权因子 $\omega=(0.9-0.4)\times(\text{Max}-M_{cur})/\text{Max}+0.4$,其中 M_{cur} 为当前迭代的代数。②局部邻域搜索部分。HPSO-R 算法的两阶段概率分布区间具体数值 $c_{PⅡ}=\{c_{Pi}[0,0.6],c_{Pii}[0.4,1]\}$。HPSO-M 算法与 HPSO-R 算法均使用 C#语言在 Visual Studio 2010 集成开发环境下编程实现,算法的运行环境均为 Intel Core i3-M350 @2.27 GHz 双核/4G DDR3/Windows7 专业版 32 位 SP1。

2. 结果分析

本节选取以下 7 个较为经典的算法评价指标:非劣解个数(overall non-dominated vector generation,ONVG)指标、支配比例关系(c-metric,CM)指标、非劣解与最优 Pareto 前沿的距离(D_{av} 和 D_{max})指标、非劣解集对最优 Pareto 前沿的覆盖度(maximum spread,MS)指标、非劣解分布均匀性(Tan's spacing,TS)指标、非劣解集的近似性与分散性综合性能(average quality,AQ)指标,对 HPSO-M 算法与 HPSO-R 算法所获得的非劣解集进行综合评价,进一步考察和比较两种混合 PSO 算法的性能。并发扰动事件出现的时间窗为[60,90]、[140,170]和[150,180],分别对上述 3 种干扰情况进行 10 次独立实验,两种算法的性能指标对比结果见表 4.1~表 4.3,两种算法针对 $FF_3|\text{nwt},\Delta M|f_1(\pi),f_2(\pi)$ 问题所得 Pareto 边界如图 4.8 所示。

表 4.1 机器扰动时间窗为 $[60, 90]$ 工况下的算法性能指标比较结果

实验	ONVG HPSO-M	ONVG HPSO-R	CM HPSO-M	CM HPSO-R	D_{av} HPSO-M	D_{av} HPSO-R	D_{max} HPSO-M	D_{max} HPSO-R	MS HPSO-M	MS HPSO-R	TS HPSO-M	TS HPSO-R	AQ HPSO-M	AQ HPSO-R
实验1	7	13	0.6923	0.4286	0.1784	0.1233	1.2125	0.2700	0.3002	0.9976	0.8950	0.9810	5504	5508
实验2	5	12	0.4167	0.0000	0.0381	0.0183	0.1235	0.1108	0.5100	0.9723	0.7826	1.0699	5512	5504
实验3	6	5	0.0000	0.3333	0.0154	0.0000	0.0662	0.0000	1.0000	0.5574	0.9060	0.9386	5506	5511
实验4	9	9	0.3333	0.1111	0.0949	0.0326	0.1854	0.1791	0.6731	1.0000	0.6433	0.3501	5506	5492
实验5	10	9	0.1111	0.4000	0.0802	0.0022	0.4455	0.0197	0.8642	1.0000	0.7758	0.5519	5502	5491
实验6	10	10	0.7000	0.3000	0.0313	0.0348	0.1497	0.0948	0.8093	0.8828	0.9896	1.0303	5505	5503
实验7	3	12	0.5833	0.6667	0.1221	0.2599	0.2703	0.1564	0.7418	0.7742	0.3431	0.6553	5503	5495
实验8	11	10	0.6000	0.5455	0.1456	0.1067	0.3233	0.2772	1.0000	0.9263	0.5485	0.6536	5494	5509
实验9	9	11	0.5455	0.4444	0.0606	0.0560	0.1866	0.2920	0.9268	0.9402	0.8821	0.6367	5503	5513
实验10	7	5	0.6000	0.4286	0.0557	0.0690	0.1761	0.1673	1.0000	0.6351	0.6640	0.1567	5489	5514
最大值	11	13	0.7000	0.6667	0.1784	0.2599	1.2125	0.2920	1.0000	1.0000	0.9896	1.0699	5512	5514
平均值	7.7	9.6	0.4582	0.3658	0.0822	0.0703	0.3139	0.1567	0.7825	0.8686	0.7430	0.7024	5502	5504
最小值	3	5	0.0000	0.0000	0.0154	0.0000	0.0662	0.0000	0.3002	0.5574	0.3431	0.1567	5489	5491

表 4.2 机器扰动时间窗为 [140, 170] 工况下的算法性能指标比较结果

实验	ONVG HPSO-M	ONVG HPSO-R	CM HPSO-M	CM HPSO-R	D_{av} HPSO-M	D_{av} HPSO-R	D_{max} HPSO-M	D_{max} HPSO-R	MS HPSO-M	MS HPSO-R	TS HPSO-M	TS HPSO-R	AQ HPSO-M	AQ HPSO-R
实验 1	8	9	0.4444	0.1250	0.0267	0.0399	0.2137	0.1804	0.9894	1.0000	1.1585	0.4366	5417	5411
实验 2	10	6	0.6667	0.1000	0.2067	0.1020	2.0667	0.2847	0.2274	0.9130	1.1538	0.9494	5419	5413
实验 3	8	9	0.3333	0.2500	0.0404	0.0253	0.1867	0.1066	0.9839	1.0000	0.5990	1.4113	5411	5408
实验 4	11	8	0.6250	0.1818	0.0096	0.0151	0.0828	0.0561	1.0000	0.5116	1.8118	1.2580	5420	5415
实验 5	5	9	0.7778	0.6667	0.0726	0.0000	0.1505	0.0000	0.5723	1.0000	0.7601	0.6188	5420	5416
实验 6	9	10	0.2857	0.1000	0.0467	0.0057	0.1241	0.0565	0.4174	1.0000	0.6534	0.3604	5424	5401
实验 7	7	7	0.5714	0.1429	0.0699	0.0063	0.1659	0.0438	0.5995	1.0000	0.9223	0.2087	5409	5421
实验 8	9	12	0.5000	0.1111	0.0392	0.0064	0.1477	0.0575	0.6656	1.0000	1.0540	0.6919	5417	5412
实验 9	10	9	0.6667	0.6000	0.0963	0.0480	0.2295	0.1505	0.8153	1.0000	0.9459	0.8598	5398	5410
实验 10	6	7	0.5714	0.1667	0.0117	0.0350	0.0704	0.0771	0.6468	1.0000	0.7141	0.8089	5418	5414
最大值	11	12	0.7778	0.6667	0.2067	0.1020	2.0667	0.2847	1.0000	1.0000	1.8118	1.4113	5424	5421
平均值	8.3	8.6	0.5442	0.2444	0.0620	0.0283	0.3438	0.1013	0.6918	0.9425	0.9773	0.7604	5416	5412
最小值	5	6	0.2857	0.1000	0.0096	0.0000	0.0704	0.0000	0.2274	0.5116	0.5990	0.2087	5398	5401

第4章 混合无等待流水线干扰管理调度方法

表 4.3 机器扰动时间窗为 $[150, 180]$ 工况下的算法性能指标比较结果

实验	ONVG HPSO-M	ONVG HPSO-R	CM HPSO-M	CM HPSO-R	D_{av} HPSO-M	D_{av} HPSO-R	D_{max} HPSO-M	D_{max} HPSO-R	MS HPSO-M	MS HPSO-R	TS HPSO-M	TS HPSO-R	AQ HPSO-M	AQ HPSO-R
实验 1	9	9	0.5556	0.1111	0.0131	0.0020	0.0631	0.0181	0.5862	1.0000	0.9808	0.5765	5359	5347
实验 2	3	8	0.1250	0.0000	0.0000	0.0077	0.0000	0.0062	0.8455	1.0000	0.8723	0.2299	5370	5367
实验 3	6	11	0.4545	0.0000	0.0000	0.0069	0.0000	0.0027	0.6471	0.9695	1.1298	0.9962	5371	5366
实验 4	6	7	0.0000	0.0667	0.0494	0.0000	0.7202	0.0000	0.6770	1.0000	0.8163	0.8517	5368	5361
实验 5	7	6	0.7143	0.1667	0.0404	0.0060	0.3523	0.0359	0.9938	0.6723	0.8657	0.5493	5363	5363
实验 6	6	8	0.5000	0.2000	0.0406	0.0108	0.2028	0.1900	0.8470	0.8589	0.7539	0.9101	5370	5364
实验 7	6	5	0.4000	0.3333	0.0752	0.0699	0.4077	0.3088	0.8792	0.9091	0.6635	0.8128	5371	5365
实验 8	11	6	0.3333	0.1818	0.0481	0.0059	0.3700	0.3333	1.0000	0.6271	1.0786	0.5882	5360	5369
实验 9	6	6	0.5000	0.5000	0.1150	0.0449	0.2695	0.1430	0.4462	0.9391	0.8315	0.7600	5353	5374
实验 10	5	7	0.2857	0.4000	0.5271	0.0172	0.5204	0.0943	0.4992	1.0000	1.2855	0.5160	5373	5360
最大值	11	11	0.7143	0.5000	0.5271	0.0699	0.7202	0.3333	1.0000	1.0000	1.2855	0.9962	5373	5374
平均值	6.4	7.3	0.3868	0.1960	0.0909	0.0171	0.2906	0.1132	0.7421	0.8976	0.9278	0.6791	5366	5364
最小值	3	5	0.0000	0.0000	0.0000	0.0000	0.0000	0.0000	0.4462	0.6271	0.6635	0.2299	5353	5347

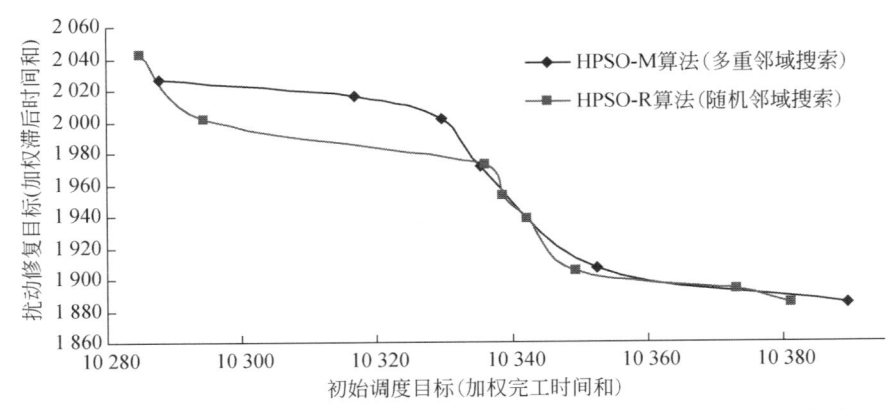

图 4.8 机器扰动时间窗[150,180]工况下两种算法所求得的 Pareto 边界曲线

根据表 4.1~表 4.3 以及图 4.8 对 HPSO-M 算法与 HPSO-R 算法性能进行分析评价。由表 4.1~表 4.3 中数据可知，对于 HNWFS 问题两种算法均能得到较好的求解结果，尽管两种算法的性能指标非常接近，但仍可以发现它们之间的细小差别。对比 ONVG 指标值可见，大多数情况下 HPSO-R 算法能够获得更多的非劣解；对比 CM 指标值可见，在算法的非劣解集中解的相互支配关系方面，大多数情况下 HPSO-M 算法所获得的非劣解能够被 HPSO-R 算法所获得的非劣解支配；对比 D_{av} 与 D_{max} 指标值可见，HPSO-R 算法所获得的非劣解与理论最优 Pareto 前沿更为接近，与理论最优 Pareto 前沿的接近程度，无论在平均距离上还是在最大化最小距离上都优于 HPSO-M 算法所获得的结果，其中，机器扰动时间窗[150,180]工况下 HPSO-M 和 HPSO-R 算法所求得的 Pareto 边界情况如图 4.8 所示；对比 MS 指标值可见，在算法所获得的非劣解对理论上最优 Pareto 前沿的覆盖度指标方面，HPSO-R 算法所获得的解的覆盖范围要更广一些；对比 TS 指标值可见，HPSO-R 算法所获得的 TS 指标值更小，即 HPSO-R 算法所获得的非劣解的分布更均匀；对比 AQ 指标值可见，HPSO-M 算法与 HPSO-R 算法相差很小，这说明两种算法在非劣解的近似性与分散性方面的综合性能是比较接近的，相对而言，HPSO-R 算法所获得的非劣解的近似性较好。

综上可见，采取大概率 insert 邻域搜索算子的随机邻域搜索方式，对混合 PSO 算法的性能改进效果更好。也就是说，对于 HNWFS: $FF_3 \mid \text{nwt}, \Delta M \mid f_1(\pi), f_2(\pi)$ 问题求解而言，基于随机邻域搜索机制的 HPSO-R 算法比基于多重邻域搜索机制的 HPSO-M 算法更为有效。

4.2.5 本节小结

HNWFS 调度问题与传统的单机/并行机调度或简单流水线调度问题相比,更加复杂,也更加具有实际意义。本节针对具有多道工序、多机并行混合流水线加工环境中的并发机器扰动调度问题,研究了如何基于干扰管理的视角来应对并发扰动工况下的流水线调度问题,提出了解决 HNWFS 调度问题的干扰管理方法。建立了以最小化加权完工时间和为初始调度目标、以最小化加权滞后时间和为扰动修复目标的干扰管理调度模型;设计了基于改进局部搜索机制与 PSO 策略紧密结合的混合 PSO 算法。该算法依据 ROV 规则进行编码,通过构建随机加权线性累加适应度函数进行多目标处理,实现了对 PSO 算法搜索方向动态可变的支持。针对流水线调度问题解空间的分布特点,提出了基于 insert-swap 插入与交换混合的邻域结构的随机邻域搜索机制,并将其与经典的多重邻域搜索算子进行性能对比。数值实验验证了 HNWFS 干扰管理调度模型与算法的有效性,实验结果表明:基于随机邻域搜索机制的混合 PSO 算法(HPSO-R 算法),在非劣解的分散性、多样性、对最优 Pareto 前沿的接近度和覆盖度等方面评价指标优于基于多重邻域搜索机制的混合 PSO 算法(HPSO-M 算法)。

4.3 考虑行为的 HNWFS 干扰管理调度模型和算法

本节针对机器扰动和工件扰动并发工况下的 HNWFS 重调度问题,提出考虑客户主观行为因素的准时交货满意度度量方法和反映调度方案一致性水平的机器指派偏离度度量方法,以最小化加权完工时间和为初始调度目标,以最大化准时交货满意度和最小化机器指派偏离度为扰动修复目标,构建了兼顾初始调度目标和扰动修复目标的 HNWFS 干扰管理调度模型,设计了融合 PSO 算法的全局快速寻优特点和变邻域搜索(variable neighborhood search,VNS)算法局部搜索能力极强优势的混合智能算法——VNS 与 PSO 并行搜索算法(PSO&VNS parallel search algorithm,PVPS),并进行算例实验。

4.3.1 基于前景理论的客户满意度分析

1. 前景理论价值函数

前景理论是一种广泛应用于经济学和行为科学的描述性范式决策模型,是由瑞典心理学教授 Kahneman 和他的合作者 Tversky 于 1979 年提出的，Kahneman 并因此获得 2002 年诺贝尔经济学奖。前景理论描述决策者在面临风险进行决策时对事件发生概率的感知和对获得价值的感知。因为人是具有独特心理过程的行为个体，针对这两种感知的决策体现为有限理性。具体表现在，与期望效用理论假设人们是风险规避的不同，前景理论有两大假设：①人们在面临收益的时候是风险规避的；②人们在面临损失的时候是风险偏好的。期望效用理论描述了理性行为的特征，而前景理论则描述了实际行为的特征。

前景理论认为人们感知到的价值具有以下三个特性：①价值定义于某参照点的相对损益之上；②价值为收益的凹函数，为损失的凸函数；③价值曲线在损失区域比在收益区域更陡。

以上三个特性分别表明：①绝对财富并不能决定人们感知的价值，参照点的高低才具有重要影响；②人们在进行决策时的风险倾向随着对未来的预期不同而变化，具体表现为若面临收益预期则倾向于规避风险，若面临损失预期则倾向于追逐风险；③面对相同数量的损失和收益，由损失和收益带来的不愉悦程度大于由收益带来的愉悦程度，人们在进行决策时倾向于规避损失。

前景理论的价值函数是一个主观函数。它有一个财富增加或减少的参照点，该点的位置取决于决策者的主观印象。前景的结果 x 表示财富水平与该参照点的偏离，而不是绝对的财富水平，价值函数衡量盈利或亏损对人的主观满足的影响，价值函数在参照点处开始转折，它是财富增加或减少的界线。前景理论价值函数如图 4.9 所示，可表示为

$$V(x) = \begin{cases} x^\alpha, & x \geq 0 \\ -\lambda(-x)^\beta, & x < 0 \end{cases}$$

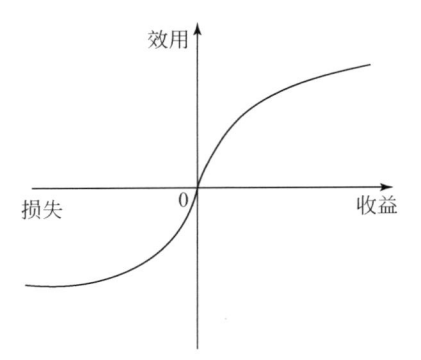

图 4.9　前景理论价值函数曲线

式中，$V(x)$ 在 $[0, +\infty)$ 上为单调增凹函数，在 $(-\infty, 0)$ 上为单调增凸函数，$V(0) = 0$，

参数 α 和 β 分别表示价值函数在收益和损失区间的凹凸程度,且 $\alpha,\beta<1$,表示敏感性递减;参数 $\lambda \geqslant 1$,λ 刻画了上述特性③,即价值曲线在损失区域比在收益区域更陡。实验结果表明,λ 取值通常在 2 附近,即相同数量的损失和收益,由损失带来的不愉悦程度约是由收益带来的愉悦程度的两倍。

2. 客户满意度分析

客户的满意度不仅与产品的质量、数量等基本属性有关,还与产品的交货期等服务属性相关。制造企业与客户签订订单合同时,客户会获得一个关于交货期的心理预期,即合同约定的交货期。实际制造企业制订生产计划时,尽量使订单的完成期接近合同约定的交货期,但是随着生产过程的不断推进,各种生产资源及生产环境不断变化,会有不确定事件(即生产扰动)使订单不可能按照初始生产计划准时完成。这种情况下,制造企业通过与客户沟通协调,客户的心理预期会发生改变,能够接受一定程度的提前/拖期交货,但是同时其对产品的满意度会有所降低。作为独特的行为个体,不同的客户自身属性不同,心理预期不同,其所能接受的提前/拖期时间以及由此造成的满意程度也不尽相同。本节将这种因为提前/拖期交货引起的客户满程度称为准时交货满意度。

客户的满意程度决定了客户与企业长期合作的意愿。对于面向订单生产的企业,客户的满意度也一定程度上决定了企业的长期发展。因此,在制订生产计划调度方案和执行过程中,要重视准时交货满意度,尽可能降低提前/拖期交货造成的客户不满意程度。

本节考虑用客户的风险感知来度量客户准时交货满意度。假设客户的满意程度与客户风险感知价值大小成正比。当感知价值为正时,表示客户满意,且数值越大,客户满意程度越高;反之,当感知价值为负时,表示客户不满意,且数值越小,客户不满意程度越高。在产品数量、质量有所保证的前提下,影响客户风险感知的主要因素是产品的交货期。

设客户订单的签订时间为 $T_i^{(0)}$,约定的交货期为 D_i,计划完工时间为 T_i。根据实际情况,以订单约定的交货期为参照点,在其前后一段时间范围(T_1,T_2)内完工交货是可以接受的,即 $T_1<T_i<T_2$ 时,客户面对的仍是收益。当完工期提前或拖期超过一定范围,即 $T_i>T_2$ 或 $T_i<T_1$,客户面对的是损失。假设客户的损失-收益与订单的完工时间呈线性关系,将前景理论经典价值函数中的损失-收益用对应的订单完工时间表示,可得关于完工时间的价值函数曲线,如图 4.10 所示。其中 $R_i^{(0)}$ 表示当 $T_i=D_i$ 时客户风险感知程度。

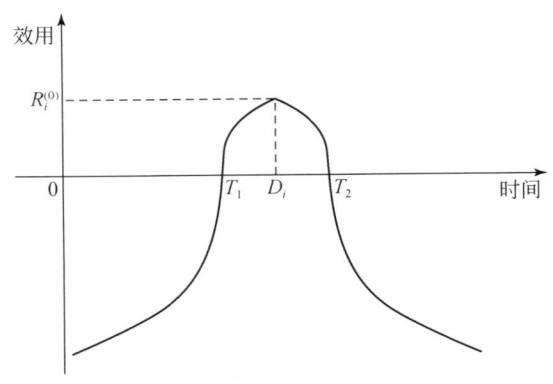

图 4.10　客户准时交货满意度感知曲线

4.3.2　问题描述

已知 HNWFS 系统某次排产任务中的 n 个工件来自不同的订单,客户对每个订单的交货期有具体要求。由 n 个工件组成加工工件集 $J=\{1,2,\cdots,j,\cdots,n\}$ ($n>1$),需要依次经过 HNWFS 系统中的 $I(I\geqslant 2)$ 道加工工序,其中有部分工件因为客户要求或工艺质量要求,经过特定工序时需要在指定的机器上进行加工。该 HNWFS 系统的加工环境为:流水线上每一工序均有 L 台并行同速机器可供使用,可看作有 L 条功能与资源配置完全相同的生产线 A、B、$\cdots$;任一机器在某一时刻只能加工一个工件;每个工件在各道工序机器上只加工一次;每个工件必须连续经过 I 道加工工序;若工件加工被迫中断,需重新进入 HNWFS 系统进行加工。假设在 0 时刻,HNWFS 系统和待加工工件集 J 均准备就绪。已知工件 j 在工序 i 的加工时间为 p_{ij},令工件 j 经过工序 i 时在 A、B 生产线机器 M_{ij}^1、M_{ij}^2 上的开工时间分别为 s_{ij}^1、s_{ij}^2,完工时间分别为 C_{ij}^1、C_{ij}^2,工件 j 在 HNWFS 系统完工时间为 C_j,可行的调度加工时间表为 π。

(1) 初始调度方案

所有工件的加权完工时间和反映了加工系统中在制品库存成本指标,为提高流水线加工效率和降低在制品库存指标,以最小化工件的加权完工时间和 $\sum_{j=1}^{n}\omega_j C_j$ 为初始调度优化目标,则初始调度问题可以描述为 $FF_I\,|\,\text{nwt}\,|\,\sum_{j=1}^{n}\omega_j C_j$,其初始最优调度加工时间表为 $\bar{\pi}$,最优目标评价函数值为 $f(\bar{\pi})=\sum_{j=1}^{n}\omega_j \bar{C}_j$,这里不妨假设初

始最优调度加工时间表 π 能够被客户所接受,即 $|d_j - \bar{C}_j|$ 在订单交货期提前/拖期的允许范围内,而且该调度方案在机器指派方面也符合要求。例如,某 HNWFS 系统,由包含 3 道加工工序的两条并行流水线构成,其初始最优调度加工时间表 π 的示意图如图 4.11 工况 I 所示。

(2) 并发扰动工况

在实际生产过程中,因经常出现生产扰动,加工过程不可能完全按照初始调度方案执行。本节主要探讨机器扰动和工件扰动并发工况下 HNWFS 系统的干扰管理调度问题。已知机器扰动包括机器故障、机器维修等情况,记为 $\Delta M_i^k[t_S, t_F]$ (t_S 和 t_F 分别为机器扰动开始和结束时间)。机器扰动对初始最优调度加工时间表 π 可能产生的影响,如图 4.11 中工况 II 部分所示:在 HNWFS 系统加工执行过程的 t_0 时刻预知流水线 B 第 1 道工序机器 M_1^2 上将在 t_1 时刻($t_1 > t_0$)出现机器扰动 ΔM_1^2 $[t_1, t_2]$ ($t_2 > t_1$),使机器 M_1^2 在 $t_1 \sim t_2$ 时段被占用。机器扰动的出现使 j_3 及其之后所有未加工的工件都不能再按照初始最优调度加工时间表 π 进行。

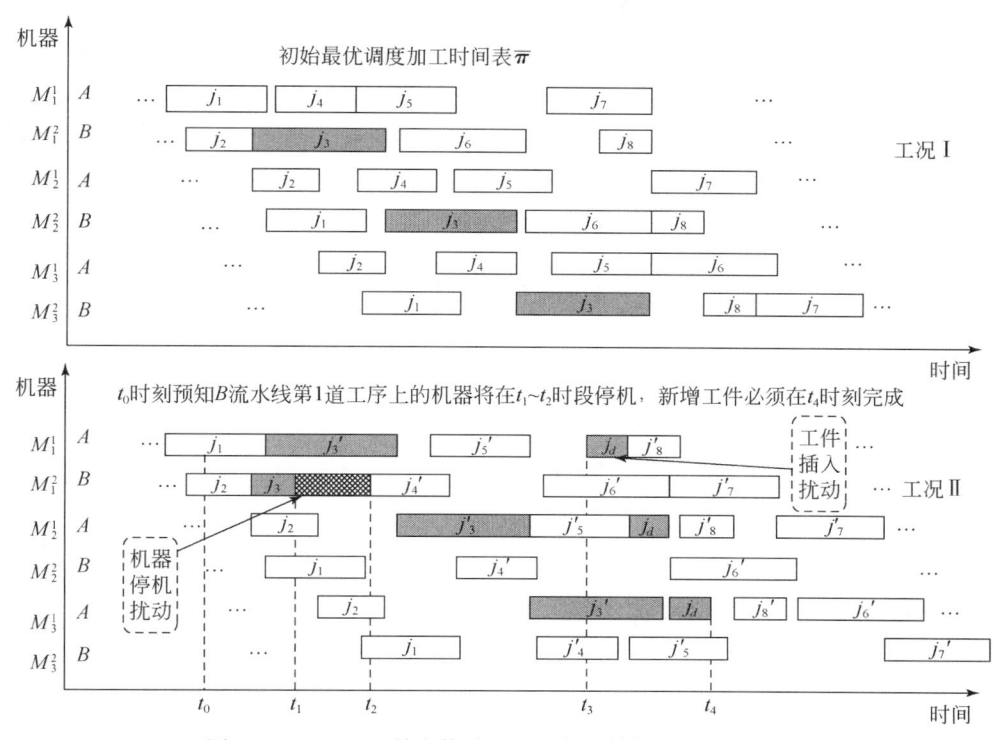

图 4.11 HNWFS 并发扰动工况下的干扰管理调度示意图

工件扰动是指订单变更引起的加工工件数量的变化,包括紧急插单、临时撤单、变更交货期和交货数量等情况,记作 $\Delta J[J^* = \{j_1^*, \cdots, j_{n^*}'\}]$ (J^* 为受订单变更影响的工件集)。工件扰动使初始调度最优加工时间表 $\bar{\pi}$ 中特定时间窗被占用或空闲。如图 4.11 中工况 II 所示,紧急插单造成的工件扰动 ΔJ 要求工件 j_d 必须在 t_4 时刻下流水线,根据无等待流水线(no-wait flow shop,NWFS)加工过程保持连续性的特点,工件 j_d 必须在 t_3 时刻就开始加工,因此初始最优调度加工时间表 $\bar{\pi}$ 中排在 $t_3 \sim t_4$ 这一时段及之后的工件都不能再按照原方案进行加工。对于临时撤单引起的工件数量减少,可考虑将后续工件依次左移或允许流水线空闲,故本节不再讨论这一扰动。

综上所述,图 4.11 工况 II 所描述的机器扰动与工件扰动并发工况可以表示为 $\Delta M_1^2[t_1, t_2] + \Delta J[j_d | C_{j_d} = t_4]$。在工况 II 环境下,为了减小并发扰动造成的影响,尽快使 HNWFS 系统恢复生产,需要对 HNWFS 系统中剩余待加工的工件进行重新安排,形成兼顾初始调度目标和扰动修复目标的重调度干扰管理方案,即新的调度方案加工时间表 π'。

(3)干扰管理调度

依照干扰管理理论思想,制定 HNWFS 系统干扰管理调度方案时,应该能够一并处理同期发生的多个生产扰动,而且既要充分考虑初始调度方案的优化目标,又要尽可能地减小新生成的干扰管理调度方案与初始最优调度方案的偏离程度,即需要使新的加工时间表 π' 与初始最优加工时间表 $\bar{\pi}$ 尽可能一致。机器扰动和工况扰动并发工况,通常会导致工件不能按期完工和准时交货,这会造成客户满意度降低,干扰管理调度的优化目标之一是提升订单准时交货满意度和 $\sum_{j=1}^{n'} V_j(C_j)$ (其中 $V_j(C_j)$ 为准时交货满意度度量函数),也可以表示为最小化客户对订单交货准时性的不满意度和 $f_2(\pi') = -\sum_{j=1}^{n'} V_j(C_j)$。另外一个干扰管理调度的优化目标是使调整前后的调度方案在机器指派上尽量保持一致,即最小化工件在流水线机器上的指派偏离度和 $\sum_{i=1}^{L} \sum_{j=1}^{n'} D_{ij}$ (其中 D_{ij} 为机器指派与初始方案偏离度度量函数),可表示为 $f_3(\pi') = \sum_{i=1}^{L} \sum_{j=1}^{n'} D_{ij}$。

综上所述,本节研究的 HNWFS 干扰管理调度问题(HNWFS-dmsp)可描述为

$$\text{HNWFS-dmsp}: FF_l | \text{nwt}, \Delta M, \Delta J | f_1(\pi'), f_2(\pi'), f_3(\pi')$$

式中,$f_1(\pi')$ 为初始调度目标,即待加工工件的加权完工时间和 $f_1(\pi') = \sum_{j=1}^{n'} \omega_j C_j$;$f_2(\pi')$ 为干扰修复目标,即客户对订单交货准时性的不满意度和 $f_2(\pi') =$

$-\sum_{j=1}^{n'}V_j(C_j)$；$f_3(\pi')$ 为干扰修复目标，即工件在流水线机器上的指派偏离度和 $f_3(\pi')=\sum_{i=1}^{L}\sum_{j=1}^{n'}D_{ij}$。

4.3.3 问题建模

1. 主客观视角扰动度量

(1) 准时交货满意度度量

客户与制造商签订订货合同时,客户会获得一个关于工件交货期的心理预期,即合同约定的交货期。在市场导向下的供需关系环境中,以准时交货为代表的制造商服务水平指标成为影响客户未来购买行为的重要因素,制造商在调度排产时,尽量保证订单能够按期交货,提高客户对交货准时性的满意程度,争取继续合作的机会。但生产扰动导致工件的完工时间提前/拖期,这都会增大客户风险感知程度,也势必会对客户的行为产生消极影响,因此,我们需要对该项行为扰动因素进行度量。考虑到前景理论在分析主观行为方面所具有的独特优势,本节通过构建基于前景理论的客户风险感知函数来度量客户主观特征的准时交货满意度。

已知初始最优调度加工时间表 π 中工件 j 的完工时间 $\bar{C}_j$ 最接近订单交货期 d_j,此时客户的满意度最大。以 $\bar{C}_j$ 为参照点,在其前后 $(\bar{C}_j^{ll},\bar{C}_j^{ul})$ 时间范围内完工交货也是可接受的,即新调度方案中工件 j 的完工时间满足 $\bar{C}_j^{ll}<C_j<\bar{C}_j^{ul}$ 时,客户不会面对损失风险,否则,客户将会感知损失风险。当面对损失风险时,客户首先反应为损失厌恶,与此同时,还会与其他客户进行比较。当客户了解到自己订单完工的提前/拖期程度大于其他客户时,更会感知到不公平。因此,在构造客户风险感知函数时,引入了损失厌恶系数和公平关切系数。

1) 损失厌恶系数 λ_j。假设客户优先级 ρ_j 分为 $1,2,\cdots,\theta,\cdots,\Omega$,共计 Ω 个等级,客户订单 j 的订货量为 m_j^*,损失厌恶系数 λ_j 与客户优先级 ρ_j 和订货量 m_j^* 正相关,即优先级 ρ_j 越高,λ_j 值越大,订货量 m_j^* 越大,λ_j 值越大,损失厌恶系数表示为 $\lambda_j(\theta,m_j^*)$,简记为 λ_j。

2) 公平关切系数 σ_j。以初始调度的最优加工时间表 π 中工件完工时间 $\bar{C}_j$ 为参照点,假设客户能容忍的提前/拖期范围是 $(\bar{C}_j^{ll},\bar{C}_j^{ul})$,当完工时间 C_j 在此范围之外时,根据客户优先级 ρ_j 确定工期偏离量 $\varepsilon_j=\rho_j|\bar{C}_j-C_j|$,令 $\varepsilon_{\min}=\min\{\varepsilon_1,\varepsilon_2,\cdots,$

$\varepsilon_n\}$,则公平关切系数 $\sigma_j = (\varepsilon_j - \varepsilon_{\min})/\varepsilon_j$。

这样,考虑 HNWFS 系统中行为主体的损失厌恶和公平关切因素,建立反映客户主观感知特征的准时交货满意度度量函数,其中 α_1、α_2、β_1、β_2 为凹凸系数:

$$V_j(C_j) = \begin{cases} -(1+\sigma_j)\lambda_j(\bar{C}_j^{ll} - C_j)^{\beta_1}, & 0 < C_j \leq \bar{C}_j^{ll} \\ (C_j - \bar{C}_j^{ll})^{\alpha_1}, & \bar{C}_j^{ll} < C_j \leq \bar{C}_j \\ (\bar{C}_j^{ul} - C_j)^{\alpha_2}, & \bar{C}_j < C_j \leq \bar{C}_j^{ul} \\ -(1+\sigma_j)\lambda_j(C_j - \bar{C}_j^{ul})^{\beta_2}, & C_j > \bar{C}_j^{ul} \end{cases} \quad (4.26)$$

(2) 机器指派偏离度度量

定义工件 j 在工序 i 上的标准加工作业是 o_{ij},由于客户指定、工艺要求、质量精度等限制,某些工件的某些工序加工操作应该安排在特定的机器上,令 $\tilde{M}_{ij}^k$ 为加工作业 o_{ij} 的最优指派机器集合(已知初始调度方案满足最优指派要求)。

本节从系统实际运行的客观视角,定义机器指派偏离度的 0-1 度量函数 D_{ij},描述新旧调度方案在工件对应机器指派方面的偏离情况,其表达式为

$$D_{ij} = \begin{cases} 0, & M_{ij}^{k'} \in \tilde{M}_{ij}^k \\ 1, & \text{otherwise} \end{cases} \quad (4.27)$$

2. 干扰管理调度模型

HNWFS-dmsp 问题本身由初始调度问题演化而来,因而 HNWFS-dmsp 干扰修复模型中严格继承了初始调度模型的约束条件,扰动修复过程也是以初始最优调度方案为基准。为了便于对问题模型描述,我们定义决策变量 $x_j^{j'}$ 表示工件 j 在排序中被安排到第 j' 个位置(若被安排,则 $x_j^{j'}=1$,否则 $x_j^{j'}=0$),决策变量 x_{ij}^k 表示工件 j 在工序 i 上是否指派由机器 M_i^k 加工(若被指派,则 $x_{ij}^k=1$,否则 $x_{ij}^k=0$);对于由多个机器扰动 $\Delta M_i^k[t_S, t_F]$ 所形成的机器不可用时间窗,可依次记为 $[t_m, t_{m+1}]^{M_i^k}$(其中 $m=1, 3, 5, \cdots$);对于多个工件扰动 $\Delta J[J^* = \{j_1^*, \cdots, j_{n'}^*\}]$ 的情况,依据扰动工件集 J^* 的工件变动信息修改原工件集 J 中工件参数(包括增加工件、删除工件、修改交货期、交货重量等),并对新生成的待加工工件集 J' 进行重新编号,为 $1 \sim n'$。

这样,HNWFS-dmsp 问题的干扰管理调度数学模型可以描述如下:

$$\min_{i \in L, j \in J'} \{f_1(\pi') = \sum_{j=1}^{n'} \omega_j C_j, f_2(\pi') = -\sum_{j=1}^{n'} V_j(C_j), f_3(\pi') = \sum_{i=1}^{L} \sum_{j=1}^{n'} D_{ij}\} \quad (4.28)$$

$$\text{s.t.} \quad s_{ij} = s_{ij}^k \cdot x_{ij}^k, \quad p_{ij} = p_{ij}^k \cdot x_{ij}^k \quad (4.29)$$

$$\sum_{j=1}^{n'} x_j^{j'} = 1, \sum_{j'=1}^{n'} x_j^{j'} = 1 \qquad (4.30)$$

$$\sum_{k=1}^{K} x_{ij}^{k} = 1 \qquad (4.31)$$

$$C_{ij} = s_{ij} + p_{ij}, C_j = s_{1j} + \sum_{i=1}^{L} p_{ij} \qquad (4.32)$$

$$s_{ij}, C_{ij} \notin [t_m, t_{m+1}]^{M_t^k} \qquad (4.33)$$

$$\sum_{j=1}^{n'} x_j^{j'+1} s_{1j}^k \geqslant \sum_{j=1}^{n'} x_j^{j'} s_{1j}^k, j' \in \{1,2,\ldots,n-1\} \qquad (4.34)$$

$$s_{(i+1)j} = s_{ij} + p_{ij}, i \in \{1,2,\cdots,L-1\} \qquad (4.35)$$

$$\sum_{j=1}^{n'} \sum_{k=1}^{K} x_j^{j'_A} x_{ij}^{k} s_{ij}^{k} \geqslant \sum_{j=1}^{n'} \sum_{k=1}^{K} x_j^{j'_B} x_{ij}^{k} (s_{ij}^{k} + p_{ij}^{k}), j'_A, j'_B \in \{1,2,\cdots,n\}, j'_A \geqslant j'_B \qquad (4.36)$$

在模型中,式(4.28)为干扰管理调度问题的优化目标;式(4.29)为工件在工序上开工时间和加工时间的表达式;式(4.30)确保调度排序中的每个位置只能对应唯一的工件,每个工件只能对应唯一的排序位置;式(4.31)确保每个工件在任意工序只能被指派到一台机器上进行加工;式(4.32)为工件在各加工工序上的完工时间,以及在 HNWFS 系统的总完工时间的计算式;式(4.33)为不能将工件安排在机器扰动时间窗内加工;式(4.34)为排序靠前的工件在首工序上优先加工;式(4.35)为无等待流水作业的约束,即工件一旦进入 HNWFS 系统开始加工就必须连续完成;式(4.36)为对于指派到同一台机器上加工的工件,只有当排序靠前的工件完成加工,排序靠后的工件才能开始加工。

4.3.4 问题求解

针对组合优化问题,PSO 算法具有全局快速寻优的特点,以及启发式邻域搜索算法具有提高局部搜索性能的优势,但是容易陷入局部最优。对于多目标的流水线调度问题,因为不同目标通常相互制约,而且解空间对应不同形状的大峡谷,所以会有少量非劣解存在于谷底,而大部分非劣解分散在接近谷底的一些区域。因此,为了能搜索尽量多的区域以获得更多的非劣解,需要加强算法的局部搜索能力。VNS 算法是 Hansen 和 Mladenovic 在 1997 年首先提出来的,其基本思想是在搜索过程中系统地改变邻域结构集来拓展搜索范围,获得局部最优解,再基于此局部最优解重新系统地改变邻域结构集拓展搜索范围找到另一个局部最优解的过程。VNS 算法因其实现简单,无须调整参数和有效性强,而成功应用于求解组合优化问题。与 PSO 算法不同的是,VNS 算法具有较强的局部搜索能力,但是全局粗搜索能力较弱。鉴于PSO算法与VNS算法优劣互补的特点,本节设计了PVPS的混合智能算法。

1. PVPS算法全局寻优策略

PVPS算法利用PSO迭代搜索机制,实现对HNWFS-dmsp问题的全局快速寻优计算。

(1) ROV规则编码

构造从微粒位置矢量到工件排序的映射编码是应用PSO算法求解HNWFS干扰管理调度问题的首要步骤。本节利用微粒位置矢量值的升序排列(ranked order value, ROV)规则对各微粒的矢量维度进行位置排序,将微粒的连续位置 $X_i = [x_{i,1}, x_{i,2}, \cdots, x_{i,n}]$ 转换为离散的工件排序 $\pi = (j_1, j_2, \cdots, j_n)$,从而计算微粒所对应的调度方案的目标值。

(2) FAM规则机器指派解码

本节基于最先可用机器优先(first available machine, FAM)调度规则,设计HNWFS-dmsp问题机器指派解码规则,具体操作步骤如下:①根据工件排序 $\pi = (j_1, j_2, \cdots, j_n)$,判断各工件在首工序第 k 台机器上最早允许开工时间 s_{1j}^k,依据无等待约束 $s_{ij} = s_{(i-1)j} + p_{(i-1)j}$,依次确定第 $2 \sim$ 第 L 道工序的开工时间 s_{ij};②令 $j=2$;③令 $i=2, d_{ij}^{\max}=0$;④依次判断工件 j 在工序 i 第 k 台机器上最早允许开工时间 s_{ij}^k,计算机器最早允许开工时间 s_{ij}^k 与工序开工时间 s_{ij} 之间的非负差值 d_{ij}^+,即 $d_{ij}^+ = \max\{s_{ij}^k - s_{ij}, 0\}$;⑤判断 $d_{ij}^{\max}$ 和 d_{ij}^+ 大小关系,执行比较取大值的操作:若 $d_{ij}^{\max} < d_{ij}^+$,则 $d_{ij}^{\max} = d_{ij}^+$;⑥ $i=i+1$;⑦重复④~⑥,直到 $i=L$,并将排序 $R=(j_1, j_2, \cdots, j_n)$ 中的工件 j 及其后续所有工件,各道工序上最先可用机器的开工时间 s_{ij}^k 均右移 $d_{ij}^{\max}$ 个时间单位;⑧ $j=j+1$;⑨重复③~⑧,直到 $j=n$。

(3) PSO微粒位置初始化

记 n' 维搜索空间中第 k 个微粒的位置向量和速度向量分别为 $X_i = [x_{i,1}, x_{i,2}, \cdots, x_{i,n'}]$ 和 $V_i = [v_{i,1}, v_{i,2}, \cdots, v_{i,n'}]$。在 t 时刻,搜索的每个微粒所经过的最佳位置记为 $P_{i,\text{best}}^{n'} = [p_{i,1}, p_{i,2}, \cdots, p_{i,n'}]$。则 $t+1$ 时刻各微粒的位置和速度迭代更新公式为

$$x_{i,j}(t+1) = x_{i,j}(t) + v_{i,j}(t+1), j \in \{1, 2, \cdots, n'\} \tag{4.37}$$

$$v_{i,j}(t+1) = \omega v_{i,j}(t) + c_1 r_1 [p_{i,j} - x_{i,j}(t)] + c_2 r_2 [p_{g,j} - x_{i,j}(t)] \tag{4.38}$$

2. PVPS算法局部搜索机制

PVPS算法利用VNS算法更为细致的邻域搜索能力,以不断提高对HNWFS-dmsp问题的求解质量。PVPS算法局部搜索机制的核心在于构造VNS算法的邻域结构集,其中包括确定邻域结构集的构成形式、所包含邻域结构的数量、邻域结构之间

的切换顺序和移动策略等。本节针对 HNWFS-dmsp 问题求解的搜索特征,设计构造4种 VNS 算法邻域结构:insert 邻域、swap 邻域,以及由此衍生的 double_insert 和 double_swap 邻域;相比之下,insert 邻域操作在对排序调度问题大峡谷形地貌的解空间进行搜索时,所取得的解之间的距离最小,其他3种邻域按照峡谷形空间中解之间的距离由小到大顺序排列,依次为 double_insert 邻域、swap 邻域、double_swap 邻域。考虑通过增大邻域操作范围达到获得 VNS 算法跳出局部最优能力的策略,完成对上述4种邻域结构的切换排序。

1) 第1邻域(insert 邻域):随机将排序 π 中的工件 i 插入其他任意位置上;

2) 第2邻域(double_insert 邻域):随机将排序 π 中的第 n 和第 $n-1$ 个工件,插入其他任意的2个位置上;

3) 第3邻域(swap 邻域):随机将排序 π 中的工件 i 与工件 i' 执行位置交换;

4) 第4邻域(double_swap 邻域):随机选择排序 π 中的1个相邻工件组(工件组中工件数≥4),将该工件组中前两个工件执行位置互换,后两个工件执行位置互换。

这样,本节的 VNS 算法邻域结构集可以描述为 $N_k(\pi)$,$k=1,2,3,4$。本节邻域结构间的移动策略采用前向(forward)策略,即邻域结构次序始于 $k=1$,然后 k 自增。

3. PVPS 算法的框架流程

(1) PVPS 算法的并行搜索逻辑

设置 PSO 算法的种群规模为 M,VNS 算法的解集规模为 N,随机产生 $M+N$ 个初始可行解,由 M 个微粒执行基于 PSO 算法的全局迭代寻优,在进行 PSO 每一代搜索的同时,对其余 N 个可行解分别执行 VNS 局部搜索,并将整个群体($M+N$)搜索得到的最优解 $gbest^*$,作为 PSO 种群的当前最佳位置,在执行下一代全局搜索时,指导 M 个微粒进行速度和位置的更新。在 PVPS 算法中,利用 PSO 算法保证了搜索效率和全局收敛性,又通过 VNS 算法扩大了邻域操作范围,提高了算法局部搜索的精度。

(2) PVPS 算法多目标评价策略

① Pareto 支配关系评价(pareto dominance relationship,PDR),即通过比较新旧解之间的支配关系,不断地获取非劣解构造 Pareto 边界;PVPS 算法中 PSO 种群最优解 $gbest$ 更新、VNS 算法中局部最优解更新均采用的是 PDR 评价方式,其目的在于防止丢失多目标意义下的最优解。② 随机加权线性累加适应度评价(stochastic weighted linear accumulative fitness,SWLA),定义目标评价函数 $f(x) = \sum_{w=1}^{K} \lambda_w \cdot f_w(x)$,其中 λ_w 为第 w 个目标的非负权重系数($\sum_{w=1}^{K} \lambda_w = 1$),在算法迭代过程中,

每一组权重系数决定了在解空间中的某一搜索方向,为尽量获得更丰富的非劣解,本节 λ_w 按照 $r_w / \sum_{w'=1}^{K} r_{w'}$ 方式随机生成[r_w 为(0,1)均匀分布的随机数],以支持算法不断地改变搜索方向;PVPS 算法中 PSO 微粒最佳位置 pbest 的更新操作采用 PDR 与 SWLA 相结合的 PDR-SWLA 顺次评价方式,首先执行 PDR 评价,即判断微粒位置新解与 pbest 的支配关系,若存在支配关系,则将非劣解作为 pbest 新解保留,若不存在支配关系,则采用该微粒的随机权重,再对它们进行 SWLA 评价,进而确定更好的位置解作为 pbest 的新解,这样既保证了算法能够搜索到尽可能多的非劣解,又强调了搜索过程的均匀性和搜索方向的多样性。

基于上述分析,设计 PVPS 算法流程如图 4.12 所示。

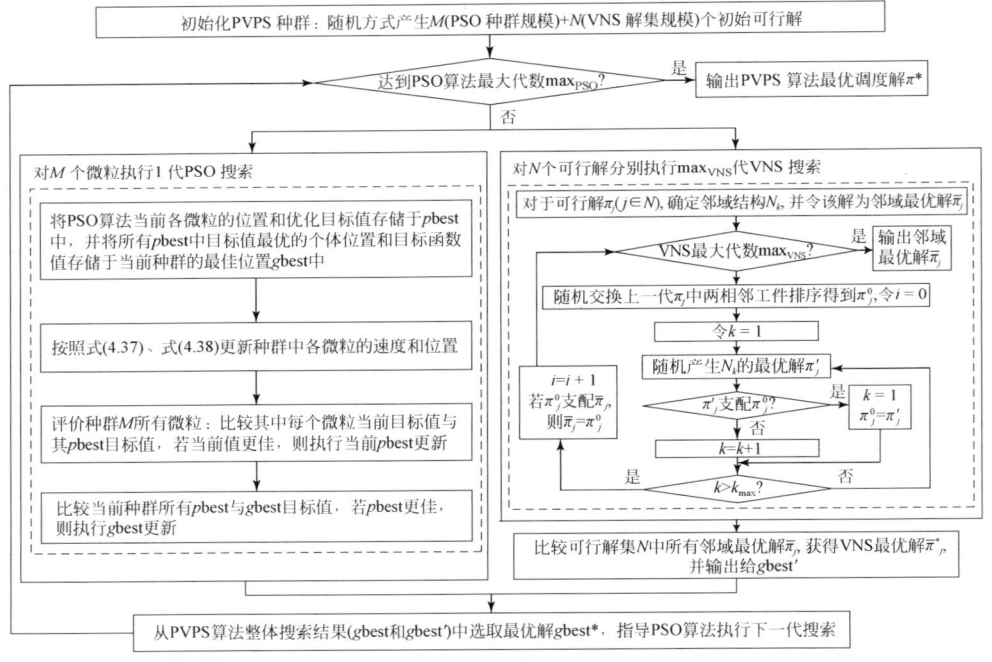

图 4.12 PVPS 算法流程图

4.3.5 算例实验

1. 实验设计

本节 HNWFS-dmsp 问题算例的调度环境参数设置为 HNWFS 包含 3 道工序,

各工序上机器 M_1^k、M_2^k、M_3^k($k=1$ 或 2)加工速度成比例($v_1^k:v_2^k:v_3^k=1.00:1.11:1.25$),初始加工环境中待加工工件数量为 50 个(按照 1~50 依次编码),工件 1 在工序 1 上的加工时间为 $p_{1,1}=10$,后续工件 2,工件 3,⋯,工件 50 在工序 1 上的加工时间满足等差数列(公差为 0.2),即 $p_{1,2}=10.2$,$p_{1,3}=10.4$,⋯,$p_{1,50}=10+(50-1)\times 0.2=19.8$;算例实验设定待加工工件集合中的 50 个工件权重系数均为 1,其中有 10 个工件的某一道工序需要在指定的机器上加工;不失一般地假设,同时出现机器扰动 ΔM(第 1 道工序第 1 台机器停机)和工件扰动 ΔJ(插入第 51 号和第 52 号工件,它们首工序加工时间为 $p_{1,51}=20$ 和 $p_{1,52}=20.2$)情况,上述扰动工况分别记作:并发扰动工况①($\Delta M[200,250]+\Delta J[51^\#,52^\#]$)、并发扰动工况②($\Delta M[250,300]+\Delta J[51^\#,52^\#]$)和并发扰动工况③($\Delta M[300,350]+\Delta J[51^\#,52^\#]$)。

HNWFS-dmsp 干扰管理调度模型中客户不满意度感知参数设置为:① 损失厌恶系数 λ_j。根据客户优先级和订货量的组合状态来确定,设客户优先级分 1~3 级,客户订货量以 $\bar{m}$ 为界,记 $\leq \bar{m}$ 的订货量为 m,记 $>\bar{m}$ 的订货量为 M,令 $\lambda(1,M)$、$\lambda(1,m)$、$\lambda(2,M)$、$\lambda(2,m)$、$\lambda(3,M)$ 和 $\lambda(3,m)$ 分别为 2.25、2.20、2.15、2.10、2.05 和 2.00,本节算例中各工件所对应的损失厌恶系数见表 4.4。②凹凸系数 α、β。取凹凸系数 $\alpha_1=\beta_1=\alpha_2=\beta_2=0.88$。

表 4.4 待加工工件所对应的损失厌恶系数

工作号	损失厌恶系数	工作号	损失厌恶系数	工作号	损失厌恶系数	工作号	损失厌恶系数	工作号	损失厌恶系数
1	$\lambda(1,M)$2.25	12	$\lambda(3,m)$2.00	23	$\lambda(3,M)$2.05	34	$\lambda(2,m)$2.10	45	$\lambda(2,M)$2.15
2	$\lambda(1,m)$2.20	13	$\lambda(1,M)$2.25	24	$\lambda(3,M)$2.00	35	$\lambda(3,M)$2.05	46	$\lambda(2,m)$2.10
3	$\lambda(2,M)$2.15	14	$\lambda(1,m)$2.20	25	$\lambda(1,M)$2.25	36	$\lambda(3,m)$2.00	47	$\lambda(3,M)$2.05
4	$\lambda(2,m)$2.10	15	$\lambda(2,M)$2.15	26	$\lambda(1,m)$2.20	37	$\lambda(1,M)$2.25	48	$\lambda(3,m)$2.00
5	$\lambda(3,M)$2.05	16	$\lambda(2,m)$2.10	27	$\lambda(2,M)$2.15	38	$\lambda(1,m)$2.20	49	$\lambda(1,M)$2.25
6	$\lambda(3,m)$2.00	17	$\lambda(3,M)$2.05	28	$\lambda(2,m)$2.10	39	$\lambda(2,M)$2.15	50	$\lambda(1,m)$2.20
7	$\lambda(1,M)$2.25	18	$\lambda(3,m)$2.00	29	$\lambda(3,M)$2.05	40	$\lambda(2,m)$2.10	51	$\lambda(1,M)$2.25
8	$\lambda(1,m)$2.20	19	$\lambda(1,M)$2.25	30	$\lambda(3,m)$2.00	41	$\lambda(3,M)$2.05	52	$\lambda(1,M)$2.25
9	$\lambda(2,M)$2.15	20	$\lambda(1,m)$2.20	31	$\lambda(1,M)$2.25	42	$\lambda(3,m)$2.00		
10	$\lambda(2,m)$2.10	21	$\lambda(2,M)$2.15	32	$\lambda(1,m)$2.20	43	$\lambda(1,M)$2.25		
11	$\lambda(3,M)$2.05	22	$\lambda(2,m)$2.10	33	$\lambda(2,M)$2.15	44	$\lambda(1,m)$2.20		

为了验证 PVPS 算法的有效性,本节将 PVPS 算法与 VNS 算法、PSO&VNS 串行搜索算法(PSO & VNS serial search algorithm,PVSS)、PSO 算法进行对比实验。各算法的参数设置为:①PSO 算法部分。种群规模 $M=80$,最大迭代次数 $\text{Max}_{\text{PSO}}=100$,种群中各个微粒的加速因子 $c_1=c_2=2$,微粒的惯性权因子(Lee et al.,2006) $\omega=(0.9-0.4)\times(\text{Max}_{\text{PSO}}-M_{\text{cur}})/\text{Max}_{\text{PSO}}+0.4$,其中 M_{cur} 为当前迭代次数。②VNS 算

法部分。种群规模 $N=80$,邻域搜索最大迭代次数 $\text{Max}_{\text{VNS}}=10$(表4.5)。4种算法使用 C#语言在 Visual Studio 2010 集成开发环境下编程实现,运行环境均为 Intel Core i3-M350 @2.27GHz 双核/4G DDR3/ Windows7 专业版32位SP1。

2. 结果分析

(1) PVPS 算法、VNS 算法、PVSS 算法和 PSO 算法非劣解质量分析

对于并发扰动工况①($\Delta M[200,250]+\Delta J[51^\#,52^\#]$)、并发扰动工况②($\Delta M[250,300]+\Delta J[51^\#,52^\#]$)和并发扰动工况③($\Delta M[300,350]+\Delta J[51^\#,52^\#]$),PVPS 算法、VNS 算法、PVSS 算法和 PSO 算法4种算法所求得的非劣解在由 $\{\sum \omega_j c_j$ 加权完工时间和, $-\sum V_j$ 客户不满意度和, $\sum D_j$ 累计机器指派偏离度$\}$ 构成三维空间的分布情况如图4.13~图4.15所示。

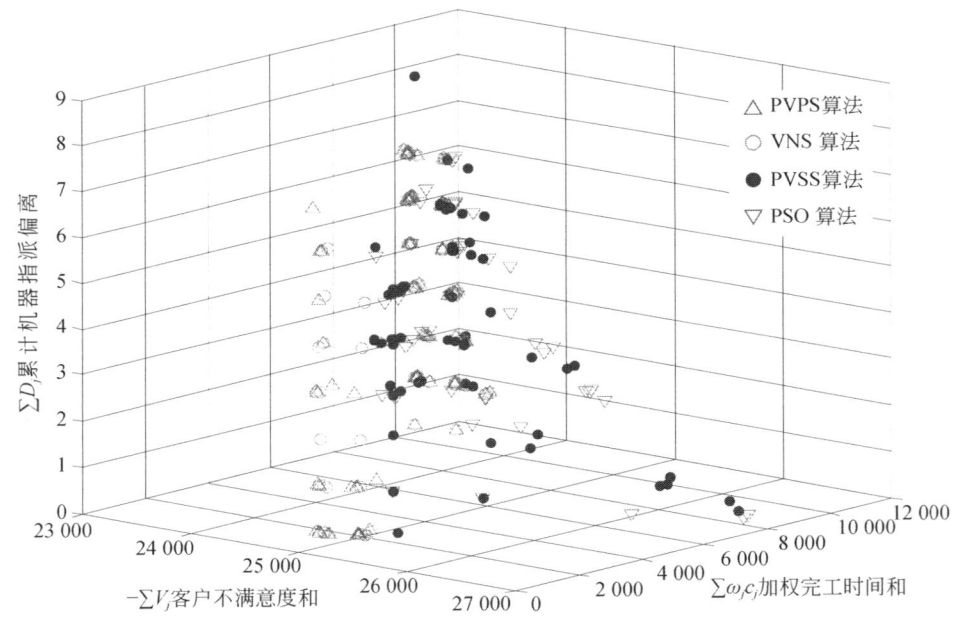

图4.13 并发扰动工况1:4种算法所得非劣解比较

由图4.13~图4.15可见,PVPS 算法和 VNS 算法所得非劣解的分布比较靠近原点,PVSS 算法和 PSO 算法所得非劣解的分布离原点较远。因为模型的目标函数分别为最小化加权完工时间和、最小化客户不满意度和、最小化机器指派偏离,所以越是接近原点,非劣解的质量越优。因此,可初步看出在求解考虑行为的 HNWFS 干扰管理调度问题时,PVPS 算法和 VNS 算法要优于 PVSS 算法和 PSO 算法。

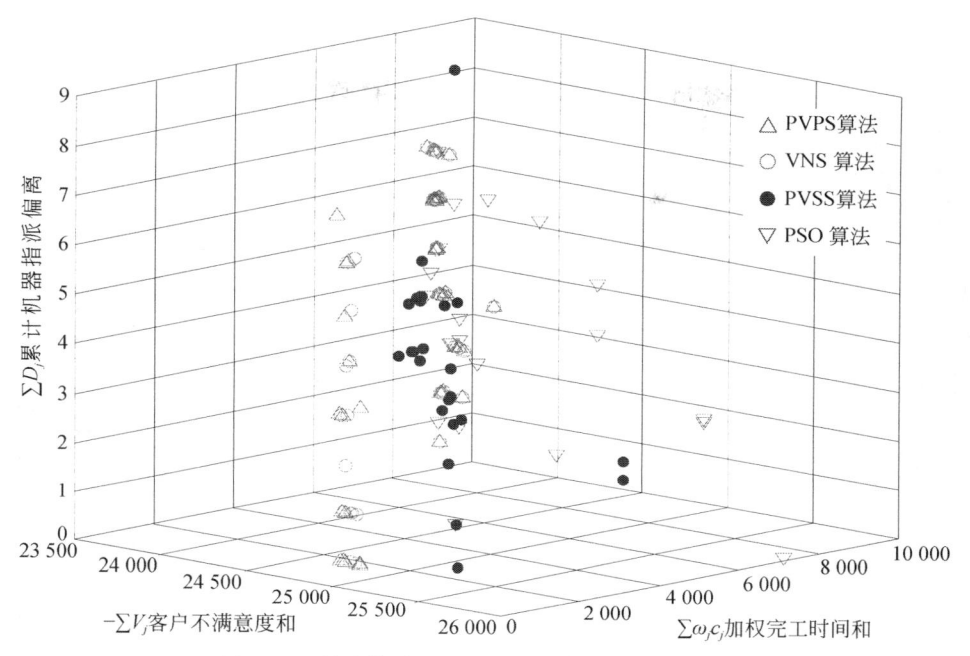

图 4.14 并发扰动工况 2:4 种算法所得非劣解比较

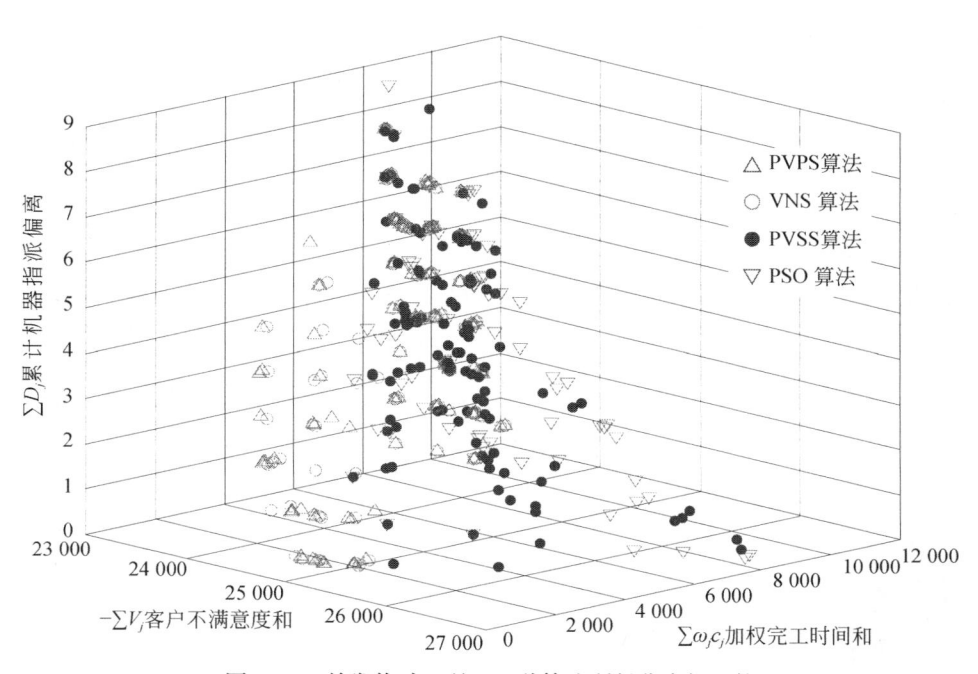

图 4.15 并发扰动工况 3:4 种算法所得非劣解比较

| 面向区域支柱产业的快速响应制造优化方法 |

表 4.5　并发扰动（$\Delta M[250,300]+\Delta J[51^{\#},52^{\#}]$）工况下 4 种算法非劣解目标函数情况

HNWPS-dmsp 问题（并发扰动工况 2：$\Delta M[250,300]+\Delta J[51^{\#},52^{\#}]$）的求解结果目标值

干扰管理调度问题优化目标	PVPS 算法	VNS 算法	PVSS 算法	PSO 算法
$f=(\sum w_j C_j, \sum V_j, \sum D_j)$ 其中， $\sum w_j C_j$ 为加权完工时间和； $-\sum V_j$ 为客户不满意度和； $\sum D_j$ 为机器指派偏离和	(24 215,7 454,4) (23 898,7 554,4) (23 907,7 320,5)	(23 885,7 476,6) (24 042,7 488,3) (23 840,7 787,2)	(25 194,2 329,1) (24 982,7 424,1)	(25 194,2 329,1) (25 005,2 471,6)
	(23 998,7 604,2) (23 877,7 544,6) (23 845,7 760,2)	(23 947,7 620,3) (23 898,7 554,4) (24 217,7 460,4)	(25 118,2 582,3) (24 791,4 043,5)	(25 164,4 981,2) (24 808,4 734,7)
	(23 887,7 449,6) (23 847,7 697,1) (23 892,7 409,5)	(23 901,7 323,5) (23 896,7 317,7) (23 931,7 189,6)	(24 779,4 120,5) (25 072,2 970,3)	(25 048,3 014,5) (25 968,7 286,0)
	(23 889,7 384,6) (23 937,7 188,7) (23 840,7 787,2)	(23 855,7 603,4) (23 837,7 848,4) (23 877,7 544,6)	(25 088,2 822,0) (24 818,3 007,4)	(25 047,3 493,4) (24 952,6 907,4)
	(23 866,7 593,4) (23 851,7 692,2) (24 042,7 488,3)	(23 886,7 467,6) (23 866,7 593,4) (23 851,7 692,2)	(24 804,3 049,4) (24 879,3 326,3)	(25 056,2 486,3) (25 180,2 456,3)
	(23 985,7 575,3) (24 217,7 460,4) (23 947,7 620,3)	(23 830,7 406,7) (23 845,7 760,2) (24 215,7 465,4)	(24 801,3 101,6) (24 793,3 714,5)	(25 059,9 126,2) (25 110,8 911,2)
	(23 855,7 603,4) (23 915,7 214,6) (23 901,7 279,5)	(23 985,7 575,3) (23 887,7 449,6) (23 915,7 214,6)	(25 020,2 924,4) (24 955,3 150,2)	(24 943,6 956,5) (23 917,7 359,5)
	(24 027,7 127,7) (23 901,7 323,5) (23 885,7 476,6)	(23 937,7 188,7) (23 888,7 420,6) (23 889,7 384,6)	(24 705,8 607,1) (24 229,6 334,9)	(23 938,7 234,7) (23 891,7 759,3)
	(23 885,7 500,6) (23 893,7 385,5) (23 837,7 848,4)	(23 892,7 409,5) (24 027,7 127,7) (23 901,7 279,6)	(23 930,7 577,2) (23 885,6 826,3)	(23 871,8 063,3) (23 885,7 779,3)
	(23 88,7 420,6) (23 896,7 317,7) (23 900,7 303,6)	(23 908,7 217,6) (23 998,7 604,2) (23 897,7 278,7)	(23 875,7 107,3) (23 815,7 299,4)	(24 031,7 221,6) (24 555,7 131,6)
	(23 931,7 189,6) (23 830,7 856,7 648,2)	(23 900,7 303,6) (23 847,7 697,1) (23 885,7 500,6)	(23 877,7 034,4) (23 879,6 830,3)	(23 839,7 365,4)

| 94 |

续表

干扰管理调度问题优化目标	HNWFS-dmsp 问题（并发扰动工况 2：$\Delta M[250,300]+\Delta J[51^\#,52^\#]$）的求解结果目标值		
	PVPS 算法	VNS 算法	PVSS 算法	PSO 算法
$f=(\sum w_jC_j,\sum V_j,\sum D_j)$ 其中，$\sum w_jC_j$ 为加权完工时间和；$-\sum V_j$ 为客户不满意度和；$\sum D_j$ 为机器指派偏离和	(23 886,7 467,6) (23 908,7 217,6) (23 894,7 347,7)	(23 856,7 648,2) (24 611,2 143,4) (23 893,7 385,5)	(23 863,7 071,4) (23 868,7 124,4)	
	(23 851,7 667,2) (23 897,7 278,7) (24 615,2 110,4)	(24 708,1 811,1) (24 615,2 056,6) (23 851,7 667,2)	(23 894,6 677,4) (23 900,6 402,3)	
	(24 601,2 123,6) (24 660,1 820,0) (24 586,2 510,3)	(23 907,7 320,5) (24 677,1 753,4) (24 595,2 231,5)	(23 967,7 377,2) (23 815,7 343,4)	
	(24 661,1 791,5) (24 617,1 855,3) (24 605,2 072,6)	(24 642,1 789,3) (23 894,7 347,7) (24 691,1 846,0)	(23 888,6 719,4)	
	(24 654,1 802,1) (24 604,1 820,7) (24 632,1 839,0)	(24 685,1 878,0) (24 736,1 793,1) (24 682,1 784,3)		
	(24 762,1 780,0) (24 756,1 783,0) (24 668,1 804,0)	(24 720,1 813,0) (24 572,2 408,6) (24 647,1 840,1)		
	(24 655,1 798,3) (24 755,1 789,0) (24 668,1 795,0)	(24 686,1 751,2) (24 692,1 828,1)		
	(24 755,1 795,0) (24 679,1 755,1)			

为了精确比较 4 种算法的优劣和验证算法的有效性,需进一步对各算法所得非劣解的数值做具体分析。分别对 3 次并发扰动工况各个算法所得非劣解在各个维度上的目标值进行归一化处理,并计算归一化后的非劣解目标值到原点欧氏距离的均值。归一化和计算欧氏距离的均值步骤如下:

步骤 1:对各个非劣解进行归一化处理。以图 4.14 对应的并发扰动(ΔM[250,300]+ΔJ[51$^\#$,52$^\#$])工况下的结果为例具体分析,各非劣解数值在表 4.5 中给出,分别找出 4 种算法对应的 3 个优化目标的最大值$\max_\text{I} = 25\,968$、$\max_\text{II} = 9126$、$\max_\text{III} = 9$ 和最小值$\min_\text{I} = 23815$、$\min_\text{II} = 1751$、$\min_\text{III} = 0$,然后按照$(f_i - \min_i)/(\max_i - \min_i)$($i = \text{I},\text{II},\text{III}$)将三个目标值转化为 0~1 的数。

步骤 2:计算目标值到原点的欧氏距离,并计算各算法对应的欧氏距离均值。

步骤 3:分别对并发扰动工况 1 和并发扰动工况 3 下非劣解的目标值进行步骤 1 和步骤 2 处理,得到 4 种算法对应的非劣解的欧氏距离均值见表 4.6。

由表 4.6 可以看出,3 次并发扰动工况下,PVPS 算法和 VNS 算法求得的归一化非劣解目标值到原点的欧氏距离均值分别为 0.8167 和 0.8433,明显小于 PVSS 算法求得的均值(0.9294)和 PSO 算法求得的均值(0.9943),也就是说,PVPS 算法和 VNS 算法(尤其是 PVPS 算法)获得的 Pareto 前沿更加接近理想前沿。

表 4.6　4 种算法非劣解目标值比较结果

求解算法	PVPS 算法	VNS 算法	PVSS 算法	PSO 算法
扰动工况	\multicolumn{4}{c}{(归一化非劣解目标值到原点的欧氏距离均值)}
并发扰动工况①(ΔM[200,250]+ΔJ[51$^\#$,52$^\#$])	0.7879	0.8290	1.0594	1.0471
并发扰动工况②(ΔM[250,300]+ΔJ[51$^\#$,52$^\#$])	0.8145	0.8322	0.7880	0.9303
并发扰动工况③(ΔM[300,350]+ΔJ[51$^\#$,52$^\#$])	0.8478	0.8689	0.9408	1.0057
3 次并发扰动工况均值	0.8167	0.8433	0.9294	0.9943

(2) PVSS 算法和 VNS 算法性能指标分析

为了进一步考察和比较 PVPS 算法和 VNS 算法的性能,本节选取以下 6 个经典评价指标对 PVPS 算法和 VNS 算法所得非劣解集进行综合评价,包括 ONVG 指标、CM 指标、D_{av}和 D_{max}指标、TS 指标、MS 指标。分别对 3 种并发扰动工况进行 10 次独立实验,两种算法的性能指标对比结果见表 4.7。

第 4 章 混合无等待流水线干扰管理调度方法

表 4.7 PVPS 算法和 VNS 算法的性能指标对比结果

实验	算法	$\Delta M[200,250]^+\Delta J[51^\#,52^\#]$ ONVG	CM	D_{av}	D_{max}	TS	MS	$\Delta M[250,300]^+\Delta J[51^\#,52^\#]$ ONVG	CM	D_{av}	D_{max}	TS	MS	$\Delta M[300,350]^+\Delta J[51^\#,52^\#]$ ONVG	CM	D_{av}	D_{max}	TS	MS
实验1	PVPS算法	53	0.5769	0.0420	0.2112	1.5397	0.9873	60	0.0909	0.0015	0.0258	1.1528	1.0000	71	0.1231	0.0020	0.0320	1.2293	1.0000
	VNS算法	52	0.2264	0.0985	0.2857	1.4839	0.8851	44	0.0667	0.0037	0.1294	3.4355	0.9086	65	0.0986	0.0013	0.0123	1.3865	0.9975
实验2	PVPS算法	59	0.6154	0.0481	0.2000	1.2719	0.9807	55	0.3276	0.0007	0.0360	1.7890	1.0000	60	0.0526	0.008	0.0415	1.5860	0.9834
	VNS算法	52	0.3448	0.1111	0.4091	1.6907	0.9772	58	0.0182	0.0313	0.1750	1.3167	0.9938	57	0.0333	0.0054	0.1136	1.3402	1.0000
实验3	PVPS算法	45	0.1220	0.0024	0.271	0.0789	0.9986	61	0.2222	0.0002	0.0080	1.3633	0.9983	76	0.0625	0.0014	0.0797	2.2399	1.0000
	VNS算法	41	0.1333	0.0078	0.1380	1.3344	0.9882	55	0.0328	0.0083	0.1000	1.1094	0.9671	64	0.0179	0.0015	0.0452	1.5358	0.9774
实验4	PVPS算法	48	0.1064	0.0075	0.1742	1.2492	1.0000	52	0.1176	0.0051	0.1429	1.2440	0.9822	67	0.0725	0.0027	0.0926	1.2813	0.9998
	VNS算法	47	0.1250	0.0019	0.0295	1.6892	0.9984	51	0.0769	0.0063	0.1149	1.1939	1.0000	69	0.0370	0.0063	0.1862	1.6495	1.0000
实验5	PVPS算法	56	0.5818	0.0401	0.2000	1.0306	0.9286	56	0.1837	0.0026	0.1429	1.1886	1.0000	66	0.0938	0.0117	0.3750	1.2867	0.9985
	VNS算法	55	0.3143	0.1947	0.7143	1.1724	0.9675	49	0.0179	0.0047	0.0766	1.2905	0.9985	64	0.0714	0.0076	0.1425	1.2034	1.0000
实验6	PVPS算法	48	0.0714	0.0056	0.1935	1.3470	0.9834	55	0.1489	0.0003	0.0184	1.2063	1.0000	64	0.7581	0.0271	0.2222	1.2692	0.9989
	VNS算法	42	0.0625	0.0041	0.1429	1.3920	0.9744	47	0.0182	0.0063	0.0973	0.7501	0.9999	62	0.1765	0.1087	0.2222	1.2535	0.9943
实验7	PVPS算法	42	0.1087	0.0010	0.0425	1.2472	1.0000	58	0.0417	0.0011	0.0143	1.9477	0.9989	57	0.7931	0.0324	0.2341	1.4868	0.9941
	VNS算法	46	0.0238	0.0044	0.0926	1.2873	0.9951	48	0.1724	0.0027	0.0400	1.5114	1.0000	58	0.2222	0.1523	0.3750	1.2484	0.9935
实验8	PVPS算法	51	0.2273	0.0004	0.0223	1.3855	0.09991	50	0.1887	0.0038	0.0222	2.2480	0.9995	68	0.2388	0.0011	0.0653	1.3679	1.0000
	VNS算法	44	0.0196	0.0106	0.1731	1.4592	1.0000	53	0.1400	0.0006	0.1061	2.5295	1.0000	67	0.0172	0.202	0.1573	1.5193	0.9973
实验9	PVPS算法	45	0.1556	0.0018	0.0820	1.4757	0.9938	62	0.1579	0.0006	0.0029	1.3460	1.0000	58	0.7833	0.0381	0.2931	1.4197	0.9864
	VNS算法	45	0.0222	0.0077	0.1429	1.2203	1.0000	57	0.1129	0.0006	0.0095	1.3598	0.9894	60	0.2143	0.2628	0.6250	1.6881	0.9873

续表

实验	算法	ONVG	ΔM[200,250]⁺ΔJ[51#,52#] CM	D_{av}	D_{max}	TS	MS	ONVG	ΔM[250,300]⁺ΔJ[51#,52#] CM	D_{av}	D_{max}	TS	MS	ONVG	ΔM[300,350]⁺ΔJ[51#,52#] CM	D_{av}	D_{max}	TS	MS
实验10	PVPS算法	48	0.2435	0.0034	0.0529	1.4303	1.0000	60	0.0577	0.0061	0.0078	1.3712	0.9956	61	0.1094	0.0044	0.1448	1.1510	1.0000
实验10	VNS算法	46	0.2083	0.0010	0.0395	1.9940	1.0000	52	0.3500	0.0013	0.0251	1.3122	1.0000	64	0.0492	0.0339	0.6667	1.6327	0.9948
最大值	PVPS算法	59	0.6154	0.0481	0.2112	1.5397	1.0000	62	0.3276	0.0061	0.1429	2.2480	1.0000	76	0.7931	0.0381	0.3750	2.2399	1.0000
最大值	VNS算法	55	0.3448	0.1947	0.7143	1.9940	1.0000	58	0.3500	0.0313	0.1750	3.4355	1.0000	69	0.2222	0.2628	0.667	1.6881	1.0000
平均值	PVPS算法	49.5	0.2809	0.00152	0.1206	1.3056	0.9871	56.9	0.1537	0.0020	0.0421	1.4857	0.9974	64.8	0.3087	0.0122	0.1580	1.4381	0.9962
平均值	VNS算法	47.0	0.1480	0.0442	0.2168	1.4673	0.9786	51.4	0.1006	0.0067	0.0874	1.6809	0.9857	63.0	0.0938	0.0600	0.2546	1.4457	0.9942
最小值	PVPS算法	42	0.0714	0.0004	0.0223	1.0306	0.9286	50	0.0417	0.0002	0.0029	1.1528	0.9822	57	0.0526	0.0008	0.0320	1.1510	0.9834
最小值	VNS算法	41	0.0196	0.0010	0.0295	1.1724	0.8851	44	0.0179	0.0006	0.0095	1.1094	0.9086	57	0.0172	0.0013	0.0123	1.2034	0.9774

由表 4.7 中数据可知，对于 HNWFS-dmsp 问题两种算法均能得到较好的求解结果，尽管两种算法的性能指标非常接近，但仍可以发现它们之间的细小差别。对比 ONVG 指标值可见，大多数情况下 PVPS 算法能够获得更多的非劣解；对比 CM 指标值可见，在算法非劣解集中的解的相互支配关系方面，大多数情况下 PVPS 算法所获得非劣解能够支配 VNS 算法所获得的非劣解；对比 D_{av} 与 D_{max} 指标值可见，PVPS 算法所获得的非劣解与理论最优 Pareto 前沿更为接近，与理论最优 Pareto 前沿的接近程度，无论在平均意义上还是在最大化最小距离意义上都优于 VNS 算法所获得的结果；对比 TS 指标值可见，PVPS 算法所获得的 TS 指标值更小，即 PVPS 算法所获得的非劣解的分布更均匀；对比 MS 指标值可见，在算法所获得的非劣解对理论上最优 Pareto 前沿的覆盖度指标方面，PVPS 算法所获得的解的覆盖范围要更广一些。

综上可知，在 HNWFS-dmsp：$FF_1 \mid \text{nwt}, \Delta M, \Delta J \mid f_1(\pi'), f_2(\pi'), f_3(\pi')$ 问题的求解方面，通过与 VNS 算法、PVSS 算法和 PSO 算法对比分析，可得本节设计的 PVPS 算法更为有效。

4.3.6　本节小结

生产调度系统是典型的复杂人机交互系统。生产系统中不确定性扰动的发生具有随机性和并发性的特点，扰动将造成系统方案不再最优或不可行。传统的重调度方法多采用滚动重排，并且认为面对扰动影响，人的决策都是完全理性的。这种处理方法一方面只考虑调度目标，不考虑调度方案偏离初始调度的情况，另一方面忽略了实际调度环境中人的有限理性和行为因素的影响，导致这类只考虑客观理性调度指标的调度模型具有应用局限性。本节研究的 HNWFS 问题与传统的机器调度和简单流水线调度问题相比，更加复杂，也更具有实际意义。针对具有多道工序、多台机器并行的 HNWFS 加工环境中的干扰管理调度问题，本书研究了如何从行为运作管理的角度来应对机器扰动和工件扰动并发工况下的流水线调度问题，提出了解决 HNWFS 调度问题的干扰管理方法。依据前景理论建立了客户不满意度函数；建立了以最小化加权完工时间和为初始调度目标、以最小化客户不满意度和、最小化机器指派偏离为扰动修复目标的干扰管理调度模型；设计了 PSO 与 VNS 并行搜索的 PVPS 算法。该算法弥补了 PSO 算法容易陷入局部最优和 VNS 算法全局搜索能力不强的缺点，通过执行标准 PSO 迭代，能够在解空间不同的大峡谷中快速寻优；通过执行包含 4 种邻域结构的 VNS 算法，能够使搜索过程更加细致分散。实验结果表明：在求解本节的 HNWFS 干扰管理调度问题时，PVPS 算法和 VNS 算法要明显优于

PVSS 算法和 PSO 算法；而具体分析非劣解分散性、多样性、对最优 Pareto 前沿的接近度和覆盖度等评价指标，PVPS 算法都优于 VNS 算法，从而证明了 PVPS 算法求解该问题的有效性。

第 5 章 考虑扰动的制造供应链配置优化方法

5.1 考虑成本与提前期的供应链配置优化

本章研究的是某电子装配制造企业(简称 A 企业)的供应链,A 企业主要经营传感器,其所生产的传感器有三个主要组件:液晶显示屏、线路板和外壳。其中液晶显示屏与外壳需要从外部供应商购买,线路板需要购买各种零配件后进行组装。当三个主要组件、电池和其他零部件供货齐全并完成质量检测后,A 企业开始将传感器组装成标准版。传感器被定制成灰色与蓝色两种外观——灰色外观传感器面向本土与国外市场,而蓝色外观传感器只面向本土市场。

5.1.1 供应链配置优化模型

1. 问题描述与定义

由于供应链中的企业大多数是跨地域的,这些主体相互关联、相互依赖,无形中增加了企业的经营风险。供应链中的任何一个环节出现断裂均可能造成整个供应链的停滞,供应链中企业均会受到影响。例如,2011 年 3 月 11 日的日本地震,造成全球汽车零部件供不应求,其中丰田汽车公司由于担忧零部件用罄,限制美国汽车经销商订购 233 种日本制造的零部件,使丰田公司全年损失 16 万辆汽车的产量,利润下降 30%。考虑到某些风险的不可逆转性、影响的范围和程度的巨大,在配置供应链时,应当加强其可靠性,而增加供应商则是一种有效的手段。例如,2011 年 3 月 11 日日本地震时期的另一家企业——日产公司,由于其多源供应策略和全球采购系统,其利润非但没有受损,反而增加 6.9%,销售量也增长了 15.8%。同样,在电子制造企业,2000 年,诺基亚与爱立信两家公司的唯一半导体晶体供应商发生火灾,诺基亚公司寻找代替供应商进行供货,而爱立信公司并未做出反应,导致爱立信公司 2000 年在手机市场的份额由 12% 下降到 9%,而诺基亚增加了 3%。基于此,本节在选取供应商时,改变传统的只选取一家供应商的方式,同时选取两家供应商为下游企业供货,某家供应商无法满足订单需求时,也不会导致下游企业完全无法生产,甚至可以由另一家供应商进行应急生产,完成大部分需求。

供应链由 N 个阶段组成,任意阶段 i 存在 O_i 个供应商可供选择,每一阶段 i 均选取两家供应商。阶段 i 的第 k 个供应商有已知的提前期 T_{ik} 与对应的成本 C_{ik}。通过产品提前期 T、入库保证时间 s^{in} 与出库保证时间 s^{out} 衡量供应链的反应灵敏度,通过安全库存成本(safety stock cost,SSC)、在制品库存成本(pipeline stock cost,PSC)与销售成本(cost of goods sold,COGS)衡量供应链的成本。

提前期是指一项工作的时间周期,即开始生产到生产结束的时间。本节的产品提前期 T 是指产品的等待、加工和放入库存之前的所有运输时间之和。假设阶段 i 需要阶段 m 为其供货,阶段 m 在 t 时刻完成供货,那么阶段 i 完成货物生产的时间为 $t+T_i$。T_i^T 为阶段 i 的累计提前期,由其上游阶段 m 的提前期与阶段 i 的提前期共同决定。供应链最后的阶段,即最终为市场供货的阶段累计提前期由 T_{id}^T 表示。出库保证时间 s_i^{out} 是指客户在 t 时刻向阶段 i 的供应商订货时,供应商保证在 $t+s_i^{out}$ 完成供货。并且本节认为,阶段 i 的供应商向其所有的客户供货的出库保证时间 s_i^{out} 均是相同的,同时不能超过客户规定的最大时间要求 S_i。

入库保证时间 s_i^{in} 是指阶段 i 的供应商获得上一阶段供应商供货后至其开始生产的时间。其中,如果阶段 i 的供应商数量大于等于 1,那么 s_i^{in} 等于上一阶段 m 所有供应商 s_m^{out} 的最大值,即 $s_i^{in}=\max\{s_m^{out}\}$。同时,为了使阶段 i 的补货时间,即 $s_i^{in}+T_i$ 有效,令它等于阶段 i 的出库保证时间,即 $s_i^{in}+T_i=s_i^{out}$。因此,入库保证时间 $s_i^{in}=\max\{s_i^{out}-T_i,\max\{s_m^{out}\}\}$,所以 $s_i^{in}+T_{ik}-s_i^{out}\geq 0$。

整个供应链中,本节假设每一阶段的需求均存在一个需求上限,即 $D_i(\tau)=\tau\mu+\theta\sigma\sqrt{\tau}$。$\tau$ 为净补给时间,需求特征则通过需求平均值 μ_i 与需求标准差 σ_i 表示。τ 的取值取决于按期盘点基本库存补货政策:阶段 i,从 0 时刻开始,在 t 时段内,完成补货的时间为 $t-s_i^{in}-T_i$,即在 t 时段末,库存中累计的补货量为 $d_i(0,t-s_i^{in}-T_i)$($d_i(a,b)$ 为阶段 i 在时间间隔 $(a,b]$ 这段时间的需求量);同时对下游供应商,库存满足了 $t-s_i^{out}$ 这段时间的需求,即在 t 时段末,库存中累计的发货量为 $d_i(0,t-s_i^{out})$。此时库存的差值为 $d_i(t-s_i^{in}-T_i,t-s_i^{out})$,因此假设 $\tau=s_i^{in}+T_i-s_i^{out}$。

安全库存是指为了防止一些不确定因素(供应商无法供货或者需求大量增加等原因)而预留的保险库存。SSC 则是这部分库存产生的库存成本,本节由净补给时间与需求特征决定。

在制品库存是指未生产完成的产品库存,即并不是最终可销售的产品产生的库存。PSC 则是在生产过程中的在制品产生的库存成本,由产品持有成本率 α、该阶段的平均成本 $C_i/2$、到该阶段为止的总成本 c_i^T 与该阶段预计的在制品数量 μ_i 决定。

COGS 是指销售这些产品的生产成本、销售人员的劳务成本和其他的一些销售成本(如租用场地等)的总和。由需求平均值 μ_i 与该阶段的成本 C_i 决定。

2. 模型构建

为了便于对问题建模的描述,本节构建了式(5.1)以表示供应链上各阶段产生的总成本。

$$f(C) = \sum_{i=1}^{N} \sum_{k=1}^{O_i} y_{ik} \{ \alpha c_i^T [D_i(s_i^{in} + T_{ik} - s_i^{out}) - (s_i^{in} + T_{ik} - s_i^{out})\mu_i] + \alpha \left(c_i^T - \frac{C_{ik}}{2} \right) T_{ik}\mu_i + C_{ik}\mu_i \} \tag{5.1}$$

已有的研究多认为供应链选择 JIT 的生产模式进行生产,可以降低供应链的总成本,然而从企业自身角度来看,企业更愿意将生产时间压缩到一个时段内,而非分布在不同的时间点。此时企业可以在剩余的时间进行其他产品的生产,创造更多的利润。因此,当供应链的提前期较短时,企业的时间具有弹性,可以安排其他生产提高收益,同时企业对市场也具有较快的响应速度。所以在对供应链的配置优化时,还要考虑提前期的作用。基于此,本节定义 $f(T)$ 表示整个供应链的完成时间。

$$f(T) = \max\{T_{id}^T\} \tag{5.2}$$

供应链的总优化目标如下:

$$P = \min\left\{ \omega \left[\frac{f(CC) - a'}{b' - a'}\right] + (1 - \omega)\left[\frac{f(TT) - e'}{f' - e'}\right] \right\} \tag{5.3}$$

$$f(CC) = \sum_{\lambda=1}^{2} \beta_\lambda f(C_\lambda) \tag{5.4}$$

$$f(TT) = \sum_{\lambda=1}^{2} \beta_\lambda f(T_\lambda) \tag{5.5}$$

限制条件:

$$\sum_{k=1}^{O_i} y_{ik} = 1, \quad i = 1, 2, \cdots, N, 1 \leq k \leq O_i \tag{5.6}$$

$$y_{ik} \in \{0, 1\}, i = 1, 2, \cdots, N \tag{5.7}$$

$$c_i^T - \sum_{m:(m,i)\in A} c_m - C_{ik} = 0, \quad i = 1, 2, \cdots, N \tag{5.8}$$

$$D_i(\tau) = \tau\mu + \theta\sigma\sqrt{\tau} \tag{5.9}$$

$$s_i^{in} \geq s_m^{out}, \quad i = 1, 2, \cdots, N, \quad m:(m,i) \in A \tag{5.10}$$

$$s_i^{in} + T_{ik} - s_i^{out} \geq 0, \quad i = 1, 2, \cdots, N \tag{5.11}$$

$$s_i^{out} \geq S_i, \quad i = 1, 2, \cdots, N \tag{5.12}$$

$$s_i^{in}, s_i^{out} \geq 0, 且为整数, i=1,2,\cdots,N \qquad (5.13)$$

$$\sum \beta_\lambda = 1, \lambda = 1,2 \qquad (5.14)$$

$$T_i^T = \max\{T_m\} + T_i, i=1,2,\cdots,N, m:(m,i)\in A \qquad (5.15)$$

在模型中，式(5.3)为选取两家供应商时，供应链配置的优化目标，a'、b'为$f(CC)$的最小值、最大值，e'、f'为$f(TT)$的最小值、最大值；式(5.4)为供应链的总成本的计算式；本节简化了两家供应商共同供货的时间模型，假设两家供应商并非同时生产，存在先后生产顺序，因此式(5.5)为选择供应链的总时间计算式；式(5.6)、式(5.7)为y_{ik}为0-1变量，用以表示该阶段所选取的供应商；式(5.8)为每一阶段的累计成本的计算式；式(5.9)为每一阶段的需求上限的计算式；式(5.10)为该阶段的入库保证时间的下限取决于上一阶段的出库保证时间；式(5.11)为入库保证时间、出库保证时间和提前期三者的数量关系；式(5.12)为每一阶段的出库保证时间不能超过客户要求的最大时间；式(5.13)为入库、出库保证时间的取值要求；式(5.14)为两家供应商对需求的分配比例，令$\beta_1=80\%$，$\beta_2=20\%$；式(5.15)为每一阶段的累计提前期的计算式。

5.1.2 基于改进PSO算法的供应链配置优化

PSO算法是源于群体智能与人类学习过程的一种新兴的演化计算技术。鸟类在搜索食物过程中，个体间会进行信息的交流、共享，每个成员都可以得益于其他成员的发现，这种协作优势是非常明显的。因此在1995年，美国心理学家Kennedy和电气工程师Eberhart受到该行为的启发，提出了PSO算法。PSO算法模仿鸟类觅食的行为，将问题搜索空间想象成鸟类的飞行空间，每一个粒子代表一个候选解，具有特定的位置与速度。PSO算法初始时，随机初始化一个微粒的位置与速度，随后根据评价指标进行评价与更新。

对于本节的供应链配置优化问题，原有的动态规划算法已无法解决该多目标问题，而相对于传统的多目标优化方法，PSO算法具有很大的优势。PSO算法能够高效地搜索，有利于找到多目标下的最优解，同时，PSO算法可以同时搜索到多个非劣解，找到多个Pareto最优解。此外PSO算法具有通用性，适合用于处理多目标与多约束的问题。然而PSO算法也存在一些问题，如局部搜索能力较差，搜索精度不高，不能保证搜索到全局最优，同时对参数有一定的依赖性。因此本节对传统PSO算法进行改进，引入局部邻域搜索思想，建立新的混合算法进行求解。本节的供应链针对的是一种新产品的开发，并非是对已有的供应链进行改进，因此串行的混合PSO算法更适用于本节的模型求解。混合PSO算法可分为两个步骤：首先利用PSO算法快速搜索，获得一个较优的群体，其次利用局部邻域搜索方式对较好的个体进行优化。

1. 算法全局寻优策略

(1) ROV 规则编码

构造从微粒位置矢量到供应链中供应商特征排序的映射编码,是应用 PSO 算法求解供应链配置优化问题的首要步骤。微粒的连续位置 $X_i = [x_{i,1}, x_{i,2}, \cdots, x_{i,n}]$ 无法表示供应商的优劣排序,但各个位置分量值存在相应的大小次序关系,因此本节采用随机键编码方式,利用微粒位置矢量值的升序排列规则(ranked order value,ROV),对微粒的各个矢量维度进行位置排序,将 $X_i = [x_{i,1}, x_{i,2}, \cdots, x_{i,n}]$ 转换为离散的供应商选择排序 $r = (z_1, z_2, \cdots, z_n)$,从而计算微粒所对应的供应商选择排序方案的目标值。

ROV 规则具体实施步骤如下:对于一个微粒的位置矢量 X_i,首先将取值最小的分量位置赋予 ROV 值 1,其次将第二小的分量位置赋予 ROV 值 2,以此类推,直到所有的分量位置均被赋予一个唯一的 ROV 值,从而基于这些 ROV 值构造出一个供应商的排序。如果微粒的位置矢量中的位置分量值相同,可以随着位置的增加,将这些位置上的值累计加一个足够小的正数,将这些微粒的位置分量值区分开,并且几乎不会影响微粒的位置值信息。

表 5.1 中用一个简单的例子说明 ROV 规则的工作原理与过程。假设微粒的位置为 8 维矢量,通过优化后各供应商对应的位置矢量为 $X_i = [5, 7, 6, 8, 1, 3, 4, 2]$。首先赋予值最小的 $x_{i,5}$ 的分量位置 ROV 值为 1,接着对 $x_{i,8}$ 对应的分量位置赋予 ROV 值 2,随后分别对 $x_{i,6}$、$x_{i,7}$、$x_{i,1}$、$x_{i,3}$、$x_{i,2}$ 和 $x_{i,4}$ 对应的分量位置赋予 ROV 值 3、4、5、6、7、8。从而获得供应商的选择次序,即 $r = (5, 7, 6, 8, 1, 3, 4, 2)$。

表 5.1 微粒的位置及其对应的 ROV 值

分量位置	1	2	3	4	5	6	7	8
位置分量值	25	30	27	32	13	18	24	17
ROV 值	5	7	6	8	1	3	4	2

(2) 微粒位置初始化

记 n' 维搜索空间中第 k 个微粒的位置向量与速度向量分别为 $X_i = [x_{i,1}, x_{i,2}, \cdots, x_{i,n'}]$ 和 $V_i = [v_{i,1}, v_{i,2}, \cdots, v_{i,n'}]$。在 t 时刻,搜索的每个微粒所经过的最佳位置记为 $P_{i,\text{best}}^{n'} = [p_{i,1}, p_{i,2}, \cdots, p_{i,n'}]$,则 $t+1$ 时刻各微粒的位置与速度迭代更新公式为

$$x_{i,j}(t+1) = x_{i,j}(t) + v_{i,j}(t+1), j \in \{1, 2, \cdots, n'\} \quad (5.16)$$

$$v_{i,j}(t+1) = \omega v_{i,j}(t) + c_1 r_1 [p_{i,j} - x_{i,j}(t)] + c_2 r_2 [p_{g,j} - x_{i,j}(t)] \quad (5.17)$$

(3) 多目标处理策略

算法的优化过程分为搜索解与评价解两个环节。在解的搜索方面,单目标问题与双目标问题是一样的。而在解的评价方面,多目标算法将会复杂一些,采用随机加权线性累加函数,将多个目标整合成一个综合目标进行评价。在每一代的进化过程中,各微粒的随机加权是不同的,然而用于评价每个微粒新旧位置的随机加权是一样的。在更新微粒的最佳位置 pbest 时,首先比较新的解与 pbest 的支配关系。如果存在支配关系,那么二者中非支配解作为新的 pbest;如果不存在支配关系,则采用随机加权进行评价,将较好的解作为新的 pbest,同时当所有微粒的 pbest 更新后,将会获得新的 gbest。以此方式进行下一次迭代,获得相应的 pbest 与 gbest,直到迭代结束。

2. 算法局部搜索机制

针对求解供应链配置优化问题的混合 PSO 算法,本节设计了两种局部邻域搜索结构,分别是基于 swap 邻域结构和基于此衍生形成的 three_swap 邻域结构,并对二者进行了比较。

1) $swap(r, o_1, o_2)$ 邻域结构:将排列 r 中最优的两家供应商的所在位置对调。通过 PSO 算法对某一阶段的供应商进行计算后获得供应商选择优先顺序的排序,此阶段 ROV 值为 1 的供应商获得 80% 的需求,ROV 值为 2 的供应商获得 20% 的需求。下一步进行局部邻域搜索,选择第一种局部邻域搜索方式,将选出的供应商 ROV 值对调,此时,两家供应商获得的订货需求也将对调。如表 5.1 的例子所示,最初供应商 5 获得了 80% 的订单,供应商 8 获得了 20% 的订单,在本次局部邻域搜索方式计算后,供应商 5 获得了 20% 的订单,供应商 8 获得了 80% 的订单。随后更新微粒的最佳位置 pbest,选取最优结果更新种群的最佳位置 gbest。

2) $three\_swap(r, o_1, o_2, o_n)$ 邻域结构:将排列 r 中最优的供应商和最差的供应商的位置相互对调。与 $swap(r, o_1, o_2)$ 邻域结构初始时相同,通过 PSO 算法获得供应商选择优先顺序的排序,ROV 值为 1 的供应商获得 80% 的需求,ROV 值为 2 的供应商获得 20% 的需求,ROV 值为 n 的供应商在 n 家供应商中最差,不能获得订单。下一步进行局部邻域搜索,选择第二种局部邻域搜索方式,ROV 值为 2 的供应商将会获得 80% 的需求,ROV 值为 n 的供应商将会获得 20% 的需求,ROV 值为 1 的供应商不再获得需求。如表 5.1 的例子所示,在第二种局部邻域搜索方式计算后,供应商 8 将会获得 80% 的订单,供应商 4 将会获得 20% 的订单,而供应商 5 将不再获得订单。随后更新微粒的最佳位置 pbest,选取最优结果更新种群的最佳位置 gbest。

3. 算法的框架流程

本节的算法,是基于局部邻域搜索思想的混合 PSO 算法,其流程图如图 5.1 所示。

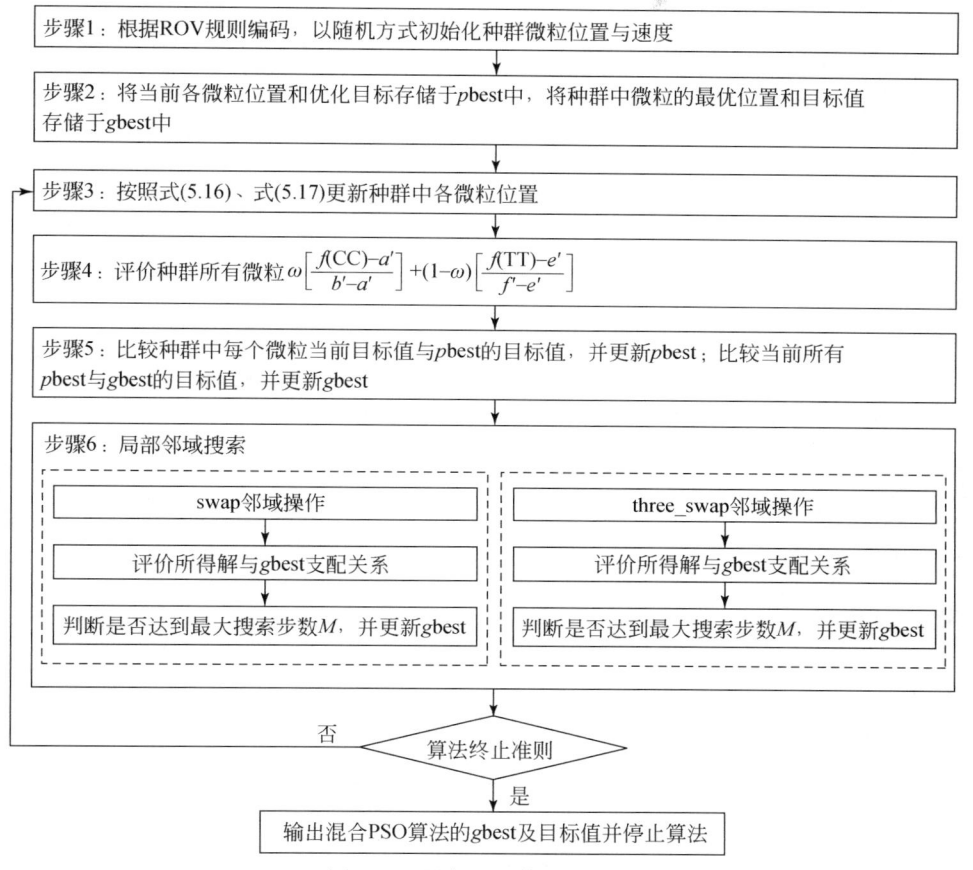

```
步骤1：根据ROV规则编码,以随机方式初始化种群微粒位置与速度

步骤2：将当前各微粒位置和优化目标存储于pbest中,将种群微粒的最优位置和目标值存储于gbest中

步骤3：按照式(5.16)、式(5.17)更新种群中各微粒位置

步骤4：评价种群所有微粒 ω[(f(CC)−a')/(b'−a')] + (1−ω)[(f(TT)−e')/(f'−e')]

步骤5：比较种群中每个微粒当前目标值与pbest的目标值,并更新pbest;比较当前所有pbest与gbest的目标值,并更新gbest

步骤6：局部邻域搜索
    swap邻域操作          three_swap邻域操作
    评价所得解与gbest支配关系    评价所得解与gbest支配关系
    判断是否达到最大搜索步数M,并更新gbest   判断是否达到最大搜索步数M,并更新gbest

算法终止准则
否 → 返回步骤3
是 → 输出混合PSO算法的gbest及目标值并停止算法
```

图 5.1 混合 PSO 算法流程图

5.1.3 问题求解

1. 应用案例

本小节研究的是 A 企业的传感器生产供应链,如图 5.2 所示。该供应链由 17 个阶段组成,供应链网状图以数字简化的形式呈现,如图 5.3 所示。

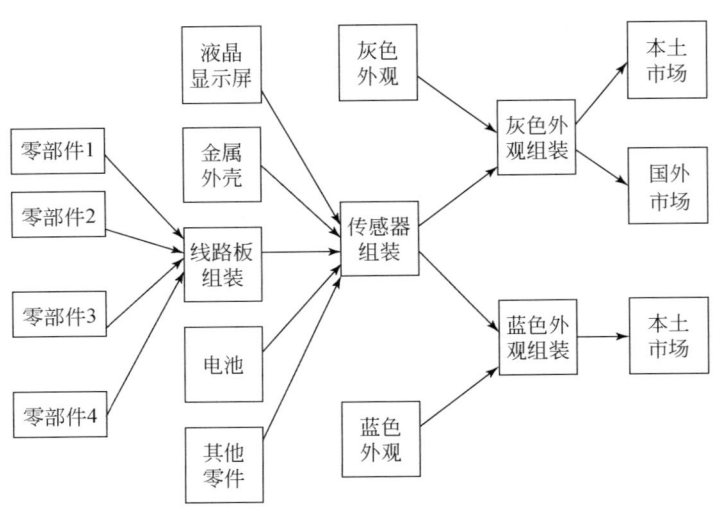

图 5.2　传感器生产供应链

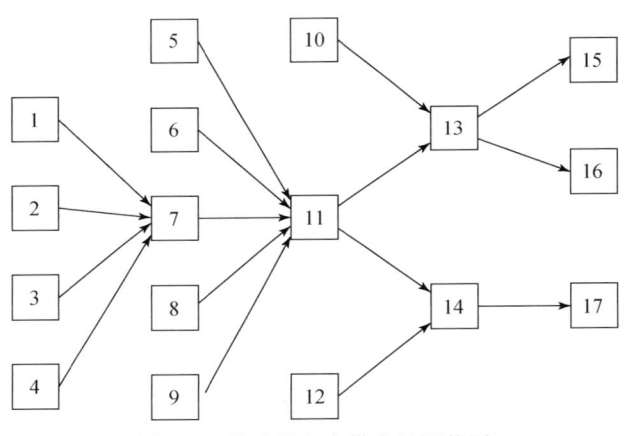

图 5.3　传感器生产供应链网状图

  由图 5.3 可知，$N=17$。供应链中每个阶段均存在 8 家供应商可供选择，即 $i=8$。每家供应商存在已知的提前期 T 与对应的成本 C。根据供应商自身的特点和供应链的整体目标需求，最终选定一家或两家供应商作为供应链中该阶段的供应商。此外，θ 值给定为 1.645，$\alpha=45\%$。不同市场的需求参数见表 5.2。

第 5 章 | 考虑扰动的制造供应链配置优化方法

表 5.2 不同市场的需求参数

需求阶段	需求平均值(μ)	需求标准差(σ)
本土市场(灰色外观)	200	120
国外市场(灰色外观)	75	50
本土市场(蓝色外观)	125	80

A 企业作为供应链上的核心企业，它的存在为上游企业提供了需求，为下游分销商提供了供给。A 企业在选择供应链上的供应商时，决定了供应链的质量、成本和反映市场的速度。所以如何优化供应链的配置成了亟待解决的问题。

2. 算例实验

本节选取八个较为重要的算法评价指标对两种混合 PSO 算法进行综合评价，进一步比较这两种混合 PSO 算法的性能。这八个指标分别是 ONVG 指标、CM 指标、D_{av} 和 D_{max} 指标、MS 指标、TS 指标、AQ 指标以及反映优化效率的运行时间（running time, RT）指标。针对上述提到的两种局部邻域搜索结构，本文分别进行了 30 次独立实验，两种算法的性能指标见表 5.3。

根据表 5.3 的实验数据对两种混合 PSO 算法性能进行分析评价。混合 PSO1 与混合 PSO2 算法分别对应 swap 邻域结构与 three_swap 邻域结构的混合 PSO 算法。由表 5.3 可知，对于供应链配置优化问题，这两种混合 PSO 算法均能获得较好的求解结果。从数据中也可以发现这两种混合 PSO 算法的性能指标非常相似，不过在细微之处仍然存在一定的差别。

1) ONVG 指标，是指在算法求解过程中所获得的非劣解的个数。非劣解是指在求解多目标问题时，由于目标函数相互冲突，不能使所有的目标函数均达到最优解，对于某些解，无法比较它们之间的优劣关系，同时又没有比其更好的方案，这些解就被称作多目标问题的非劣解或有效解，又称作非支配解或帕累托解。对比 ONVG 指标值，可以发现 30 次实验中，12 次实验中 swap 邻域结构的非劣解个数超过 three_swap 邻域结构，在非劣解个数的最大值与平均值上，swap 邻域结构获得的非劣解优于 three_swap 邻域结构。由此可以看到，两种计算方式所获得的非劣解情况较相似，相对而言，总体上 swap 邻域结构能够获得较多的非劣解。

2) CM 指标，是指用来反映两个不同算法获得的非劣解集中解的支配关系，并将支配关系映射在 0~1 的数值上。例如，PSO1 的 CM 指标值等于 PSO1 支配 PSO2 解的个数，除以 PSO2 的非劣解的个数。CM 指标值越大说明该算法的解支配另一个算法的解的情况就越多。如果 PSO1 的 CM 指标值等于 1 时，说明 PSO2 所有的解均被 PSO1 支配，相反，如果 CM 指标值等于 0，则说明 PSO1 的所有解均

表 5.3 30 次实验中算法性能指标

实验	ONVG PS01	ONVG PS02	GM PS01	GM PS02	D_{av} PS01	D_{av} PS02	D_{max} PS01	D_{max} PS02	MS PS01	MS PS02	TS PS01	TS PS02	AQ PS01	AQ PS02	RT PS01	RT PS02
实验1	31	31	0.806 5	0.096 8	0.002 03	0.015 70	0.038 0	0.053 8	0.999 9	1	0.954 5	0.627 8	132 875	132 838	34	34
实验2	22	29	0.517 2	0.363 6	0.005 26	0.011 32	0.023 2	0.062 1	1	0.967 4	1.123 1	0.785 1	135 999	136 080	28	28
实验3	25	28	0.357 1	0.480 0	0.010 81	0.007 35	0.044 4	0.042 2	0.817 1	0.987 9	0.777 9	0.935 8	131 208	135 230	31	31
实验4	30	27	0.333 3	0.500 0	0.007 87	0.008 91	0.061 9	0.062 8	0.841 4	1	1.609 9	1.265 4	139 501	134 960	33	33
实验5	30	29	0.069	0.666 7	0.008 76	0.000 02	0.051 5	0.000 4	0.884 5	1	1.212 7	0.741 9	131 270	131 218	35	35
实验6	21	28	0.857 1	0.047 6	0.000 66	0.023 62	0.013 8	0.161 6	0.913 2	1	0.968 8	1.194 5	137 248	136 528	24	24
实验7	30	28	0.964 3	0	0	0.022 99	0	0.161 3	1	0.996 4	1.223 0	1.087 7	133 192	134 153	31	31
实验8	34	24	0.875 0	0.088 2	0.002 00	0.025 43	0.027 1	0.053 8	1	0.882 7	1.192 7	1.742 0	131 220	136 337	34	34
实验9	33	24	0.666 7	0.242 4	0.004 31	0.008 21	0.090 9	0.026 7	0.964 5	1	0.870 7	0.743 4	136 092	135 572	33	33
实验10	21	28	0.642 9	0.238 1	0.002 97	0.024 81	0.017 7	0.102 3	0.876 7	0.968 5	0.976 6	1.226 2	140 472	138 820	26	26
实验11	40	24	0.666 7	0.200 0	0.002 96	0.016 63	0.031 3	0.052 1	1	0.861 0	0.940 8	0.902 4	131 230	137 001	40	40
实验12	36	26	1	0	0	0.031 59	0	0.185 0	1	0.955 6	0.787 6	1.330 8	131 075	135 829	36	36
实验13	28	28	0.857 1	0.107 1	0.001 34	0.013 26	0.030 2	0.043 0	1	0.964 6	1.072 4	0.875 1	131 125	133 715	29	29
实验14	25	30	0.833 3	0.080 0	0.000 86	0.022 98	0.010 8	0.064 5	0.987 3	0.945 1	1.040 1	1.237 9	133 507	139 741	28	28
实验15	27	26	0.576 9	0.407 4	0.033 93	0.012 87	0.220 9	0.113 6	1	0.992 1	1.035 4	0.912 7	134 131	136 222	27	27
实验16	30	32	0.843 8	0.066 7	0.000 58	0.027 23	0.014 5	0.251 1	1	0.943 6	1.251 2	2.064 7	131 123	136 353	33	33
实验17	31	29	0.931 0	0.064 5	0.000 02	0.018 26	0.000 6	0.069 3	0.812 0	0.993 2	1.414 4	1.385 6	131 134	133 004	31	31
实验18	23	30	0.400 0	0.565 0	0.010 05	0.006 81	0.043 0	0.033 3	1	1	1.696 6	1.128 8	136 128	132 161	28	28
实验19	25	30	0.400 0	0.360 0	0.004 48	0.003 15	0.034 5	0.021 7	0.749 4	0.870 9	0.832 5	0.948 5	132 939	135 024	34	34
实验20	33	28	0.892 9	0	0	0.017 44	0	0.056 6	1	0.909 4	1.294 5	1.283 3	131 232	134 134	36	36

续表

实验	ONVG PSO1	ONVG PSO2	CM PSO1	CM PSO2	D_{av} PSO1	D_{av} PSO2	D_{max} PSO1	D_{max} PSO2	MS PSO1	MS PSO2	TS PSO1	TS PSO2	AQ PSO1	AQ PSO2	RT PSO1	RT PSO2
实验21	33	34	0.735 3	0.212 1	0.003 97	0.013 02	0.033 7	0.044 9	1	0.924 6	1.588 1	1.723 0	133 497	135 095	35	35
实验22	34	32	0.218 8	0.705 9	0.011 84	0.002 11	0.043 0	0.021 6	0.989 0	1	1.069 0	1.952 2	134 465	131 307	35	35
实验23	24	28	0.750 0	0.125 0	0.002 50	0.020 69	0.034 1	0.100 8	1	0.965 3	1.040 6	1.191 4	134 080	134 412	28	28
实验24	32	34	0.235 3	0.750 0	0.011 59	0.003 27	0.073 7	0.022 0	0.883 3	0.997 0	0.857 6	1.963 7	131 786	132 833	34	34
实验25	34	34	0.647 1	0.294 1	0.002 07	0.009 54	0.028 1	0.049 6	1	0.970 8	0.978 4	1.104 1	131 267	132 018	36	36
实验26	36	26	0.769 2	0.166 7	0.003 92	0.018 69	0.043 0	0.139 6	1	0.907 3	0.960 9	0.803 6	131 267	135 349	35	35
实验27	26	28	0.642 9	0.269 2	0.005 60	0.010 84	0.039 8	0.074 8	1	0.930 7	1.356 5	0.837 7	132 288	134 156	29	29
实验28	30	30	0.500 0	0.366 7	0.006 18	0.005 58	0.084 9	0.030 6	0.968 2	1	1.576 3	0.891 2	132 116	132 060	33	33
实验29	28	30	0.500 0	0.250 0	0.003 43	0.003 32	0.040 8	0.040 8	0.920 2	0.998 6	1.036 0	1.105 2	131 075	131 547	35	35
实验30	28	28	0.750 0	0.035 7	0.000 21	0.014 06	0.005 9	0.069 6	0.913 9	0.964 5	0.699 0	1.676 9	138 262	134 964	34	34
最大值	40	34	1	0.750 0	0.033 93	0.031 59	0.220 9	0.251 1	1	1	1.696 6	2.064 7	140 472	139 741	40	40
平均值	29.3	28.8	0.641 3	0.258 3	0.005 01	0.013 99	0.039 4	0.073 7	0.950 7	0.963 1	1.114 6	1.189 0	133 427	134 622	32.2	32.2
最小值	21	24	0.069 0	0	0	0.000 02	0	0.000 4	0.749 4	0.861 0	0.699 0	0.627 8	131 075	131 218	24	24

不能支配 PSO2。对比 CM 指标值,在非劣解支配方面,大多数情况下 swap 邻域结构获得的非劣解均能够支配 three_swap 邻域结构获得的非劣解,也就是说 swap 邻域结构获得的非劣解具有支配地位。

3) D_{av} 和 D_{max} 指标,这两个指标用来度量非劣解集中的解与理论上最优 Pareto 边界 R 之间的距离。在非劣解集中,边界 R 中总存在一个与非劣解距离最近的解,D_{av} 用来衡量这些距离的平均值,D_{max} 则用来衡量这些距离的最大值,而这两个值越小意味着非劣解集对理论上最优 Pareto 边界就越逼近,因此越小越好。图 5.4 是一组实验中两种不同算法对应的非劣解,星号代表 swap 邻域结构所得 Pareto 边界,三角形代表 three_swap 邻域结构所得 Pareto 边界。对比表 5.3 中的 D_{av} 和 D_{max} 指标值可以发现,swap 邻域结构获得的非劣解相比 three_swap 邻域结构获得的非劣解要更接近理论最优 Pareto 边界。在 30 次实验中,绝大多数情况下 swap 邻域结构获得的距离较小,无论是在距离的平均值还是最大值上,swap 邻域结构均优于 three_swap 邻域结构。从图 5.4 可以看到 swap 邻域结构所得非劣解更靠近原点,并且比 three_swap 邻域结构的非劣解分布集中。

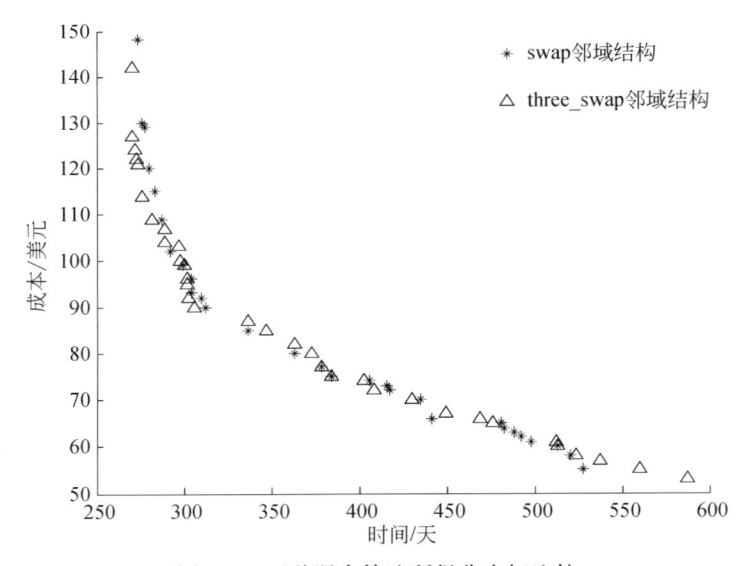

图 5.4 两种混合算法所得非劣解比较

4) MS 指标,用来衡量非劣解集的解对理论 Pareto 边界的覆盖情况。MS 值越大,说明非劣解对理论最优 Pareto 边界的覆盖就越多,解就越接近最优值。对比表 5.3 中的 MS 指标值可以发现,在 30 次实验中,15 次实验中 swap 邻域结构获得的解的覆盖范围要比 three_swap 邻域结构获得的解的覆盖范围要广,其他 15 次实验中 three_swap 邻域结构所得解的覆盖范围要比 swap 邻域结构获得的解的覆盖范围要广,比较30次实验的平均值、最大值和最小值可以发现,three_swap 邻域结构获得的解的覆盖范围要更广一些。因此,swap 邻域结构与 three_swap 邻域结构获得的解的覆盖范围非常接近,three_swap 邻域结构具有细微的优势。

5) TS 指标,用来衡量非劣解集中解的分布的均匀性。TS 指标值越小,说明非劣解集中的解在整体的分布上越均匀。对比表 5.3 中的 TS 指标值可以发现,30 次实验中,15 次实验结果是 swap 邻域结构获得的解的 TS 指标值小于 three_swap 邻域结构获得的解的 TS 指标值,从最大值和平均值角度来看,30 次实验中,swap 邻域结构获得的解的 TS 指标值略小于 three_swap 邻域结构获得的解的 TS 指标值,总体上在解的分布的均匀性上 swap 邻域结构略好。

6) AQ 指标,是指对非劣解集进行采样求值时,表示反映非劣解的近似性与分散性的综合指标。传统的平均质量指标,当非劣解集有较好的分散性时会掩盖较差的近似性,AQ 指标的使用能够避免该问题的发生。AQ 指标值越小,说明非劣解的综合性就越好。对比表 5.3 中的 AQ 指标值可以发现,在实验过程中,大多数情况 swap 邻域结构获得的解的近似性与分散性要优于 three_swap 邻域结构获得的解的近似性与分散性,也就是说 swap 邻域结构获得的解的综合性能较好。

7) RT 指标,是指算法的运行时间,用以反映算法的优化效率。对比表 5.3 中的 RT 指标值可以发现,swap 邻域结构与 three_swap 邻域结构运行的时间是完全相同的,因此二者具有同样的优化效率。

表 5.4 表示 8 个性能指标在 30 次实验中比较数据。

表 5.4 算法性能指标对比数据

指标	ONVG		CM		D_{av}		D_{max}		MS		TS		AQ		RT	
	PSO1	PSO2	PSO1	PSO2	PSO1	PSO2	PSO1	PSO2	PSO1	PSO2	PSO1	PSO2	PSO1	PSO2	PSO1	PSO2
30次实验中性能较优个数	12	13	24	6	21	9	20	8	15	15	15	15	20	10	—	—
最大值	√		√			√	√		—	—				√		
平均值	√		√		√		√			√	√		√			
最小值		√	√		√		√			√		√	√			

注:—表示二者数据相同,√表示同一指标两组数值相比较优的一组。

综上可见,虽然 swap 邻域结构与 three_swap 邻域结构的运算性能指标非常相似,然而整体上,swap 邻域结构要优于 three_swap 邻域结构,也就是说对供应链配置优化问题求解时,基于 swap 邻域结构的混合 PSO 算法比基于 three_swap 邻域结构的混合 PSO 算法更为有效。因此,本节利用 swap 邻域结构的混合 PSO 算法对供应链配置优化模型进行求解。在 30 次实验中随机挑选一次实验,获得一组非劣解,并对非劣解进行归一化,选择离原点最近的点为最优解,其对应的供应商则是供应链所需选取的供应商。最终选取结果见表 5.5 和表 5.6。

表 5.5 选择一家供应商的供应链的优化配置

阶段	供应商选项	提前期/天	成本/美元
1	1	60	120
2	1	60	180
3	1	60	130
4	7	25	182
5	8	30	395
6	8	30	300
7	5	30	140
8	1	67	35
9	1	60	150
10	3	40	6.4
11	8	1	200
12	2	50	5.4
13	8	1	75
14	8	1	75
15	8	2	62
16	8	6	70
17	8	2	62

表 5.6 选择两家供应商的供应链的优化配置

阶段	供应商1（80%）			供应商2（20%）		
	供应商选项	提前期/天	成本/美元	供应商选项	提前期/天	成本/美元
1	1	60	120	3	50	150
2	1	60	180	4	42	232
3	2	55	145	7	25	200
4	1	60	100	4	42	153
5	8	30	395	7	38	380
6	8	30	300	1	70	210
7	8	22	170	7	25	160
8	2	65	45	8	30	100
9	1	60	150	2	58	160
10	3	40	6.4	4	37	7.8
11	8	1	200	4	6	152
12	1	60	4	7	27	12
13	8	1	75	6	3	61
14	8	1	75	6	3	61
15	8	2	62	7	4	55
16	8	6	70	7	8	60
17	8	2	62	2	10	15

5.1.4 本节小结

本节研究了传感器生产供应链。在此基础上,考虑供应链上的企业从自身盈利角度出发,希望将生产加工时间尽量安排在一个集中的时段内,当其具有较短的提前期时,企业可以在剩余的时间安排其他产品生产,创造更多利润,同时从供应链角度,供应链整体对市场的响应速度较快,具有优势。基于此,本节在对供应链的配置优化时,不仅考虑成本的影响,也考虑提前期的作用。此外,为了增加供应链的可靠性,防止供应链中断的情况发生,本节在选取供应商时,供应链每一阶段均选取两家供应商进行供货。最终,建立关于"成本–提前期"的供应链配置优化模型。

在对该多目标问题求解时,考虑到以往的动态规划算法无法求解多目标优化问题,本节引入基于局部邻域搜索思想的混合 PSO 算法进行求解。PSO 算法在求解全局问题时具有优势,在局部搜索方面有所不足,因此引入局部邻域搜索,设计两种混合 PSO 算法求解,在比较 30 次实验得到的评价指标后,认为基于 swap 邻域结构的混合 PSO 算法比基于 three_swap 邻域结构的混合 PSO 算法更有效。随后通过基于 swap 邻域结构的混合 PSO 算法获得两种供应链的配置优化方案。

5.2 电子装配品供应链的可靠性分析

5.2.1 出现中断的供应链模型

1. 问题描述

供应链中企业间具有依赖性和关联性,一旦某一个环节出现断裂,很容易造成整个供应链的瘫痪。而造成供应链瘫痪的原因多种多样,可能是供应商的内部风险,如设备出现故障造成无法生产,操作人员失误造成产品质量无法达标,或者有意违约等;也有可能来自外部非主观的一些不可抗力的原因,如地震、海啸等自然灾害,当地政治原因产生的罢工、暴乱等。无论什么原因,一旦供应链停滞,上游企业生产的产品无法销售,下游企业的需求无法获得供给,整条供应链的利润就会大幅度下降。同时无法满足市场需求,还可能造成客户的流失。这时供应链停滞不仅对短期利润产生影响,还会降低供应链的市场占有率和客户的满意度。所以,在对供应链配置优化时,同时选取多家供应商进行供货是一种有效的解决办法。

然而,从供应链整体成本等因素的角度考虑,很多供应链不愿意选取两家供应商进行供货。当每一个阶段只存在一家供应商时,供应链的单笔订货数量较大,具有议价能力,同时供货商的生产具有规模经济效应,所以供应商也愿意在价格上做出让步,从而使整条供应链的成本较低。然而,一旦两家供应商分担了市场需求,这时供应链的议价能力较低,供应链成本提高。此外,当一个阶段只选取一家供应商时,长期的合作关系使供应商之间具有合作默契,当增加供应商时,下游企业在供应商管理上会付出多余的成本。因此,企业在比较了成本与收益后,大多会认为供应商中断供货的可能性较小,没有必要付出这样的成本。这就造成供应链中的企业不愿意选取两家供应商进行供货。

本节研究选取一家供应商与两家供应商的供应链(简称供应链1和供应链2)在出现扰动后利润的变化,并对中断后的利润变化进行比较,证明选取两家供应商的供应链更具有可靠性。

2. 参数与变量定义

本节仍然针对 A 企业的供应链进行研究,此时供应链的每一个阶段均已经选取了适合的供应商,即任意阶段 i 已选定供应商。当一家供应商出现问题不能完成供货时,供应链就会受到扰动,此时供应链的成本与收益便会受到相应的影响。

通过 5.1 节的模型与算法,可以获得供应链上每一个阶段的成本 C、提前期 T、入库保证时间 s^{in}、出库保证时间 s^{out} 和供应链的总成本 TC、总时间 TT。同时外部市场需求的平均值 μ 与标准差 σ 保持不变。在 $s^{in}+T-s^{out}$ 期间,实际市场需求 d 与设定的需求上限存在差距时,便会产生安全库存成本 SSC。在给定售价(sale price) sp 与实际市场需求 d,可以得到供应链的收益 revenue(t) 与利润 profit(t)。

此外,本节使用 C_i 与 c_i^T 表示一般情况下的阶段 i 的成本与该阶段的累积成本。供应链存在一个惩罚成本(penalty cost) PC,当供应链出现问题时,需要与其他供应商进行沟通协商,并需要供应商重新制订生产计划。此时沟通的成本与重新制订生产计划的成本被认为是惩罚成本,存在一个惩罚系数 ρ_i,$\rho_i=0.1$,则说明阶段 i 的供应商成本 C_i 增加了 10%,变成 C_i^*,该阶段为止的总成本 c_i^T 变为 c_i^{T*}。

同时,假设 t' 为实验时间,实验时间 t' 与时间 t 存在映射关系:$t'\Omega t$。例如,$t=90$ 时,是实验的第一天,此时 $t'=1$,二者的映射关系可以表示为 $t'=t-89$。

(1) 供应链1

在此供应链中,当一家供应商不能为下游企业供货时,供应链会发生中断,因为下游企业无法进行生产，产品生产链断裂。在 $t'=[t_1,t_2]$ ($t_1<t_2$) 时段，阶段 k 的供应商由于某种原因无法生产、运输，此时供应链中断，而由于产品生产存在提前期 T_k，在 $t'=[t_2,t_2+T_k]$ 时段，阶段 k 处于生产阶段，仍无法向下游企业供货。

在 $t'=t_1$ 时刻，供应链中的所有供应商均改变供货策略。阶段 k、阶段 k 的所有上游阶段——阶段 m 和阶段 k 在生产物流上并不相关的阶段 r——不为阶段 k 供货也不需要阶段 k 供货的阶段，均不再进行生产，此时这些阶段只产生库存成本，即 $t'=t_1-1$ 时刻留存的安全库存成本，即 $SSC_{k/m/r}(t_1-1)$。阶段 k 的所有下游阶段 u 也不再生产，只销售 $t'=t_1-1$ 留有的库存，然而为了保证供应链的持续供货，这部分留有的库存将平均分配在 $t'=[t_1,t_2+T_k]$ 时段，产生销售成本 $COGS_u(t_1)$，最终得到销售收益 $revenue(t_1)$ 与利润 $profit(t_1)$。在 $t'=[t_1+1,t_2+T_k]$ 时段，供应链的成本与收入的计算方式与 $t'=t_1$ 时刻相同。在 $t'=t_2+T_k$ 时刻之后，供应链的成本与利润将恢复到扰动发生之前的状态。每阶段存在一个相同的惩罚系数 ρ_i。

(2) 供应链 2

在此供应链中，当一家供应商不能为下游企业供货时，另一家供应商会调整生产，尽量满足市场的需求。

假设在 $t'=[t_1,t_2]$ ($t_1<t_2$) 时段，阶段 k 的供应商 1 由于某种原因无法生产，只有供应商 2 进行供货。同样由于产品生产存在提前期 T_{1k}，在 $t'=[t_2,t_2+T_{1k}]$ 时段，阶段 k 的供应商 1 处于生产阶段，仍无法向下游企业供货。

在 $t'=t_1$ 时刻，供应链中的所有供应商均改变供货策略。阶段 m 与阶段 r 均只生产原有市场预期的 20%，并将这些预期仍然按 80% 与 20% 的比例分配给两家供应商，产生安全库存成本 $SSC_{m/r}(t_1)$、在制品库存成本 $PSC_{m/r}(t_1)$ 和销售成本 $COGS_{m/r}(t_1)$。阶段 k 只有供应商 2 进行生产，产生安全库存成本 $SSC_k(t_1)$、在制品库存成本 $PSC_k(t_1)$ 和销售成本 $COGS_k(t_1)$。阶段 u 与阶段 m、阶段 r 相同，生产原有市场预期的 20%，同时将 $t'=t_1-1$ 留有的库存平均分配在 $t'=[t_1,t_2+T_{1k}]$ 时段进行销售，产生安全库存成本 $SSC_u(t_1)$、在制品库存成本 $PSC_u(t_1)$ 和销售成本 $COGS_u(t_1)$，最终得到销售收益 $revenue(t_1)$ 与利润 $profit(t_1)$。在 $t'=[t_1+1,t_2+T_{1k}]$ 时段，阶段 k 的供应商 2 每天增加 γ 的产量，然而最多只能分担需求量的 50%，其他各阶段的生产计划也随之调整。在 $t'=t_2+T_{1k}$ 时刻之后，供应链的成本与利润将恢复到扰动发生之前的状态。

需要说明的是，供应链 2 与供应链 1 的惩罚成本 (PC) 略有不同，阶段 k 的供应商 2 需要增加产量，对生产计划的调整较大，因此惩罚成本相比其他阶段较高，惩罚系数为 ρ_k。

3. 模型构建

本节通过成本与利润的变化，以衡量供应商一旦无法供货时，对整个供应链的影响情况，以此比较供应商的数量对供应链可靠性的影响。

$$\text{profit}(t') = \text{revenue}(t') - \text{TC}(t') \tag{5.18}$$

$$\text{revenue}(t') = \text{sp}(t') \times d(t') \tag{5.19}$$

$$\text{TC}(t') = \sum_{i=1}^{N} \left[\text{SSC}_i(t') + \text{PSC}_i(t') + \text{COGS}_i(t') \right] \tag{5.20}$$

式（5.18）为供应链总利润的计算式；式（5.19）为供应链总收入的计算式；式（5.20）为供应链总成本由安全库存成本、在制品库存成本和销售成本组成。

(1) 供应链 1

$$\text{SSC}_i(t') = \begin{cases} \alpha c_i^T \left[D_i(s_i^{in} + T_i - s_i^{out}) - \sum_{t^* = t - s_i^{in} - T_i}^{t - s_i^{out}} d_i(t^*) \right], & i = 1, 2, \cdots, N, t' < t_1 \text{ 或 } t' > t_2 + T_k \\ \text{SSC}_i(t_1 - 1), & i = k \text{ 或 } m \text{ 或 } r, t_1 \leq t' \leq t_2 + T_k \\ \dfrac{(t_2 + T_k - t') \times \text{SSC}_i(t_1 - 1)}{t_2 + T_k - t_1 + 1}, & i = u, t_1 \leq t' \leq t_2 + T_k \end{cases} \tag{5.21}$$

式（5.21）为当供应链无扰动时，任意阶段 i 设定的需求上限超出市场需求的部分将放入库存，该库存产生的成本即为供应链的安全库存成本；当供应链出现扰动后，阶段 k、阶段 m 和阶段 r 不再生产，其安全库存未发生变动，因此安全库存成本等于出现扰动前一时间点的安全库存成本；阶段 u 将扰动前一时间点的库存进行销售，并将库存平均分摊到扰动的时段，因此安全库存逐渐减少。

$$\text{PSC}_i(t') = \begin{cases} \alpha \left(c^{iT} - \dfrac{C^i}{2} \right) \sum_{t^* = t - s_i^{in} - T_i}^{t - s_i^{in}} d_i(t^*), & i = 1, 2, \cdots, N, t' < t_1 \text{ 或 } t' > t_2 + T_k \\ 0, & i = k \text{ 或 } m \text{ 或 } r, t_1 \leq t' \leq t_2 + T_k \\ \alpha \left(c^{iT} - \dfrac{C^i}{2} \right) \times \dfrac{\text{SSC}_i(t_1 - 1)}{t_2 + T_k - t_1 + 1}, & i = u, t_1 \leq t' \leq t_2 + T_k \end{cases} \tag{5.22}$$

式（5.22）为当供应链无扰动时，任意阶段 i 的在制品库存成本取决于产品提前期内的实际产值；当供应链出现扰动后，阶段 k、阶段 m 和阶段 r 不再生产，不产生在制品库存成本；阶段 u 的在制品库存成本取决于扰动前一时间点的安全库存值。

第 5 章 | 考虑扰动的制造供应链配置优化方法

$$\text{COGS}_i(t') = \begin{cases} C^i \times d_i(t'), & i=1,2,\cdots,N, t'<t_1 \text{ 或 } t'>t_2+T_k \\ 0, & i=k \text{ 或 } m \text{ 或 } r, t_1 \leq t' \leq t_2+T_k \\ C^i \times \dfrac{\text{SSC}_i(t_1-1)}{t_2+T_k-t_1+1}, & i=u, t_1 \leq t' \leq t_2+T_k \end{cases} \quad (5.23)$$

式(5.23)为当供应链无扰动时,任意阶段 i 在某一时刻的销售成本取决于该时刻的市场需求;当供应链出现扰动后,阶段 k、阶段 m 和阶段 r 不再销售产品,不产生销售成本;阶段 u 的销售成本取决于扰动前一时间点的安全库存值。

$$C^i = \begin{cases} C_i, & i=1,2,\cdots,N, t<t_1 \text{ 或 } t>t_2+T_k \\ C_i^*, & i=1,2,\cdots,N, t_1 \leq t \leq t_2+T_k \end{cases} \quad (5.24)$$

式(5.24)为当供应链无扰动时,供应商的成本不发生变化;当供应链出现扰动后,供应商成本在原有成本的基础上加入惩罚成本。

$$c^{iT} = \begin{cases} c_i^T, & i=1,2,\cdots,N, t<t_1 \text{ 或 } t>t_2+T_k \\ c_i^{T*}, & i=1,2,\cdots,N, t_1 \leq t \leq t_2+T_k \end{cases} \quad (5.25)$$

式(5.25)为供应链的累计成本计算式。

(2) 供应链 2

$$\text{SSC}_i(t') = \begin{cases} \sum\limits_{\lambda=1}^{2} \beta_\lambda \alpha c^{\lambda iT}\left[D_{\lambda i}(s_{\lambda i}^{\text{in}}+T_{\lambda i}-s_{\lambda i}^{\text{out}}) - \sum\limits_{t^*=t-s_{\lambda i}^{\text{in}}-T_{\lambda i}}^{t-s_{\lambda i}^{\text{out}}} d_i(t^*)\right], & i=1,2,\cdots,N, t'<t_1 \text{ 或 } t'>t_2+T_{1k} \\ \gamma \sum\limits_{\lambda=1}^{2} \beta_\lambda \alpha c^{\lambda iT}\left[D_{\lambda i}(s_{\lambda i}^{\text{in}}+T_{\lambda i}-s_{\lambda i}^{\text{out}}) - \sum\limits_{t^*=t-s_{\lambda i}^{\text{in}}-T_{\lambda i}}^{t-s_{\lambda i}^{\text{out}}} d_i(t^*)\right], & i=m \text{ 或 } r, t_1 \leq t' \leq t_2+T_{1k} \\ \gamma \alpha c^{2iT}\left[D_{2i}(s_{2i}^{\text{in}}+T_{2i}-s_{2i}^{\text{out}}) - \sum\limits_{t^*=t-s_{2i}^{\text{in}}-T_{2i}}^{t-s_{2i}^{\text{out}}} d_i(t^*)\right], & i=k, t_1 \leq t' \leq t_2+T_{1k} \\ \gamma \sum\limits_{\lambda=1}^{2} \beta_\lambda \alpha c^{\lambda iT}\left[D_{\lambda i}(s_{\lambda i}^{\text{in}}+T_{\lambda i}-s_{\lambda i}^{\text{out}}) - \sum\limits_{t^*=t-s_{\lambda i}^{\text{in}}-T_{\lambda i}}^{t-s_{\lambda i}^{\text{out}}} d_i(t^*)\right] \\ \quad + \dfrac{(t_2+T_{1k}-t') \times \text{SSC}_i(t_1-1)}{t_2+T_{1k}-t_1+1}, & i=u, t_1 \leq t' \leq t_2+T_{1k} \end{cases}$$

$$(5.26)$$

式(5.26)为供应链 2 的安全库存成本计算式。当供应链无扰动时,与供应链 1 相似,安全库存成本取决于两家供应商的库存;当供应链出现扰动后,阶段 m 与阶段 r 只生产需求的一部分,计算方式与无扰动时相同;阶段 k 只有供应商 2 进行生产,只能承担需求的一部分;阶段 u 承担一部分生产,并将扰动前一时间点的库存进行销售。阶段 k 的供应商 2 不断调整生产数量,分担需求的比重不断增加,因此阶段 k、阶段 m、阶段 r 和阶段 u 分担需求的比重也在增加。

$$\mathrm{PSC}_i(t') = \begin{cases} \sum_{\lambda=1}^{2} \beta_\lambda \alpha \left(c^{\lambda i T} - \dfrac{C^{\lambda i}}{2} \right) \sum_{t^* = t - s_{\lambda i}^{in} - T_{\lambda i}}^{t - s_{\lambda i}^{in}} d_i(t^*), & i = 1,2,\cdots,N, t' < t_1 \text{ 或 } t' > t_2 + T_{1k} \\ \gamma \sum_{\lambda=1}^{2} \beta_\lambda \alpha \left(c^{\lambda i T} - \dfrac{C^{\lambda i}}{2} \right) \sum_{t^* = t - s_{\lambda i}^{in} - T_{\lambda i}}^{t - s_{\lambda i}^{in}} d_i(t^*), & i = m \text{ 或 } r, t_1 \leq t' \leq t_2 + T_{1k} \\ \gamma \alpha \left(c^{2iT} - \dfrac{C^{2i}}{2} \right) \sum_{t^* = t - s_{2i}^{in} - T_{2i}}^{t - s_{2i}^{in}} d_i(t^*), & i = k, t_1 \leq t' \leq t_2 + T_{1k} \\ \sum_{\lambda=1}^{2} \beta_\lambda \alpha \left(c^{\lambda i T} - \dfrac{C^{\lambda i}}{2} \right) \left[\gamma \sum_{t^* = t - s_{\lambda i}^{in} - T_{\lambda i}}^{t - s_{\lambda i}^{in}} d_i(t^*) + \dfrac{\mathrm{SSC}_i(t_1 - 1)}{t_2 + T_{1k} - t_1 + 1} \right], & i = u, t_1 \leq t' \leq t_2 + T_{1k} \end{cases}$$

(5.27)

式(5.27)为当供应链无扰动时,任意阶段 i 的在制品库存成本取决于两家供应商在产品提前期内的实际产值;阶段 m 或阶段 r 只生产需求的一部分,计算方式与无扰动时相同;阶段 k 的在制品库存成本由供应商 2 的实际产值决定;阶段 u 的在制品库存成本取决于实际产值和扰动前一时间点的安全库存值。同时,出现扰动后的在制品库存成本也随着阶段 k 供应商 2 的产量变化而变化。

$$\mathrm{COGS}_i(t') = \begin{cases} \sum_{\lambda=1}^{2} \beta_\lambda C^{\lambda i} \times d_i(t'), & i = 1,2,\cdots,N, t' < t_1 \text{ 或 } t' > t_2 + T_{1k} \\ \gamma \sum_{\lambda=1}^{2} \beta_\lambda C^{\lambda i} \times d_i(t'), & i = m \text{ 或 } r, t_1 \leq t' \leq t_2 + T_{1k} \\ \gamma C^{2i} \times d_i(t'), & i = k, t_1 \leq t' \leq t_2 + T_{1k} \\ \sum_{\lambda=1}^{2} \beta_\lambda C^{\lambda i} \times \left[\gamma d_i(t') + \dfrac{\mathrm{SSC}_i(t_1 - 1)}{t_2 + T_{1k} - t_1 + 1} \right], & i = u, t_1 \leq t' \leq t_2 + T_{1k} \end{cases}$$

(5.28)

式(5.28)为当供应链无扰动时,任意阶段 i 在某一时刻的销售成本取决于该时刻的市场需求;当供应链出现扰动后,阶段 m 与阶段 r 只生产需求的一部分,计算方式与无扰动时相同;阶段 k 的销售成本由市场需求决定;阶段 u 的销售成本取决于该时刻的市场需求和扰动前一时间点的安全库存值。同时,出现扰动后的销售成本随着阶段 k 供应商 2 的产量变化而变化。

$$C^i = \begin{cases} C_i, & i = 1,2,\cdots,N, t<t_1 \text{ 或 } t>t_2+T_{1k} \\ C_i^*, & i = 1,2,\cdots,N, t_1 \leq t \leq t_2+T_{1k} \end{cases} \quad (5.29)$$

式(5.29)同式(5.24)相似。

$$c^{iT} = \begin{cases} c_i^T, & i = 1,2,\cdots,N, t<t_1 \text{ 或 } t>t_2+T_{1k} \\ c_i^{T*}, & i = 1,2,\cdots,N, t_1 \leq t \leq t_2+T_{1k} \end{cases} \quad (5.30)$$

式(5.30)同式(5.25)相似。

限制条件：

$$c_i^{iT} - \sum_{m:(m,i) \in A} c^m - C^i = 0, \quad i = 1,2,\cdots,N \quad (5.31)$$

$$C_i^* = (1+\rho_i)C_i \quad (5.32)$$

$$c_i^{T*} - \sum_{m:(m,i) \in A} c_m^* - C_i^* = 0, \quad i = 1,2,\cdots,N \quad (5.33)$$

$$\gamma = 20\% + 10\%(t'-t_1), \quad \gamma \leq 50\% \quad (5.34)$$

式(5.31)为每一阶段的累计成本的计算式；式(5.32)为出现扰动后供应商的成本计算式；式(5.33)为扰动后累计成本的计算式；式(5.34)为供应商2出现扰动后分担需求的比重的计算式。

5.2.2 抗扰动能力比较

1. 扰动描述

本节通过5.1节的模型与算法对供应链配置进行优化，确定了供应链1和供应链2的每一阶段的供应商，也确定了相应的成本C、提前期T。

在整个供应链中，阶段11(如笔记本组装阶段)是整个供应链的中间环节，有着承上启下的作用，是供应链的中心，因此，本节假设阶段11受到了地震的扰动，使其无法为下游企业正常供货。同时，本节选取15天作为研究期限，在实验第4天供应链出现中断或进程放缓，第7天扰动结束，即$t' = [4,7]$时段，供应链受到了不可抗力的影响。

(1) 供应链1

在此供应链中，因为阶段11只有一家供应商为下游企业进行供货。当受到地震的影响时，阶段11无法为下游企业生产、供货，只能依靠原有的库存进行销售，此时供应链接近中断。在$t'=4$时刻，供应链中所有的供应商均改变供货策略。阶段11、阶段1~9和阶段10、12，均不再进行生产，此时这些阶段只产生库存成本，即$t'=3$时刻留存的安全库存成本。阶段13~17也不再生产，只销售$t'=3$时刻留有的库存，然而为了保证供应链的持续供货，这部分留有的库存将平均分配在$t' = [4,7+T_{11}]$时段，因为$T_{11}=1$，所以库存平均分配在$t'=[4,8]$时段，产生销售成本，最终得到销售收益与利润。在$t'=[5,8]$时段，供应链的成本与收入的计算方式与$t'=4$时刻相同。在$t'=8$时刻之后，供应链的成本与利润将恢复到扰动发生之前的状态。此时，$\rho_i = 0.1$。

(2) 供应链2

在此供应链中，因为阶段11存在两家供应商为下游企业进行供货。当受到地震的影响时,原生产80%需求的供应商受到影响,无法继续为下游企业供货。在 $t'=4$ 时刻,供应链中的所有供应商均改变供货策略。阶段1~9和阶段10~12均只生产原有市场预期的20%,并将这些市场预期仍然按80%和20%的比例分配给两家供应商,阶段11只有供应商2进行生产,阶段13~17也只生产原有市场预期的20%,同时将 $t'=3$ 时刻留有的库存平均分配在 $t'=[4, 7+T_{1k}]$ 时段进行销售,因为 $T_{1,11}=1$,所以库存平均分配在 $t'=[4,8]$ 时段。在 $t'=[5,8]$ 时段,供应商2每天增加10%的产量,即 $t'=4$ 时刻生产20%的需求, $t'=[5,7]$ 时段每天生产30%、40%、50%的需求,在 $t'=8$ 时刻供应商2最多只能分担需求量的50%,因此此时供应商2只能生产50%的需求。在 $t'=8$ 时刻之后,供应链的成本与利润将恢复到扰动发生之前的状态。此时,$\rho_k=0.6$,$\rho_i=0.1$。

2. 结果分析

根据5.1节的模型与算法,本节确定了供应链1和供应链2的供应商,对应的数据见表5.5和表5.6,并根据需求平均值 μ 与需求标准差 σ,在正态分布曲线中选取了200组数据作为实际的市场需求 d。在给定售价 sp=450美元与实际市场需求 d 后,可以得到供应链的成本、收益 revenue 和利润 profit。需要说明的是,由于供应链存在总时间TT,考虑到延时性,本文从第121组数据开始进行计算,即实验时间 t' 与时间 t 二者的映射关系可以表示为 $t'=t-120$。

在供应链无扰动的情况下,供应链正常生产运营,此时供应链1和供应链2的总成本情况如图5.5所示,总利润情况如图5.6所示。

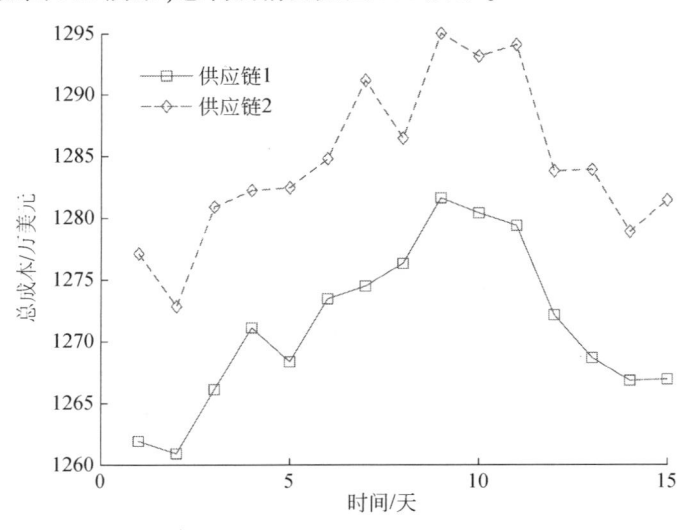

图5.5 无扰动时供应链的总成本

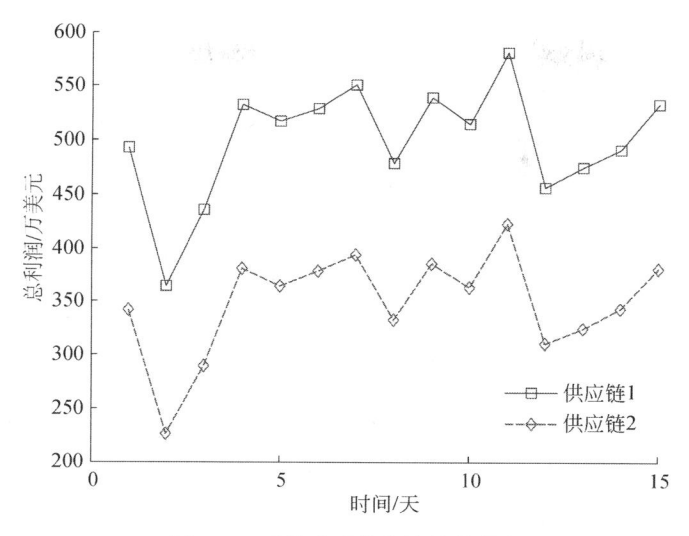

图 5.6 无扰动时供应链的总利润

由图 5.5 和图 5.6 可知,在相同的市场环境下,供应链 1 和供应链 2 的总成本、总利润的市场走势基本相同。二者有细微的差别,但区别不大,仅在第 5、第 8、第 11 和第 15 天总成本走势存在差异,而总利润走势几乎完全相同。同时可以看出,供应链 2 选取了两家供应商,总成本相对较高,平均比供应链 1 的总成本高出 13.3 万美元,在第 7 天时,总成本差距最大,相差 16.6 万美元。由于总成本较高,供应链 2 的总利润相对就较低,平均比供应链 1 低 150.7 万美元,在第 11 天总利润差距最大,相差 159 万美元。在无扰动的情况下,从盈利的角度,企业倾向选取供应链 1 进行生产。

一旦出现扰动,供应链的总成本和总利润出现大幅度的变化,总成本与总利润情况如图 5.7 和图 5.8 所示。

由图 5.7 和图 5.8 可知,供应链出现扰动后,供应链的总成本与总利润出现了大幅度的下降。在扰动出现的第 1 天,供应链 1 的总成本从原有的 1266.1 万美元,下降至 735.3 万美元,减少 530.8 万美元,而供应链 2 的总成本从原有的 1281 万美元,下降至 400 万美元,减少 881 万美元。随着库存的逐渐较少,供应链 1 的库存成本降低,总成本直线下降,供应链 2 由于继续生产,同时生产数量逐渐增多,成本不断上升。扰动结束后,供应商恢复生产,然而供应商存在生产提前期,不能立刻供货,在生产完成后,成本开始恢复。在非正常生产期间,供应链 2 的总成本平均比供应链 1 高出 153.8 万美元;整个实验期间,供应链 2 的总成本平均比供应链 1 高出 60.3 万美元。在总利润方面,在扰动出现的第 1 天,供应链 1 总利润大幅度下降,从原有超出供应链 2 总利润 138 万美元,降至亏损,比供应链 2 总利润

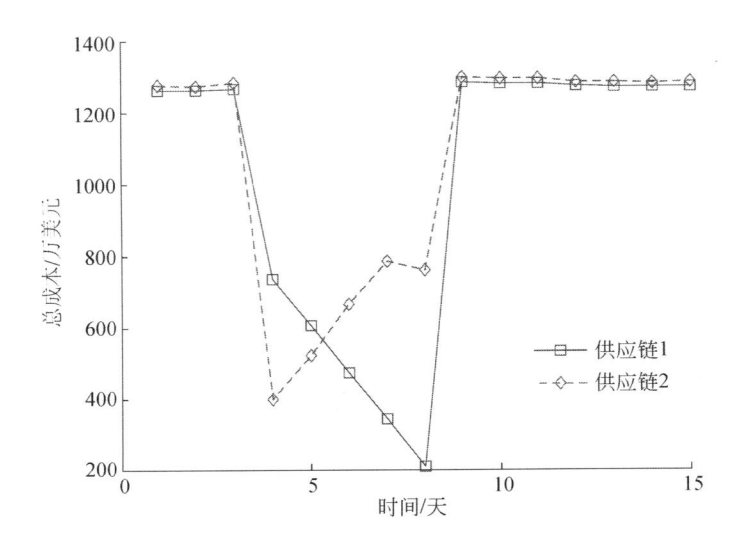

图 5.7　出现扰动的供应链的总成本

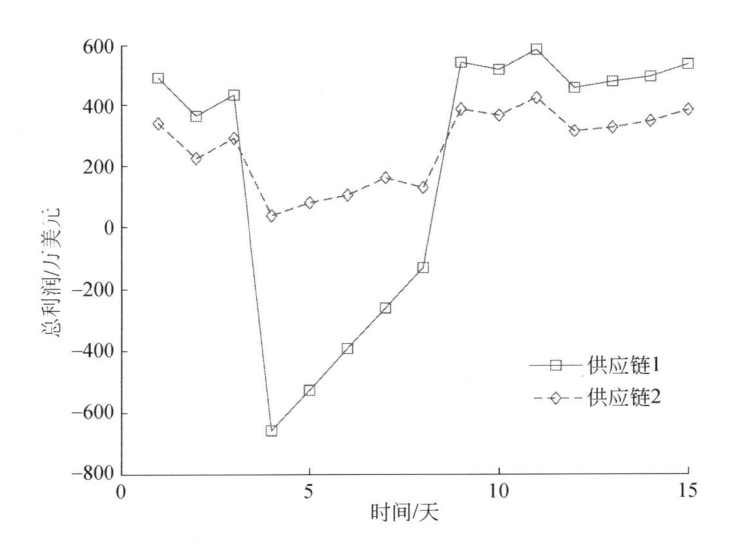

图 5.8　出现扰动的供应链的总利润

低 693.7 万美元,在随后的非正常生产期间,总利润一直低于供应链 2。

为了更好地比较供应链在扰动前后的利润变化情况,图 5.9 和图 5.10 分别表示了供应链 1 和供应链 2 在扰动前后利润的变化情况。

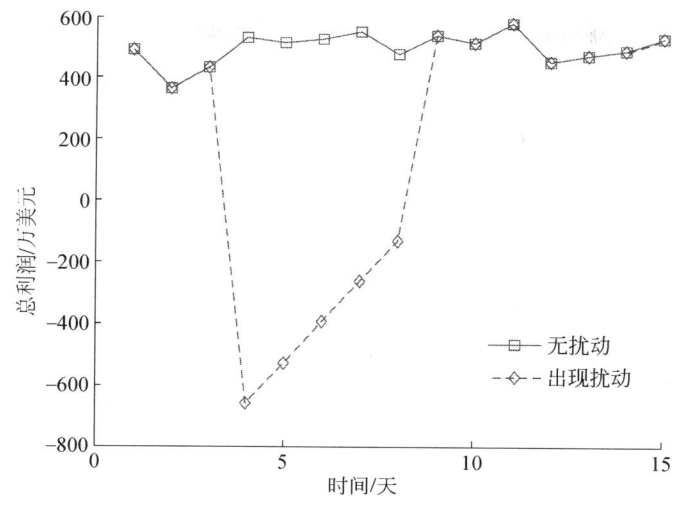

图 5.9 供应链 1 总利润

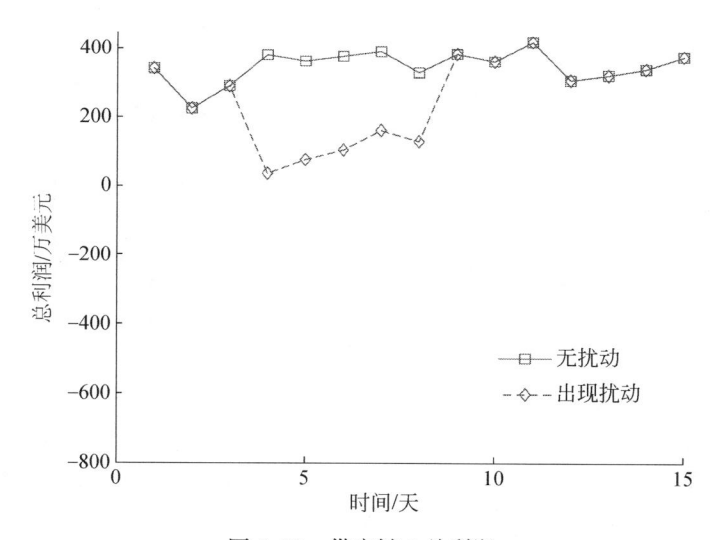

图 5.10 供应链 2 总利润

由图 5.9 和图 5.10 可知,尽管两种供应链在出现扰动情况时利润均产生了大幅度的下降,但供应链 1 的利润变化幅度较大。在扰动出现第 1 天,供应链 1 的总利润从前一天的 436.2 万美元下降至 -657.3 万美元,减少了 1093.5 万美元,产生亏损,同时比无扰动的同期减少 1189.5 万美元。在随后的非正常生产期间,一直处于亏损状态,总亏损达 1973.2 万美元,比同期总利润减少 4582.9 万美元。相比供应链 1,供应链 2 的亏损相对较少,在扰动出现第一天,供应链 2 的总利润从前一天的289.4万美元降至36.4万美元,减少253万美元,虽然利润减少了,但在扰动期间内,未产生亏损。供应链2在非正常生产期间,总盈利506.2万美元,比同期总利润减少1344.2万美元。由此可知,供应链1的亏损情况较严重。

具体数值比较见表5.7。

表5.7 两种供应链的总利润变化 （单位:美元）

供应商数量	无扰动		出现扰动		
	总成本	总利润	总成本	总利润	总利润损失
一家	190 685 512.2	74 976 406.0	150 679 831.5	29 147 258.5	45 829 147.5
两家	192 681 861.8	52 377 703.6	159 731 929.5	38 935 950.1	13 441 753.5

由表5.7和图5.5~图5.10可知,由于扰动的时间较短,在恢复生产后供应链的总利润得到恢复,虽然总利润减少,但供应链仍然处于盈利状态。在15天的研究期限中,无扰动的情况下,供应链1的总成本比供应链2少200万美元左右,总利润则高出2260万美元,是供应链2总利润的1.43倍,此时企业的营利性使企业更加偏向于选取供应链1这种供应链形式。然而,当不可抗力发生后,即存在扰动的情况下,供应链1的总利润大幅度下降,虽然后期总利润恢复,然而总利润相较供应链2损失严重,比供应链2的总利润少978.9万美元,总利润只占供应链2利润的74.9%,而总利润损失是供应链2的3.41倍。因此,一旦出现问题造成供应链的中断,供应链1将面临严重的打击,从而不再具有优势。所以,供应链上的企业不能由于追求盈利而忽略风险的存在,为了防止供应链出现断裂,供应链应当选取两家供应商共同完成一种零部件的生产与组装。

5.2.3 本节小结

本节延续5.1节的思想,根据5.1节得到的供应链配置优化方案对两种供应链进行比较。首先建立出现扰动的供应链模型,分析出现扰动和无扰动情况下各阶段的成本组成。随后比较供应链1和供应链2的总利润变化情况。在无扰动时,供应链1的总成本较低,利润较高,核心企业倾向选取一家供应商进行供货。然而,出现扰动后,供应链1和供应链2的总利润都出现了大幅度的波动,供应链1的总利润损失严重,为供应链2的3.41倍,为了防止供应商出现问题无法按时供货,造成供应链利润的损失和客户的流失,供应链应当选取两家供应商共同完成一种零部件的生产与组装。

第6章 基于干扰管理的制造供应链动态调度模型

6.1 制造供应链动态调度的干扰管理模型与算法

本章以某机床加工制造企业为例,研究了信息不完全共享的环境下,由单一制造商和单一供应商组成的供应链协商调度模型。重点研究了制造商车间内部调度安排,将制造商生产系统抽象为混合物等待流水线模型,研究了如何制定出兼顾成本目标和减少偏离度的干扰管理调度问题。

6.1.1 问题描述

本节将某机床加工制造企业供应链简化成由一个供应商和一个制造商组成的两阶段供应链,在此供应链上的企业需要分别对 n 个工件进行调度安排,以完成产品的加工与制造。工件生产所需相关零配件首先由供应商加工,然后通过制造商生产。工件 $J_j(j=1,\cdots,n)$ 在供应商和制造商所占用的处理时间分别为 p_j^s 和 p_j^m。假定所有工件在 0 时刻释放(如在某个供应链计划周期的开始时刻),即供应商调度的工件释放时间为 0。制造商的工件释放时间 r_j^m 的取值依赖于供应商的配送时间。D_j^s,w_j^s 和 w_j^m 分别为作业 j 在制造商和供应商的权重系数;S_j^s 和 S_j^m 分别为工件 j 在供应商和制造商加工开始的时间;C_j^s 和 C_j^m 分别为工件 j 在供应商和制造商的完工时间;供应商和制造商的初始调度方案分别为 π_0^s 和 π_0^m。

在本节研究的供应链中,制造商比供应商有更大的发言权,处于主导地位,当制造商为大品牌厂商时,制造商的主导地位体现在供应商必须严格按照制造商的调度顺序供货,供应商可以安排同一批次工件的生产顺序。但是供应商根据自身的经济利益考虑,零配件只有达到一定数额 k 时才会成批配送,且供应商有权利决定批次内部工件的加工顺序(如制造商的调度安排中工件集合 $\{j_1,j_2,\cdots,j_k\}$ 为一个配送批次,因此,供应商只能通过自身利益在工件集合内部进行调度,其加工顺序为 $\{j_{1'},j_{2'},\cdots,j_{k'}\}$)。所以同一批次内制造商的工件释放时间相等,如工件 j_1 和 j_2 同一批次配送,对于制造商来说工件 j_1 和 j_2 的释放时间相等,即 $r_{j_1}=r_{j_2}$。

(1) 初始调度方案

制造商想要通过安排供应商配送顺序来达到自己生产成本最小化的目的，即 $\min\{\text{cost}_1^m(\pi_o^m) = m_1 \cdot \sum_{j=1}^{n} w_j^m C_j^m\}$。但是，由于信息的不完全对称，制造商不知道供应商具体的加工时间，只能根据自己的加工时间和权重来安排调度方案，记为 π_o^m。虽然供应商严格按照制造商要求的批次配送，但供应商在满足制造商需求的同时，也需要对自己的成本进行控制。因此，供应商在生产过程中对同一批次内部的工件安排加工顺序，形成供应商的初始方案 π_o^s。通过初始方案 π_o^s 和 π_o^m 确定每一个工件 j 的供应商的交货期 D_j^s，制造商的交货期 C_j^m。

在初始的最优调度安排执行过程中，干扰事件的发生会导致原安排不再最优，甚至不可行。本节研究主要考虑这种供应链模型下的干扰管理，如供应商由于机器故障与维修停机、高优先级生产订单占用、上游企业拖期交货等情况。目前，供应商由于部分工件的加工原材料没有到货导致部分工件 ($j \in \text{list}$) 没有办法在时间窗 $[t_1, t_2]$ 内加工，此次干扰事件记为 ΔM。为了降低干扰事件 ΔM 对整个供应链加工生产系统所造成的影响，需要根据实际生产工况和扰动发生情况重新调整制造商和供应商的调度安排，本节以成本最小化为目标形成新的调度安排 $\bar{\pi}$，即干扰修复方案。

(2) 干扰管理方案

干扰修复问题是初始调度问题在某种不确定扰动发生后特定的表现形式，制定的干扰管理方案需要充分考虑供应链上企业的成本。

我们假定供应商的成本由三部分组成：生产成本、无法按时交货的惩罚成本和对制造商方案扰动的补偿。因此，供应商的成本为 $\text{cost}^s(\bar{\pi}^s) = \text{cost}_1^s(\bar{\pi}^s) + \text{cost}_{II}^s(\bar{\pi}^s) = s_1 \cdot \sum_{j=1}^{n} w_j^s \bar{C}_j^s + s_{II} \cdot \sum_{j=1}^{n} w_j^s T_j^s + \text{allowance}$。

同理，制造商的成本为生产成本加上拖期交货的惩罚的基础上减去供应商的补偿，即 $\text{cost}^m(\bar{\pi}^m) = \text{cost}_1^m(\bar{\pi}^m) + \text{cost}_{II}^m(\bar{\pi}^m) = m_1 \cdot \sum_{j=1}^{n} w_j^m \bar{C}_j^m + m_{II} \cdot \sum_{j=1}^{n} w_j^m T_j^m - \text{allowance}$。

本节的生产成本是企业的加权完工时间和乘以耗能系数，惩罚成本是加权的之后时间和乘以惩罚系数。以 T_j^s 和 T_j^m 分别表示工件加工的滞后时间，其定义为 $T_j^s = \max\{0, \bar{D}_j^s - D_j^s\}$ 和 $T_j^m = \max\{0, \bar{C}_j^m - C_j^m\}$，定义 $\text{allowance} = \sum_{j=1}^{n} w_j^{m'} T_j^s$，其中 $w_j^{m'}$ 为供应商根据经验估计的工件权重。

为了更贴近实际并体现供应链中供应商和制造商之间对于干扰调度方案的协商，供应商和制造商双方的成本不能大于干扰发生后原调度方案执行后的成本 $\text{cost}^s(\pi_o^s)$ 和 $\text{cost}^m(\pi_o^m)$。如不满足上述条件则该方案不可行，需要供应商提出其他方案。

上述干扰修复过程描述的是一次不确定事件发生的情况,对于干扰事件可能多次发生的情况,则可启动干扰修复方案的滚动处理机制,即将前一次获得的干扰修复方案作为处置下一次干扰事件的初始最优调度加工时间表。

本节所研究的制造供应链动态调度干扰管理问题可描述为

$$F_2 \mid \text{distribution} \mid \text{cost}^s(\overline{\pi}^s), \text{cost}^m(\overline{\pi}^m)$$

6.1.2 问题建模基础

(1)初始调度规则

由于供应链上的供应商和制造商分别为独立的企业,需要为各自的利益考虑,即最小化加权的完工时间和。但是,制造商不知道供应商具体的加工时间,只能根据自己的加工时间和权重运用 WSPT(weighted shortest processing time)规则安排初始调度。供应商在满足制造商需求的同时,需要对自己的成本进行控制。因此供应商严格按照制造要求的批次配送,但在生产过程中同一批次内部的工件加工顺序按 $\frac{w_j^s}{p_j^s}$ 降序排列(供应商的 WSPT 规则)。

例如,考虑 6 个工件的调度问题,假设每次配送的数量 $k=3$。工件对应的 $\frac{w_j^m}{p_j^m} = [0.7, 0.05, 0.38, 0.49, 0.08, 0.16]$,$\frac{w_j^s}{p_j^s} = [0.78, 0.57, 0.60, 0.22, 0.15, 0.46]$。因此得到制造商的工件加工顺序 $\pi_o^m = (1,4,3,6,5,2)$。对于供应商来说,工件 1、工件 4、工件 3 为第一批次,工件 6、工件 2、工件 5 则为第二批次。对于第一批次的降序排列为 $(1,3,4)$[①],同理第二批次顺序为 $(2,6,5)$[①],则初始方案 $\pi_o^s = (1,3,4,2,6,5)$。

(2)干扰管理规则

对于一个干扰应对调度方案 $\overline{\pi}$,供应商通过规定一个批次配送的工件数量进行组批,且批次内部按照 WSPT 规则调整加工顺序形成计划 $\overline{\pi}^s$ 并配送;制造商收到供应商配送的工件后按照自身的 WSPT 规则安排顺序生产,若出现上一批次还未生产完下一批次已经到货的情况,制造商将目前所有未生产的工件统一调整后再组织生产形成计划 $\overline{\pi}^m$。

---

① 按供应商 WSPT 规则,即 $\frac{w_j^s}{p_j^s}$ 的值降序。

6.1.3 制造供应链动态调度干扰管理模型

$$\min_{i \in L, j \in J'} \{ \text{cost}^s(\overline{\pi}^s), \text{cost}^m(\overline{\pi}^m) \} \tag{6.1}$$

$$\text{s.t.} \quad C_j = S_j + p_j \tag{6.2}$$

$$D_j^s \leq S_j^m \tag{6.3}$$

$$(S_j \geq C_k) \vee (S_k \geq C_j), \forall j, k \in J \tag{6.4}$$

$$S_j^s, C_j^s \notin [t_1, t_2], (j \in \text{list}) \tag{6.5}$$

$$\text{cost}^s(\overline{\pi}^s) \leq \text{cost}^s(\pi_o^s), \text{cost}^m(\overline{\pi}^m) \leq \text{cost}^m(\pi_o^m) \tag{6.6}$$

式(6.1)为干扰管理调度问题的优化目标;式(6.2)为机器上加工工件的完工时间计算式;式(6.3)为供应商加工工件到货后制造商才能开始加工;式(6.4)为无论是供应商还是制造商,两个工件都不允许同时开工;式(6.5)为供应商不能将受干扰的工件安排在扰动出现的时间窗内加工;式(6.6)为调整后的调度方案比原方案成本更低。

6.1.4 混合 PSO 算法

PSO 算法是美国心理学家 Kennedy 和电气工程师 Eberhart 于 1995 年发明的一种模仿鸟类飞行轨迹的群体智能算法。这种算法为每个微粒制定了类似于鸟类觅食运动的简单飞行规则,在飞行过程中,微粒之间通过信息共享与协作指导彼此的"觅食"路径,从而使整个微粒群在解空间内的运动表现出寻优的特性,进而用于求解复杂的优化问题。目前,PSO 算法已经成为解决实际难题的重要工具,并成功应用在离散优化、图像处理、组合优化等领域。考虑到 PSO 算法具有全局快速寻优的特点,以及启发式邻域搜索算法具有提高算法局部搜索性能的优势,本节提出基于 PSO 策略与启发式邻域搜索机制紧密结合的混合 PSO 算法(HPSO),并使用该算法对模型进行求解。

1. 基于 WSPT 的分批 ROV 规则

为了保证编码策略不会遗漏掉可能的全局最优解,并且能够满足 PSO 算法迭代进化操作的合理性和可行性。本节通过微粒位置矢量值的升序排列(ranked-order-value,ROV)规则来实现从微粒位置向量(连续实数值)到工件分批排序解(离散整数值)的编码转换,将微粒的连续位置 $X_i(0) = [x_{i,1}, \cdots, x_{i,j}, \cdots, x_{i,n}]$ 转换为离散的工件排序 $\overline{\pi} = (j_1, j_2, \cdots, j_n)$,从而计算微粒所对应的调度方案的目标值(其中,$x_{i,j} = \text{Lo}(x_{i,j}) + \text{rand}(\cdot) \cdot [\text{Up}(x_{i,j}) - \text{Lo}(x_{i,j})], j \in \{1, 2, \cdots, n\}$,$\text{Up}(x_{i,j})$ 和

Lo($x_{i,j}$)分别为 $x_{i,j}$ 搜索的上下界)。

ROV规则具体实施步骤如下:对于一个微粒的位置矢量,首先将取值最小的分量位置赋予 ROV 值1,其次将第二小的分量位置赋予 ROV 值2,以此类推,直到将所有分量位置都赋予一个唯一的 ROV 值,从而基于 ROV 值可构造出一个工件排序。按照每一批次配送的工件数将所有的工件进行组批,同时供应商出于自身利益考虑按照 WSPT 规则对批次内部的工件从新排序生产。

例如,考虑6个工件的调度问题,微粒的位置矢量为 $X_i = [2.17, 3.26, 0.69, 1.78, 0.08, 1.33]$,首先赋予值最小 $x_{i,5}$ 的分量位置 ROV 值1,其次赋予 $x_{i,3}$ ROV 值2,最后依次赋予 $x_{i,6}$、$x_{i,4}$、$x_{i,1}$ 和 $x_{i,2}$ 对应的 ROV 值3、4、5和6,从而得到工件的加工次序 $\pi = (5,6,2,4,1,3)$。假设每次配送3个工件,则工件5、工件6、工件2为第一批次,工件4、工件1、工件3为第二批次。再根据3.2节问题建模中的方案安排批次内部工件的加工顺序。通过这种编码方式实现工件与批次之间的"多对一"关系,形成针对"批次-工件"组合的随机键编码。

(1)算法初始化

记 n 维搜索空间中第 k 个微粒的位置向量与速度向量分别为 $X_i = [x_{i,1}, x_{i,2}, \cdots, x_{i,n}]$ 和 $V_i = [v_{i,1}, v_{i,2}, \cdots, v_{i,n}]$。在 t 时刻,搜索的每个微粒所经过的最佳位置记为 $P_{i,\text{best}}^n = [p_{i,1}, p_{i,2}, \cdots, p_{i,n}]$。则 $t+1$ 时刻各微粒的位置与速度迭代更新公式为

$$x_{i,j}(t+1) = x_{i,j}(t) + v_{i,j}(t+1), j \in \{1, 2, \cdots, n\} \tag{6.7}$$

$$v_{i,j}(t+1) = \omega v_{i,j}(t) + c_1 r_1 [p_{i,j} - x_{i,j}(t)] + c_2 r_2 [p_{g,j} - x_{i,j}(t)] \tag{6.8}$$

需要特殊强调的是,初始微粒中存在一个原始调度的特殊微粒 $\bar{X}$,用来引导微粒的运动,特殊微粒 $\bar{X}$ 运用 ROV 规则解码得到制造商原始调度计划 π_o^m。

(2)多目标处理策略

为解决供应链多目标干扰管理调度问题,本节首先通过抽取样本的方式计算目标的均值 μ_k、标准差 σ_k 并将其标准化,即 $\bar{f}_k(x) = \dfrac{f_k(x) - \mu_k}{\sigma_k}$。同时,采用多目标变权重的加权线性累加适应度函数,即 $f(x) = \sum\limits_{k=1}^{K} \lambda_k \cdot \bar{f}_k(x)$。其中,$\lambda_k = \text{rand}_k / \sum\limits_{k'=1}^{K} \text{rand}_{k'}(\cdot)$ ($\text{rand}_k(\cdot)$ 为 $0 \sim 1$ 均匀分布的随机数)因此,λ_k 满足条件 $\sum\limits_{k=1}^{K} \lambda_k = 1, \lambda_k > 0$。变权重的优势在于满足贪婪进化策略的同时,增加了解空间寻优方向的多样性,有利于非劣解搜寻。针对本节中的模型,适应度函数表达式可描述为 $\text{cost} = \text{rand}(\cdot) \cdot \dfrac{\text{cost}^s(\bar{\pi}^s) - \mu_s}{\sigma_s} + (1 - \text{rand}(\cdot)) \cdot \dfrac{\text{cost}^m(\bar{\pi}^m) - \mu_m}{\sigma_m}$ ($\text{rand}(\cdot)$ 为 $0 \sim 1$ 随机变化的自然数)。

2. 邻域搜索

大量实验数据表明，PSO 算法尽管拥有较强的全局搜索能力，但是局部搜索能力较弱。利用该算法优势的同时如何弥补算法局限性也是我们需要思考的问题。为了充分利用问题的特征信息，本节在常规的 PSO 算法流程下嵌入了邻域搜索算子，加强了算法在全局和局部空间搜索能力的平衡性，因此基于邻域的局部搜索算法对于算法搜索能力的改善有着非常重要的作用。针对求解本节中的供应链干扰问题的 PSO 算法，本节设计两种局部搜索邻域策略，分别是 insert 邻域搜索策略和启发式邻域搜索策略。基于上述两种邻域结构的混合 PSO 算法分别定义为 PSO1 和 PSO2 算法。

首先，设点邻域搜索策略最大搜索步数 M；其次，对每一个粒子执行邻域搜索策略；再次，运用 ROV 规则将粒子解码，并分别计算适应度 $\text{rand}(\cdot) \cdot \bar{f}_{\text{I}}(\bar{\pi}) + (1 - \text{rand}(\cdot)) \cdot \bar{f}_{\text{II}}(\bar{\pi})$；最后，通过与 pbest、gbest 比较并更新最佳位置。

1) PSO1（insert 邻域搜索策略）：如图 6.1 所示，$\text{insert}(\pi, k_1, k)$ 邻域结构，即随机将工件 k 插入工件 k_1 之前，其中 k_1 为排列 π 中位于 k 之前的随机位置，也称插入邻域结构。

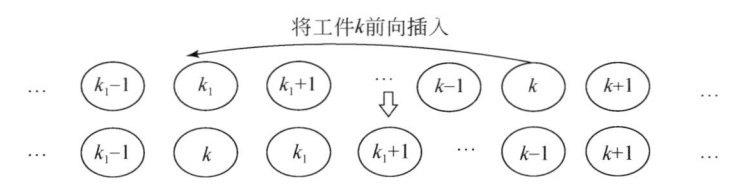

图 6.1 insert 邻域结构示意图

2) PSO2（启发式邻域搜索策略）：为了让重调度方案能够与原方案差距更小，我们制定了启发式算法，如图 6.2 所示，将每个批次的最后一个工件与下一个批次的第一个工件比较 $\dfrac{p_j^m}{w_j^m}$，如果上一批次的值大于下一个批次的第一个工件的值，则将两个工件的位置调换。

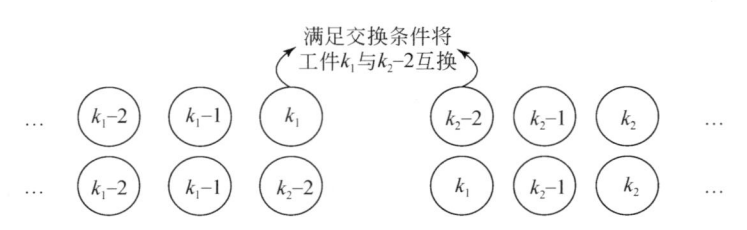

图 6.2 启发式邻域结构示意图

3. PSO 算法的流程框架

求解供应链干扰管理调度模型的混合 PSO 算法流程图如图 6.3 所示。

步骤1：根据ROV规则编码，以随机方式初始化种群微粒位置与速度。

步骤2：将当前各微粒位置和优化目标存储于 $p$best 中，并将种群中微粒的最优位置和目标值存储于 $g$best 中。

步骤3：按照式(6.7)、式(6.8)更新种群中各微粒位置，并结合调度规则进行机器分配调整。

步骤4：评价种群所有微粒的适应度：$\mathrm{rand}(\cdot) \cdot \bar{f}_1(\bar{\pi}) + [1-\mathrm{rand}(\cdot)] \cdot \bar{f}_{\mathrm{II}}(\pi)$

步骤5：比较种群中每个微粒当前目标值与 $p$best 的目标值，并更新 $p$best；比较当前所有 $p$best 与 $g$best 的目标值，并更新 $g$best。

步骤6：执行局部搜索计算(PSO1算法执行insert邻域搜索，PSO2算法执行启发式邻域搜索)

PSO1算法(insert邻域搜索)
- 初始化多重邻域搜索算子和确定最大搜索步数 M
- insert 邻域操作
- 评价操作 $\mathrm{rand}(\cdot) \cdot f_1(\pi') + [1-\mathrm{rand}(\cdot)] \cdot f_{\mathrm{II}}(\pi')$
- 判断是否达到最大搜索步数 M，并更新 $g$best

PSO2算法(启发式邻域搜索)
- 初始化多重邻域搜索算子和确定最大搜索步数 M
- WSPT规则判断
- 评价操作 $\mathrm{rand}(\cdot) \cdot f_1(\pi') + [1-\mathrm{rand}(\cdot)] \cdot f_{\mathrm{II}}(\pi')$
- 判断是否达到最大搜索步数 M，并更新 $g$best

算法终止准则

输出混合PSO算法的 $g$best 及目标值并停止算法

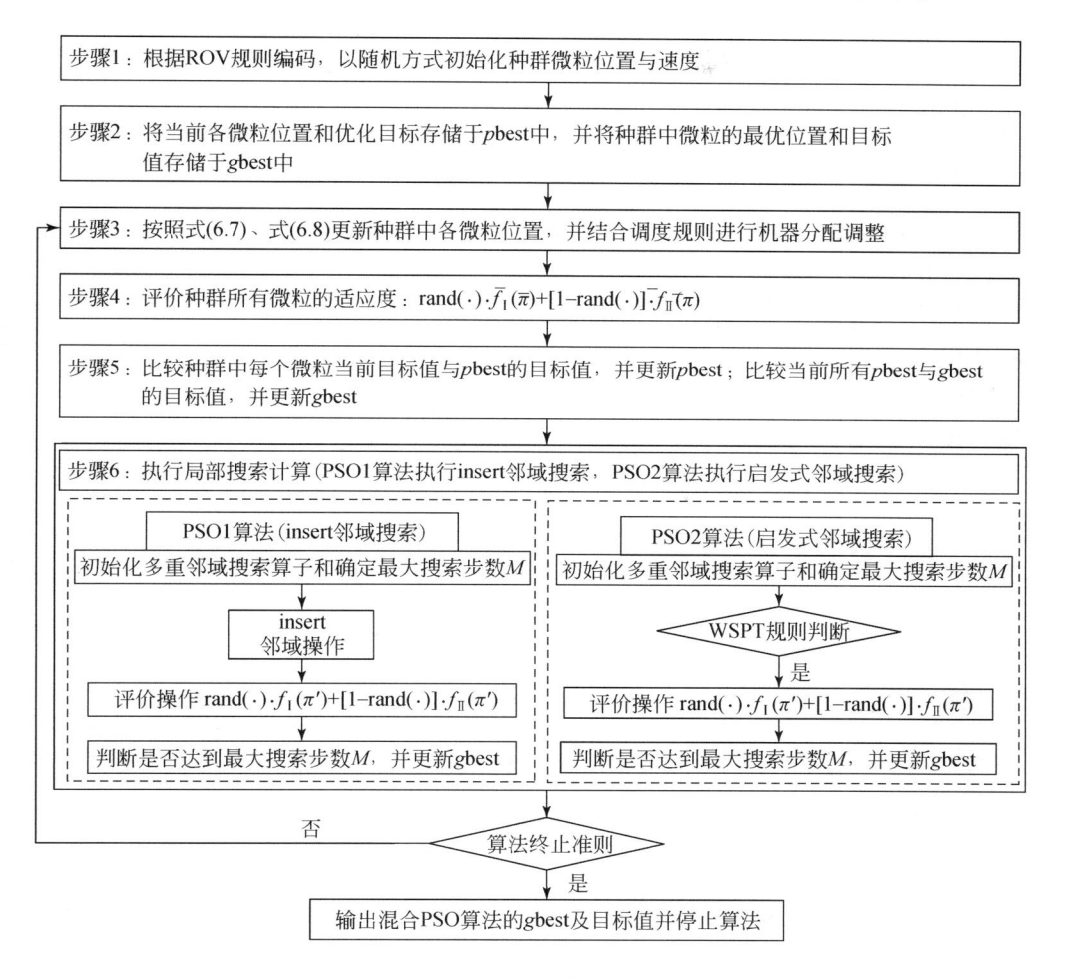

图 6.3　供应链干扰管理调度模型的混合 PSO 算法流程图

如图 6.3 所示，算法首先随机生成一组微粒，再计算这群微粒的适应度并通过比较记录微粒的局部最优和全局最优；其次计算微粒的飞行速度和方向并更新其位置；每进行一次迭代，计算微粒的适应度并更新最优解；每次迭代计算适应度之后，对每一个微粒进行邻域搜索。

6.1.5 数值算例仿真实验

1. 实验设计

模型的数值算例实验方案:建立一个供应链模型,在供应链上包含了一家供应商和一家制造商,制造商向供应商订货。由于制造商的核心地位,制造商要求供应商按照制造商的 WSPT 规则成批配送。假定供应商只能在批次内部调度工件的加工顺序,因此对于初始调度情况,制造商按照制造商的 WSPT 顺序生产,供应商在批次内部按照供应商的 WSPT 顺序生产,待该批次最后一个工件完工,供应商配送该批次,与此同时制造商收到供货。现在我们设定制造商订货数量为 50 个,每个批次运送的工件数为 10 个,随机生成其相应的工件编号、权重系数、供应商和制造商的加工时间等参数,详细数据见表 6.1 所示(斜体加粗数字表示受扰动的工件对应的数据)。

表 6.1 数值算例实验基本参数

工件编号	供应商加工时间	供应商加工权重系数	制造商加工时间	制造商加工权重系数	供应商估计制造商权重系数
1	20.78	3	20.74	4	2
2	24.26	5	15.24	4	3
3	17.87	3	22.86	5	3
4	*24.69*	*3*	*27.44*	*2*	*2*
5	*24.24*	*1*	*25.29*	*2*	*1*
6	16.55	1	19.58	2	2
7	18.70	2	13.81	1	2
8	8.62	1	11.64	1	1
9	10.35	3	20.76	3	2
10	13.37	5	22.75	4	2
11	21.31	5	26.65	4	4
12	*11.07*	*1*	*10.59*	*5*	*4*
13	*18.48*	*1*	*12.07*	*1*	*2*
14	24.41	3	24.03	4	3
15	15.80	4	14.87	3	3
16	23.25	5	10.78	2	2
17	22.41	2	14.72	5	3

续表

工件编号	供应商加工时间	供应商加工权重系数	制造商加工时间	制造商加工权重系数	供应商估计制造商权重系数
18	**23.80**	5	**27.25**	3	3
19	24.70	5	14.01	2	3
20	24.34	4	17.63	5	4
21	13.14	2	26.14	2	2
22	23.27	2	22.12	1	2
23	**21.34**	5	**22.84**	5	2
24	20.45	1	12.26	1	3
25	**20.93**	*1*	**13.44**	2	*1*
26	19.96	1	22.27	2	2
27	11.41	3	23.91	3	2
28	**16.35**	*1*	**29.55**	2	*3*
29	**12.13**	*4*	**19.27**	2	*1*
30	**12.07**	5	**22.08**	5	4
31	24.86	1	15.78	5	3
32	20.51	3	23.22	2	2
33	9.21	5	15.91	1	2
34	21.71	4	14.62	3	2
35	9.67	4	26.27	4	4
36	**19.26**	*4*	**28.17**	3	*3*
37	11.39	2	15.81	4	3
38	19.56	2	19.45	2	2
39	**22.92**	3	**23.66**	5	*4*
40	8.44	3	16.80	1	3
41	18.90	5	15.79	4	2
42	**14.02**	*4*	**10.74**	2	*2*
43	19.94	4	26.76	2	2
44	8.81	2	19.58	2	3
45	**24.55**	3	**28.81**	2	*1*
46	21.72	3	28.83	5	4
47	18.91	1	21.32	1	2
48	22.47	1	23.76	3	1

续表

工件编号	供应商加工时间	供应商加工权重系数	制造商加工时间	制造商加工权重系数	供应商估计制造商权重系数
49	*11.58*	2	*15.09*	3	2
50	15.92	4	26.23	2	1

根据定义的规则，求得初始调度的时间，见表6.2（斜体加粗数字表示受扰动的工件对应的数据）。

表6.2　初始调度的时间表

工件编号	原始生产时间表	释放时间	工件编号	原始生产时间表	释放时间
12	*199.1*	*188.51*	48	689.07	554.1
17	213.82	188.51	27	712.98	554.1
31	229.6	188.51	*18*	*740.23*	*554.1*
20	247.23	188.51	*36*	*768.4*	*554.1*
2	262.47	188.51	29	787.67	554.1
41	278.26	188.51	38	807.12	724.42
37	294.07	188.51	44	826.7	724.42
30	*316.15*	*188.51*	6	846.28	724.42
23	*338.99*	*188.51*	26	868.55	724.42
3	361.85	188.51	32	891.77	724.42
39	*401.73*	*378.07*	8	903.41	724.42
34	416.35	378.07	*13*	*915.48*	*724.42*
15	431.22	378.07	24	927.74	724.42
49	*446.31*	*378.07*	*5*	*953.03*	*724.42*
1	467.05	378.07	21	979.17	724.42
42	*477.79*	*378.07*	50	1005.4	904.4
16	488.57	378.07	43	1032.16	904.4
10	511.32	378.07	*4*	*1059.6*	*904.4*
46	540.15	378.07	7	1073.41	904.4
14	564.18	378.07	*45*	*1102.22*	*904.4*
35	590.45	554.1	*28*	*1131.77*	*904.4*
11	617.1	554.1	33	1147.68	904.4
25	*630.54*	*554.1*	40	1164.48	904.4
9	651.3	554.1	47	1185.8	904.4
19	665.31	554.1	22	1207.92	904.4

在该数值实验环境中,设置扰动事件发生:在时间窗[0,50],供应商由于原材料缺货影响无法生产 50 个工件中的 15 个工件(表 6.1 和表 6.2 中斜体加粗的工件)。数值实验分别就基于 insert 邻域搜索的 PSO1 算法与基于启发式邻域搜索的 PSO2 算法进行比较。混合 PSO 算法的参数设置为:种群规模 $M=80$,最大迭代次数 Max=100,加速因子 $c_1=c_2=2$,惯性权因子为 $\omega=(0.9-0.4)\times(\text{Max}-M_{cur})/\text{Max}+0.4$ (Schirner et al.,2013),其中 M_{cur} 为当前迭代次数;PSO1、PSO2、PSO3 是指 swap 邻域搜索算法,这些算法均使用 C#语言在 Visual Studio 2010 集成开发环境下编程实现,算法的运行环境为 Intel Core i3-2120CPU @ 3.30GHz 双核/4G DDR3/Windows7 专业版 32 位 SP1。

2. 结果分析

我们首先对算法中的多目标处理方法进行实验,处理方法一,将两个目标直接进行变权重加和,即 $\text{cost}=\text{rand}(\cdot)\cdot\text{cost}^s(\overline{\pi}^s)+(1-\text{rand}(\cdot))\cdot\text{cost}^m(\overline{\pi}^m)$;处理方法二,随机收取一定数量的样本,求得样本对应的平均值 μ 和标准差 σ,再对两个目标分别进行标准化处理得到 $\dfrac{\text{cost}^s(\overline{\pi}^s)-\mu_s}{\sigma_s}$ 和 $\dfrac{\text{cost}^m(\overline{\pi}^m)-\mu_m}{\sigma_m}$,最后对标准化后的双目标变权重加和,得到 $\text{cost}=\text{rand}(\cdot)\cdot\dfrac{\text{cost}^s(\overline{\pi}^s)-\mu_s}{\sigma_s}+(1-\text{rand}(\cdot))\cdot\dfrac{\text{cost}^m(\overline{\pi}^m)-\mu_m}{\sigma_m}$ (rand(·)为 0~1 随机变化的自然数)。我们将两种不同的处理方法应用在同一种算法上,算法得到的非劣解支配比例关系(CM)指标,见表 6.3。我们随机抽取 100 000 个调度方案,计算得出 100 000 组样本,计算样本的平均值以及标准差,得出 $\mu_s=123388.5$, $\sigma_s=9597.365$。

表 6.3 标准化处理方法实验数据

实验	insert		swap		启发式	
	固定	变权重	固定	变权重	固定	变权重
实验 1	0	1	0	0.8	0	1
实验 2	0.333 333 333	0	0	0	0	0.571 428 571
实验 3	0	0.375	1	0	1	0
实验 4	0.5	0	0	1	0.333 333 333	0
实验 5	0.666 666 667	0.428 571 429	0	0.666 666 667	0.428 571 429	0
实验 6	0	1	1	0	0	1
实验 7	0	1	0	1	0	1
实验 8	0.555 555 556	0.428 571 429	0	1	0	0.666 666 667
实验 9	0.4	0.5	0.75	0	0	1

续表

实验	insert 固定	insert 变权重	swap 固定	swap 变权重	启发式 固定	启发式 变权重
实验 10	0	1	0	1	0.142 857 143	0.5
实验 11	0	0.142 857 143	0.666 666 667	0.333 333 333	0	0.833 333 333
实验 12	0.25	0.2	0	1	0.285 714 286	0.6
实验 13	0	1	0	1	0	1
实验 14	0	1	0	0.333 333 333	0	1
实验 15	0.428 571 429	0.333 333 333	0	1	0	1
实验 16	0	1	0	1	0	0.444 444 444
实验 17	0.75	0.25	0	1	0	1
实验 18	1	0	0	1	0	1
实验 19	0	1	0	0.833 333 333	0	1
实验 20	0	0.333 333 333	0.333 333 333	0.2	0	1
实验 21	0	0.75	0	0.5	0	0.6
实验 22	0	0.8	0.142 857 143	0.5	0.25	0
实验 23	0	0.8	0	0.5	0.75	0
实验 24	1	0	0	1	0.6	0
实验 25	0.714 285 714	0.5	0	1	0.333 333 333	0
实验 26	0	0.666 666 667	1	0	0	1
实验 27	0	0	1	0	0.666 666 667	0
实验 28	0	1	0	1	0	1
实验 29	0	0.666 666 667	0	0.666 666 667	0	1
实验 30	0	1	0.125	0.333 333 333	0	1

由表 6.3 可以看出,未进行标准化处理的方法得到的非劣解在制约关系上明显劣于标准化处理之后的,针对 insert、swap 和启发式三种邻域搜索方法的标准化处理方法,数据中第 20 次、23 次、22 次实验结果占优,因此可以看出,在处理多目标问题时标准化方法更有利于算法搜索方向分散。

我们再选取以下 8 个指标:ONVG 指标、CM 指标、D_{av} 和 D_{max} 指标、TS 指标、MS 指标、AQ 指标和算法运算时间(count time)指标,分别评价三种算法所得非劣解集合的质量,进一步考察和比较三种混合 PSO 算法的性能。表 6.4 为 PSO1(insert)和 PSO2(启发式)进行 30 次独立实验的对比结果;表 6.5 为 PSO3(swap)和 PSO2(启发式)进行 30 次独立实验的对比结果。

表 6.4　PSO1 和 PSO2 算法(30 次独立实验)性能比较

实验	AQ PSO1	AQ PSO2	CM PSO1	CM PSO2	D_{av} PSO1	D_{av} PSO2	D_{max} PSO1	D_{max} PSO2
实验 1	80 500.43	76 297.04	0	1	0.816 085	0	0.874 419	0
实验 2	79 773.57	77 002.43	0	1	0.312 234	0	0.347 896	0
实验 3	78 182.14	77 214.07	0	0.666 667	0.319 222	0	0.668 975	0
实验 4	80 515.31	75 810.27	0	1	0.580 449	0	0.717 73	0
实验 5	81 761.17	76 312.53	0	1	0.904 735	0	0.904 735	0
实验 6	79 866.64	76 856.88	0	1	0.340 637	0	0.370 931	0
实验 7	78 425.22	76 477.26	0	0.6	0.188 756	0	0.325 634	0
实验 8	79 965.1	76 015.18	0	1	0.684 119	0	0.916 215	0
实验 9	78 021.03	77 346.11	0	0.571 429	0.096 381	0	0.270 033	0
实验 10	80 046.01	76 210.53	0	1	0.476 342	0	0.532 596	0
实验 11	78 162.83	78 608.29	0.333 333	0.5	0.111 467	0.064 346	0.289 371	0.193 038
实验 12	79 127.57	76 275.09	0	1	0.561 197	0	0.656 226	0
实验 13	81 882.63	76 485.79	0	1	0.614 479	0	0.768 452	0
实验 14	79 796.16	78 005.03	0	0.333 333	0.175 495	0	0.526 484	0
实验 15	79 971.22	77 999.13	0	1	0.417 257	0	0.598 507	0
实验 16	82 677.82	78 047.63	0	1	0.579 584	0	0.579 584	0
实验 17	79 893.6	75 685.05	0	1	0.453 98	0	0.573 032	0
实验 18	80 452.44	75 342.91	0	1	0.532 606	0	0.588 76	0
实验 19	78 212.21	77 542.45	0	0	0	0	0	0
实验 20	79 288.56	76 691.55	0	0.555 556	0.159 456	0	0.329 642	0
实验 21	81 330.74	75 745.89	0	1	0.654 876	0	0.694 191	0
实验 22	81 008.46	76 749.14	0	1	0.447 821	0	0.447 821	0
实验 23	78 726.22	76 653.76	0.166 667	0.75	0.424 333	0.042 546	0.672 633	0.255 279
实验 24	78 777.39	74 451.7	0	1	0.737 641	0	0.854 437	0
实验 25	78 508.06	77 144.2	0.333 333	0.8	0.232 85	0.057 429	0.388 463	0.240 073
实验 26	77 681.25	76 137.15	0	1	0.319 211	0	0.432 788	0
实验 27	77 509.37	76 962.04	0.333 333	0	0	0.117 609	0	0.352 827
实验 28	84 346.64	77 012.3	0	1	0.557 294	0	0.688 267	0
实验 29	84 955.78	77 997.75	0	1	0.710 031	0	0.764 583	0
实验 30	81 311.62	76 000.41	0	1	0.700 437	0	0.894 827	0

续表

实验	MS PSO1	MS PSO2	ONVG PSO1	ONVG PSO2	TS PSO1	TS PSO2	count time/ms PSO1	count time/ms PSO2
实验 1	0.791 166	1	5	2	2	2	33 980	5 862
实验 2	0.372 099	1	3	4	4	4	34 262	5 659
实验 3	0.664 384	0.446 985	3	3	4	4	34 448	5 666
实验 4	0.247 815	1	4	6	6	6	34 107	5 784
实验 5	0.707 107	1	1	2	2	2	33 878	5 576
实验 6	0.422 311	1	3	8	8	8	33 849	6 109
实验 7	0.625 925	1	5	8	10	10	35 088	5 617
实验 8	0.940 917	1	8	4	4	4	34 240	5 630
实验 9	0.732 306	0.495 614	7	5	8	8	34 395	5 565
实验 10	0.537 217	1	7	7	7	7	34 977	5 758
实验 11	1	0.566 688	6	3	5	5	40 153	6 381
实验 12	0.792 524	1	4	4	4	4	36 688	5 957
实验 13	0.584 667	1	4	7	7	7	36 568	5 862
实验 14	0.717 648	0.486 826	3	3	5	5	36 628	6 121
实验 15	0.542 032	1	4	3	3	3	36 114	6 185
实验 16	0.865 861	1	1	4	4	4	35 430	5 996
实验 17	0.482 097	1	5	10	10	10	36 148	6 115
实验 18	0.236 3	1	5	8	8	8	35 954	5 991
实验 19	0.446 415	0.375 347	3	3	6	6	36 775	6 087
实验 20	0.804 735	0.548 812	9	7	11	11	36 049	6 042
实验 21	0.622 501	1	3	5	5	5	35 494	5 821
实验 22	0.113 816	1	1	5	5	5	36 593	5 901
实验 23	0.614 888	0.881 649	4	6	6	6	35 817	6 981
实验 24	0.770 991	1	4	3	3	3	37 904	6 763
实验 25	0.720 504	1	5	6	5	5	40 448	7 100
实验 26	0.723 103	1	7	9	9	9	40 674	6 665
实验 27	0.243 317	0.710 632	3	3	5	5	40 184	6 744
实验 28	0.440 152	1	3	6	6	6	40 573	6 510
实验 29	0.734 674	1	3	4	4	4	40 157	6 918
实验 30	0.709 664	1	3	2	2	2	39 735	7 155

表6.5 PSO3和PSO2算法(30次独立实验)性能比较

实验	AQ PSO3	AQ PSO2	CM PSO3	CM PSO2	D_{av} PSO3	D_{av} PSO2	D_{max} PSO3	D_{max} PSO2
实验1	84 581.63	76 406.71	0	1	0.746 951	0	0.746 951	0
实验2	79 583.62	75 811.48	0.25	0	0	0.048 138	0	0.192 55
实验3	78 912.23	76 386.42	0	1	0.529 063	0	0.577 729	0
实验4	79 518.21	78 700.47	0	0.8	0.336 268	0	0.734 642	0
实验5	78 174.78	76 316.89	0	1	0.571 226	0	0.683 687	0
实验6	78 025.55	76 099.4	0.125	0	0	0.006 301	0	0.050 411
实验7	80 973.39	76 486.55	0	1	0.643 916	0	0.692 65	0
实验8	78 798.47	76 673.19	0	1	0.506 347	0	0.695 753	0
实验9	80 094.12	76 438.26	0	1	0.420 028	0	0.616 001	0
实验10	81 993.28	75 699.22	0	1	0.645 881	0	0.645 881	0
实验11	85 288.86	76 964.11	0	1	0.808 894	0	0.808 894	0
实验12	80 501.25	76 485.27	0	0.833 333	0.399 456	0	0.671 346	0
实验13	78 925.67	76 716.73	0.166 667	0.666 667	0.398 776	0.051 566	0.648 175	0.309 393
实验14	79 070.5	78 192.85	0	0.666 667	0.185 24	0	0.296 483	0
实验15	82 337.92	76 460.39	0	1	0.785 596	0	0.786 321	0
实验16	79 944.15	76 778.88	0	1	0.458 948	0	0.656 636	0
实验17	82 708.23	76 273.34	0	1	0.964 801	0	0.964 801	0
实验18	80 114.88	77 047.27	0	1	0.400 632	0	0.479 121	0
实验19	81 280.2	75 683.91	0	1	0.554 426	0	0.654 835	0
实验20	79 006.74	77 369.94	0.25	0	0	0.011 891	0	0.047 563
实验21	81 656.38	77 177.58	0	1	0.421 941	0	0.536 564	0
实验22	77 412.13	76 973.87	0	1	0.215 355	0	0.307 579	0
实验23	79 444.08	77 978.29	0	0.5	0.199 951	0	0.464 927	0
实验24	76 337.98	77 557.04	1	0	0	0.389 732	0	0.634 077
实验25	79 415.08	77 305.41	0	0.714 286	0.109 174	0	0.212 571	0
实验26	82 600.7	76 429.35	0	1	0.686 656	0	0.686 656	0
实验27	80 449.35	77 516.47	0	1	0.275 176	0	0.337 533	0
实验28	79 349.67	75 965.17	0	1	0.318 628	0	0.365 29	0
实验29	81 846.74	75 166.89	0	1	0.701 49	0	0.761 167	0
实验30	79 048.6	76 136.63	0	0	0	0	0	0

续表

实验	MS		ONVG		TS		count time/ms	
	PSO3	PSO2	PSO3	PSO2	PSO3	PSO2	PSO3	PSO2
实验1	0.709 393	1	1	8	8	8	33 057	5 708
实验2	0.235 925	0.861 064	3	4	6	6	34 117	5 236
实验3	0.479 018	1	4	4	4	4	35 870	6 405
实验4	0.600 247	1	5	3	4	4	35 427	5 856
实验5	0.521 834	1	6	5	5	5	34 352	5 640
实验6	0.353 626	1	2	8	9	9	34 752	5 905
实验7	0.232 327	1	4	5	5	5	33 287	5 494
实验8	0.643 677	1	7	3	3	3	35 003	5 760
实验9	0.397 807	1	2	9	9	9	33 777	5 353
实验10	0.037 632	1	1	4	4	4	34 669	5 917
实验11	0.733 121	1	1	8	8	8	34 417	6 346
实验12	0.741 7	0.773 458	6	4	5	5	33 351	5 598
实验13	0.716 326	0.938 416	3	6	6	6	33 681	5 628
实验14	0.345 8	0.721 563	3	4	5	5	33 370	5 634
实验15	0.528 193	1	2	3	3	3	34 953	5 516
实验16	0.370 471	1	4	5	5	5	33 496	5 415
实验17	0.707 107	1	1	2	2	2	32 901	5 544
实验18	0.280 396	1	3	6	6	6	32 800	5 337
实验19	0.123 377	1	3	8	8	8	32 196	5 354
实验20	0.376 41	0.731 529	2	4	5	5	32 964	5 357
实验21	0.203 836	1	4	10	10	10	32 028	5 754
实验22	0.859 549	1	6	6	6	6	32 122	5 392
实验23	0.713 717	0.406 759	4	5	7	7	32 562	5 358
实验24	1	0.700 959	3	4	3	3	32 981	5 353
实验25	0.505 873	0.581 839	7	9	11	11	34 175	5 852
实验26	0.158 562	1	1	6	6	6	35 028	6 102
实验27	0.286	1	3	9	9	9	35 020	5 839
实验28	0.469 552	1	4	8	8	8	35 227	5 989
实验29	0.712 301	1	3	5	5	5	36 547	6 507
实验30	0.236 799	0.658 63	2	4	6	6	39 048	6 374

由表6.4和表6.5可知，PSO2算法对于供应链调度干扰管理问题的求解都能获得比较好的计算结果，另外两种混合PSO算法的性能指标还是有一定差距的，对

比 ONVG 指标值可见，PSO2 算法所得非劣解个数较少，但是对比 CM 指标值可见，在非劣解集合中解的相互支配关系方面，PSO2 算法占有明显的优势，PSO2 算法得到的非劣解更加接近于理论最优的 Pareto 前沿；对比 D_{av} 和 D_{max} 指标值可见，对于理论上最优 Pareto 前沿的逼近程度而言，PSO2 算法在平均距离意义上和最大化最近距离意义上都要更加接近于理论最优 Pareto 前沿；对比 MS 指标值可见，PSO2 算法所得的非劣解对理论上最优 Pareto 前沿的覆盖情况优势明显且分散性好。

上述分析表明，在 PSO2 算法运算时间（count time）明显少于 PSO1 算法和 PSO3 算法的前提下，各项评价指标均优于 PSO1 算法和 PSO3 算法。因此，PSO2 算法是求解此类供应链调度干扰管理问题的一种更加有效的混合算法。

6.1.6　本节小结

在信息不完全共享的环境下，建立了由一个供应商和一个制造商组成的简化制造供应链模型。在扰动工况下，运用干扰管理思想，以企业各自的成本最小化为目标，完成了供应商和制造商之间的协商调度安排。为了能够更好地解决此类问题，本节借助 PSO 优化算法，数值算例仿真实验结果表明，此算法是有效的。

6.2　供应链环境下 HNWFS 动态调度模型

在制造供应链的生产中，客户的临时订单变更是经常发生的干扰事件。本节重点研究制造供应链中制造商车间内部的调度安排，将制造商生产系统抽象为 HNWFS 模型，针对如何制定出兼顾成本指标和减少计划执行偏离度的干扰管理调度问题进行了科学的研究。

6.2.1　问题的描述和定义

在制造供应链系统中，制造商对工件集 $J=\{1,2,\cdots,j,\cdots,n\}$（$n>1$）进行调度安排，各个工件的加工优先级为 ω_j，工件集 J 具有完全相同的工艺行程，都需要经过 HNWFS 系统的 $L(L\geq 2)$ 个加工工序（阶段）进行生产，而且在某一加工工序 $i(i=1,2,\cdots,L)$ 上需要将工件集分成 n'_B 个批次加工，即 $J=\{B_1,B_2,\cdots,B_h,\cdots,B_{h'},\cdots,B_{n'_B}\}$（$B_h=\{j|j\in J,j\notin B_{h'}\}$）。该 HNWFS 系统的加工环境为：任意加工工序均有 $l_i\geq 1$ 台并行同速机，至少有一个加工工序满足 $l_i>1$；任意机器在某一时刻仅能加工一个工件；每个工件在各道工序机器上只需加工一次；同一工件在 HNWFS 上必须连续加工完成；被中断的工件必须重新进入 HNWFS 加工。令工件 j 在

HNWFS 中工序 i 的第 $m_{ij}^{(k)}$ 台机器（$1 \leqslant m_{ij}^{(k)} \leqslant l_i$）上的开工时间为 $s_{ij}^{(k)}$、加工时间为 $p_{ij}^{(k)}$、完工时间为 $C_{ij}^{(k)}$，工件 j 在 HNWFS 系统的完工时间为 C_j，可行的调度加工时间表记为 π。

（1）初始调度方案

制造商将 n 个工件完工时间的加权和定义为一个由调度引起的库存成本指标（邹辉霞，2007）。这里以最小化所有工件完工时间的加权和（或称加权流水时间）作为初始调度方案的优化目标，则初始调度问题描述为 $FF_s \mid nwt, \{l_1, l_2, \cdots, l_m\}, \{B_1, B_2, \cdots, B_{n_B'}\} \mid f(\pi) = \sum_{j=1}^{n} \omega_j C_j$。

对于 $FF_2 \mid nwt \mid \sum_{j=1}^{n} \omega_j C_j$ 问题，是没有伪多项式时间算法的，即使它存在一个划分问题的归结，该问题仍然是一个强 NP 难问题。本节的初始调度问题亦是强 NP 难问题，可以采用微粒群调度算法搜索全局最优解，由此获得初始最优调度加工时间表 $\overline{\pi}$（如图 6.4 中 A 部分所示），最优目标评价函数值为 $f(\overline{\pi}) = \sum_{j=1}^{n} \omega_j \overline{C}_j$。

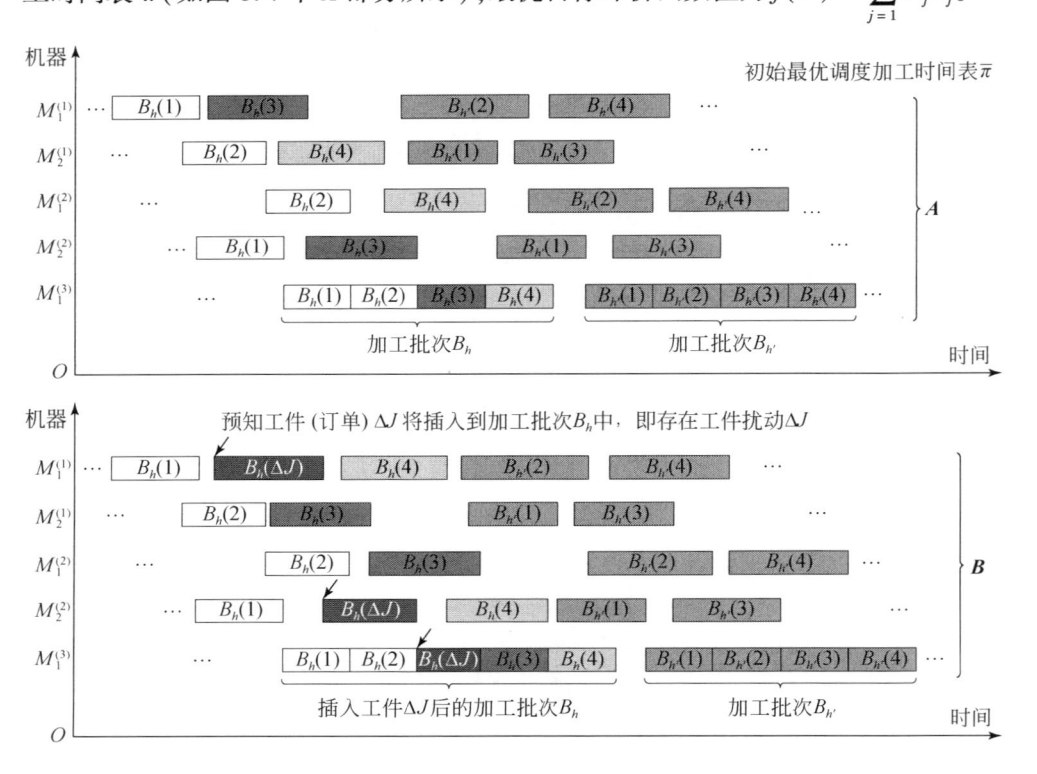

图 6.4　HNWFS 工件扰动 ΔJ 工况下的干扰管理调度示意图

供应链中的客户引发的临时订单变更(如新增订单、取消订单等)的干扰事件出现,会使最初制定的最优调度加工时间表 π 变得不再最优,甚至不再可行。如图 6.4 中 B 部分所示,在初始最优调度方案执行到某一时刻 t_0(不妨假设 $t_0 = 0$),预知插入工件扰动:有新的工件任务需要插入加工批次 B_h 中生产。对于新增或取消订单的干扰事件可以记作 $(\pm)\Delta J | t_0$,简记为 ΔJ。为了减少工件扰动 ΔJ 对加工系统状态及调度指标的影响,需要对 HNWFS 上的待加工工件集 $J' = \{1, 2, \cdots, j, \cdots, n'\}$($n' = n \pm \Delta J$)实施重调度,即根据工件扰动情况对 HNWFS 上待加工工件的排序进行调整,快速生成一个既考虑初始调度目标又兼顾干扰修复目标的新的调度加工时间表 π',即干扰修复方案。

(2)干扰管理策略

干扰修复问题是初始调度问题在某种工件扰动条件下的特定表现形式,制定的干扰管理方案需要充分考虑初始调度问题的优化目标;在进行干扰修复操作时,通常会导致调整前后的调度方案产生偏差,为缩小修复方案与初始方案之间的偏离程度,干扰修复时要尽可能地使两个调度方案在时间安排上具有一致性。也就是说,在制定干扰管理方案时,既要考虑新调度方案中所有工件完工时间的加权和最小化指标(初始优化目标),又要保证新方案加工时间表 π' 与初始最优调度加工时间表 π 之间的偏离度最小化,本节以所有工件完工滞后时间的加权和作为偏离度的度量指标。因此,干扰管理方案的两个优化目标为:

1)初始调度目标。所有工件完工时间的加权和最小化,即 $f_{\mathrm{I}}(\pi') = \sum_{j=1}^{n'} \omega_j C_j$。

2)偏离校正目标。所有工件完工滞后时间的加权和最小化。在初始最优调度加工时间表中,HNWFS 系统加工的工件 j 将在 $\bar{C}_j$ 时刻完工;由于受到工件扰动的影响,在干扰管理方案中,工件 j 将在 C_j 时刻完工。令初始最优调度方案中工件 j 的完工时间 $\bar{C}_j$ 为虚拟工期,那么工件完工滞后时间可定义为 $T_j = \max\{0, C_j - \bar{C}_j\}$,则干扰管理方案与初始调度方案之间的偏离度最小化目标函数可表示为 $f_{\mathrm{II}}(\pi') = \sum_{j=1}^{n'} \omega_j T_j$。

前述干扰管理的修复过程是单次工件扰动发生的情况(包含同时新增或取消多笔订单),对于类似干扰事件有可能多次发生的情形,需要启用干扰管理方案的循环滚动处理机制,即将前一次获得的干扰管理方案作为处置下一次干扰事件的初始最优调度方案。

综上可知,本节研究的 HNWFS 干扰管理调度(HNWFS-dmsp)问题可描述为 HNWFS-dmsp: $FF_s | \mathrm{nwt}, \{l_1, l_2, \cdots, l_m\}, \{B_1, B_2, \cdots, B_{n'_B}\}, \Delta J | f_{\mathrm{I}}(\pi'), f_{\mathrm{II}}(\pi')$。

6.2.2 供应链环境下 HNWFS 干扰管理调度模型

HNWFS-dmsp 问题本身由初始调度问题演化而来,因而 HNWFS-dmsp 干扰修复模型中严格地继承了 $FF_s \mid nwt, \{l_1, l_2, \cdots, l_m\}, \{B_1, B_2, \cdots, B_{n_B}\} \mid f(\pi) = \sum_{j=1}^{n} \omega_j C_j$ 模型的约束条件。为了便于对问题建模的描述,我们定义 $\sigma(ijk)$ 表示工件 j 在工序 i 的机器 $m_{ij}^{(k)}$ 上的紧后加工工件,定义变量 $x_{ij}^{(k)}$ 表示工件 j 在工序 i 上是否由机器 $m_{ij}^{(k)}$ 加工($x_{ij}^{(k)} = 0$ 或 1)。令 $x_{ij}^{(k)}$ 和工件 j 在工序 i 的机器 $m_{ij}^{(k)}$ 上的开工时间 $s_{ij}^{(k)}$ 为模型的决策变量。这样,HNWFS-dmsp 的问题模型就可描述为

$$\min_{i \in L, j \in J'} \{f_{\mathrm{I}}(\pi') = \sum_{j=1}^{n'} \omega_j C_j, f_{\mathrm{II}}(\pi') = \sum_{j=1}^{n'} \omega_j T_j\} \quad (6.9)$$

$$\text{s.t.} \quad s_{ij} = s_{ij}^{(k)} \cdot x_{ij}^{(k)}, p_{ij} = p_{ij}^{(k)} \cdot x_{ij}^{(k)} \quad (6.10)$$

$$C_{ij} = s_{ij} + p_{ij}, C_j = s_{1j} + \sum_{i=1}^{L} p_{ij} \quad (6.11)$$

$$s_{(i+1)j} = s_{ij} + p_{ij}, i \in \{1, 2, \cdots, (L-1)\} \quad (6.12)$$

$$s_{i\sigma(ijk)}^{(k)} \cdot x_{ij}^{(k)} \geq s_{ij}^{(k)} \cdot x_{ij}^{(k)} + p_{ij}^{(k)} \cdot x_{ij}^{(k)} \quad (6.13)$$

$$(s_{ij}^{(k)} \cdot x_{ij}^{(k)} \geq C_{ij'}^{(k)} \cdot x_{ij'}^{(k)} \vee s_{ij'}^{(k)} \cdot x_{ij'}^{(k)} \geq C_{ij}^{(k)} \cdot x_{ij}^{(k)})$$
$$\vee (m_{ij}^{(k)} \neq m_{ij'}^{(k)}), \forall j, j' \in J' \quad (6.14)$$

$$J' = \{B_1, \cdots, B_h, \cdots, B_{h'}, \cdots, B_{n_B}\}, B_h = \{j \mid j \in J', j \notin B_{h'}\} \quad (6.15)$$

在 HNWFS-dmsp 模型中,式(6.9)为干扰管理调度问题的优化目标;式(6.10)为工件在工序上开工时间和加工时间;式(6.11)为工件在工序上的完工时间以及在 HNWFS 系统的完工时间;式(6.12)为无等待流水线作业约束,即工件一旦进入 HNWFS 系统开始加工就必须连续完成;式(6.13)为同一机器只有在前一工件加工完成之后才能开始对下一工件加工;式(6.14)为混合流水加工作业的析取约束,指两个工件若被安排在同一台机器上加工,则不允许它们同时开工;式(6.15)为工件的分批约束。

6.2.3 混合 PSO 算法

考虑到 PSO 算法具有全局快速寻优的特点,以及随机邻域局部搜索算法具有提高算法局部搜索性能的优势,本节提出基于微粒群优化策略与启发式邻域搜索机制紧密结合的混合 PSO 算法,并使用混合 PSO 算法对 HNWFS-dmsp 模型进行

求解。

1. 解的表达与双层 ROV 规则

为了保证 HNWFS 调度方案的编码策略不会遗漏掉可能的全局最优解，并且能够满足 PSO 算法迭代进化操作的合理性和可行性，首先需要构造微粒位置向量与工件分批排序之间的恰当映射关系，即解决 HNWFS 分批排序解的表达问题；其次设计一种基于随机键编码方式的双层升序排列(ranked-order-value，ROV)规则，来实现从微粒位置向量（连续实数值）到工件分批排序解（离散整数值）的编码转换，其转换过程如图 6.5 所示。

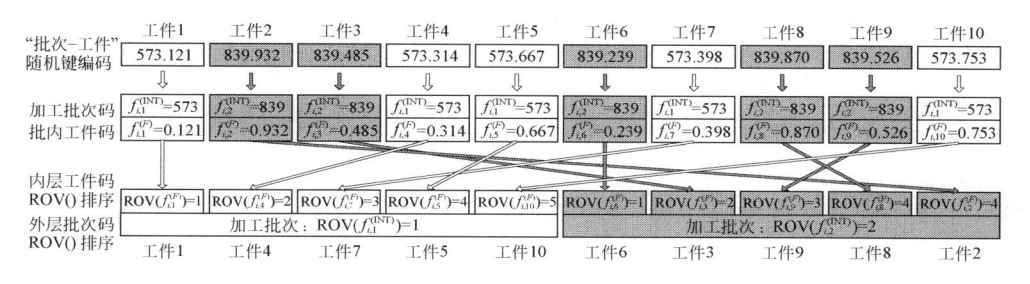

图 6.5 "批次-工件"随机键编码和双层 ROV 规则译码的转换过程

PSO 算法种群中的每个微粒位置都采用一个 n' 维的实数向量 $X_i^{(R)} = [x'_{i,1}, x'_{i,2}, \cdots, x'_{i,n'}]$ 表达（n' 为待加工工件数）。每一维度的位置分量值都可以表示为 $x'_{i,k} = f_{i,k}^{(INT)} + f_{i,k}^{(F)}$（$f_{i,k}^{(INT)}$ 为实值 $x'_{i,k}$ 的整数部分，$f_{i,k}^{(F)}$ 为实值 $x'_{i,k}$ 的小数部分，$k \in \{1, 2, \cdots, n'\}$），$f_{i,k}^{(INT)}$ 对应为工件的加工批次码（外层批次码），$f_{i,k}^{(F)}$ 对应为加工批次内部的工件码（内层工件码）。在执行 PSO 算法初始化时，以标准的随机键编码函数 rand(·) 分别产生 n'_B（n'_B 为工件分批处理后的加工批次数）和 n' 个 (0,1) 均匀分布的随机数，并用其定义 n'_B 个外层批次码 $f_{iINT} = \text{Round}(\text{rand}(\cdot), 3) \times 1000$ 和 n' 个内层工件码 $f_{iF} = \text{Round}(\text{rand}(\cdot), 3)$，再根据工件与批次之间的"多对一"关系，形成针对"批次-工件"组合的随机键编码。

双层 ROV 排序规则：对于任意一个微粒的位置向量，定义位置分量的整数部分 $f_{i,k}^{(INT)}$ 为外层分量，定义位置分量的小数部分 $f_{i,k}^{(F)}$ 为内层分量。对于外层批次码，首先将 $f_{i,k}^{(INT)}$ 值最小的外层分量位置赋予 ROV 值 1，然后将 $f_{i,k}^{(INT)}$ 值次小的外层分量位置赋予 ROV 值 2，依此类推（对于可能出现多个分量位置值相同的情况，采取分量位置值累加足够小正数的方式，使微粒的各个位置分量值互不相同），直至将所有外层分量位置都赋予唯一的 ROV 值；同理，对于内层工件码，完成对所有内层分量位置的 ROV 排序赋值。基于双层 ROV 规则可构造出一个包括外层批次顺序和内层工件次序信息的 HNWFS 调度问题解。

2. 双层微粒迭代进化策略设计

针对 HNWFS-dmsp 问题的特点,本节设计一种双层微粒迭代进化策略:外层的微粒种群负责搜索各个加工批次的排序解,内层的微粒种群负责搜索批次内部工件的排序解;外层种群搜索操作优先执行,外层搜索所获得的加工批次排序结果信息,将作为批次内部工件排序搜索的约束条件传递给内层种群微粒。双层微粒迭代进化的具体操作过程如下。

(1) 外层搜索种群

外层 n'_B 维搜索空间中第 k 个微粒的位置向量和速度向量分别表示为 $F_i^{(n'_B)} = [f_{i,1}^{(INT)}, f_{i,2}^{(INT)}, \cdots, f_{i,n'_B}^{(INT)}]$ 和 $V_i^{(n'_B)} = [v_{i,1}^{(INT)}, v_{i,2}^{(INT)}, \cdots, v_{i,n'_B}^{(INT)}]$,在 t 时刻,外层搜索的每个微粒所经过的最佳位置记作 $P_{i,best}^{(n'_B)} = [p_{i,1}^{(INT)}, p_{i,2}^{(INT)}, \cdots, p_{i,n'_B}^{(INT)}]$,外层搜索种群的最佳位置记作 $P_{g,best}^{(n'_B)} = [p_{g,1}^{(INT)}, p_{g,2}^{(INT)}, \cdots, p_{g,n'_B}^{(INT)}]$,则 $t+1$ 时刻各微粒的位置和速度迭代更新公式为

$$f_{i,j}^{(INT)}(t+1) = f_{i,j}^{(INT)}(t) + v_{i,j}^{(INT)}(t+1), j \in \{1, 2, \cdots, n'_B\} \quad (6.16)$$

$$v_{i,j}^{(INT)}(t+1) = \omega_1 v_{i,j}^{(INT)}(t) + c_1 r_1 [p_{i,j}^{(INT)} - f_{i,j}^{(INT)}(t)] + c'_1 r'_1 [p_{g,j}^{(INT)} - f_{i,j}^{(INT)}(t)] \quad (6.17)$$

(2) 内层搜索种群

内层 n' 维搜索空间中第 k 个微粒的位置向量和速度向量分别表示为 $F_i^{(n')} = [f_{i,1}^{(F)}, f_{i,2}^{(F)}, \cdots, f_{i,n'}^{(F)}]$ 和 $V_i^{(n')} = [v_{i,1}^{(F)}, v_{i,2}^{(F)}, \cdots, v_{i,n'}^{(F)}]$,在 t 时刻,内层搜索的每个微粒所经过的最佳位置记作 $P_{i,best}^{(n')} = [p_{i,1}^{(F)}, p_{i,2}^{(F)}, \cdots, p_{i,n'}^{(F)}]$,内层搜索种群的最佳位置记作 $P_{g,best}^{(n')} = [p_{g,1}^{(F)}, p_{g,2}^{(F)}, \cdots, p_{g,n'}^{(F)}]$,则 $t+1$ 时刻各个微粒的位置和速度的迭代更新公式为

$$f_{i,j}^{(F)}(t+1) = f_{i,j}^{(F)}(t) + v_{i,j}^{(F)}(t+1), j \in \{1, 2, \cdots, n'\} \quad (6.18)$$

$$v_{i,j}^{(F)}(t+1) = \omega_2 v_{i,j}^{(F)}(t) + c_2 r_2 [p_{i,j}^{(F)} - f_{i,j}^{(F)}(t)] + c'_2 r'_2 [p_{g,j}^{(F)} - f_{i,j}^{(F)}(t)] \quad (6.19)$$

3. 基于随机策略的多邻域结构

研究表明,局部搜索的性能取决于所使用的邻域结构。对于一般的排列组合优化问题而言,InsertChange(π, v_1, v_2)(插入-交换邻域结构)、insert(π, v_1, v_2)(插入邻域结构)和 swap(π, v)(相邻互换邻域结构)是常用的三种邻域结构。

1) insertChange(π, v_1, v_2) 邻域结构:将调度时间表 π 中第 v_1 和 v_2 位置上的工件互换。

2) insert(π, v_1, v_2) 邻域结构:将调度时间表 π 中第 v_1 位置上的工件插入第 v_2 位置。

3) swap(π,v)邻域结构:将调度时间表 π 中第 v 个位置上的两个相邻工件互换排序。

针对 HNWFS 调度问题,基于上述特定的邻域结构或操作算子所获得的解空间是一种大峡谷型地貌,局部和全局最优解大都集中于峡谷底部区域。尽管峡谷底部区域相对于整个大峡谷而言是非常小的,但由于峡谷底部的解的数量依然十分巨大,寻优搜索算法也通常难以高效、完备地搜索到峡谷底部的全部可行解。

因此,本节设计一种以概率分布的多邻域搜索结构。外层搜索的多邻域结构为 $F_{\mathrm{NB}}^{(\mathrm{INT})}[c_{P\mathrm{III}}\otimes P_{i,\mathrm{best}}^{(n_B')}]$,它表示以 $c_{P\mathrm{III}}$ 的概率对各微粒执行最大迭代次数为 $\overline{M}$ 的邻域搜索操作(其中,$c_{P\mathrm{III}}$ 为三阶段的概率区间:$c_{pi}[\alpha_1,\beta_1]$、$c_{pii}[\alpha_2,\beta_2]$ 和 $c_{piii}[\alpha_3,\beta_3]$):对于任意的 $(0,1)$ 均匀分布随机数 rand($\cdot$),若 $\alpha_1\leqslant$ rand($\cdot$)$\leqslant\beta_1$,则执行 insertChange(π,v_1,v_2) 局部搜索操作;若 $\alpha_2\leqslant$ rand($\cdot$)$\leqslant\beta_2$,则执行 insert(π,v_1,v_2) 局部搜索操作;若 $\alpha_3\leqslant$ rand($\cdot$)$\leqslant\beta_3$,则执行 swap(π,v) 局部搜索操作。$F_{\mathrm{NB}}^{(\mathrm{INT})}[c_{P\mathrm{III}}\otimes P_{i,\mathrm{best}}^{(n_B')}]$ 可表示为

$$c_{P\mathrm{III}}=\begin{cases}c_{pi}[\alpha_1,\beta_1](\alpha_1\leqslant\beta_1)\Rightarrow\mathrm{insertChange}(\pi,v_1,v_2)\\ c_{pii}[\alpha_2,\beta_2](\alpha_2\leqslant\beta_2)\Rightarrow\mathrm{insert}(\pi,v_1,v_2)\\ c_{piii}[\alpha_3,\beta_3](\alpha_3\leqslant\beta_3)\Rightarrow\mathrm{swap}(\pi,v)\end{cases} \quad (6.20)$$

这里,定义组合邻域结构 COM<IC,I,S>,表达上述 3 种邻域搜索算子的组合状态,令 3 种邻域算子的优先级顺序依次为:insertChange(π,v_1,v_2)、insert(π,v_1,v_2)、swap(π,v)。对于概率分布重叠的区域,如随机数 $\alpha_2<\beta_1$,即存在着叠加的区间 $[\alpha_2,\beta_1]$;若随机数 $\alpha_2\leqslant$ rand($\cdot$)$\leqslant\beta_1$,则按照邻域算子优先级依次执行 insertChange(π,v_1,v_2) 和 insert(π,v_1,v_2) 操作。

内层搜索的多邻域结构 $F_{\mathrm{NB}}^{(F)}[c_{P\mathrm{III}}\otimes P_{i,\mathrm{best}}^{(n')}]$ 与外层的类似。因为包含了 n_B' 个加工批次,所以在邻域算子初始化时,需要生成一个由 n_B' 个 $(0,1)$ 均匀分布随机数 rand($\cdot$) 元素组成的一维数组 rand($\cdot$)$[n_B']$。该数组每一个元素映射到 HNWFS-dmsp 问题的某一个加工批次上,元素所对应的元素值即为该加工批次内部执行工件排序多邻域搜索的概率。内层 $F_{\mathrm{NB}}^{(F)}[c_{P\mathrm{III}}\otimes P_{i,\mathrm{best}}^{(n')}]$ 的多邻域搜索过程与外层 $F_{\mathrm{NB}}^{(\mathrm{INT})}[c_{P\mathrm{III}}\otimes P_{i,\mathrm{best}}^{(n_B')}]$ 的搜索过程相同。

4. 混合 PSO 算法的流程框架

在上述算法设计的基础上,本节提出了求解 HNWFS-dmsp 问题的 PSO 策略与随机多邻域搜索机制相结合的混合 PSO 算法。该混合 PSO 算法的具体步骤和流程框架如图 6.6 所示。

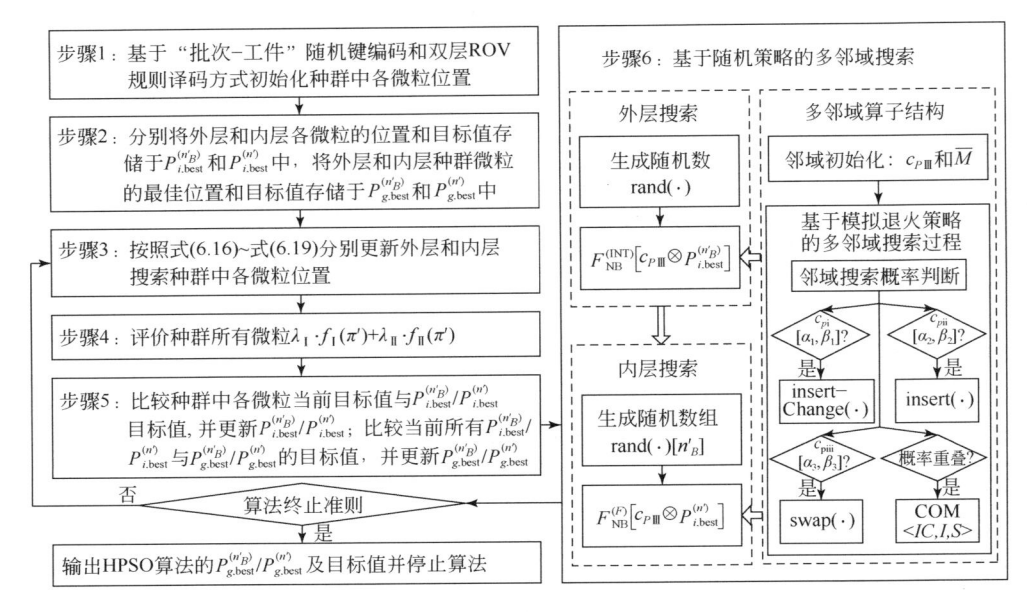

图 6.6 混合 PSO 算法的基本流程

考虑到模拟退火(simulated annealing,SA)算法在搜索过程中具有概率突跳的能力,能够有效避免搜索过程陷入局部极小解。图 6.6 基本流程中的步骤 6,本节在执行随机多邻域搜索过程中使用了模拟退火机制,以避免算法的早熟收敛。具体而言,在 PSO 进化的每一代,进行基于随机策略的多邻域搜索操作,当邻域搜索的算子结构确定后,算法将在当前温度下执行 $n \times (n-1)$ 步基于模拟退火的局部搜索操作。对于上述模拟退火局部搜索的参数,初始温度一般按照仿真经验选取,而模拟退火方式则采用的是比较常见的指数退温方式。

6.2.4 数值算例仿真实验

1. 实验设计

HNWFS-dmsp 问题模型的数值算例实验方案:HNWFS 环境包含了 3 道加工工序,其中第 1、第 2 道工序均有 2 台并行同速机,第 3 道工序只有 1 台机器;待加工工件集合中的工件数量为 50 个,一共划分了 7 个加工批次,相应的工件编号、权重系数、加工批次、工件在各道工序的加工时间等参数见表 6.6。

表 6.6 数值实验中加工工件的基本参数

工件编号	1	2	3	4	5	6	7	8	9	10	11	12	13	14	15	16	17	18	19	20	21	51	22	23	24	25
权重	10	12	12	3	11	9	5	5	18	18	17	5	18	16	1	13	2	6	18	5	12	15	8	15	5	4
加工批次	1	1	1	1	1	1	1	1	2	2	2	2	2	2	2	3	3	3	3	3	3	3	4	4	4	4
加工时间 工序1	124	136	128	128	132	140	140	132	156	152	144	140	160	156	140	180	172	164	180	176	172	180	180	180	200	184
加工时间 工序2	31	34	32	32	33	35	35	33	39	38	36	35	40	39	35	45	43	41	45	44	43	45	45	45	50	46
加工时间 工序3	93	102	96	96	99	105	105	99	117	114	108	105	120	117	105	135	129	123	135	132	129	135	135	135	150	138
工件编号	26	27	28	52	29	30	31	32	33	34	35	36	37	38	39	40	41	42	43	44	45	46	47	48	49	50
权重	16	2	8	17	2	17	4	14	12	12	17	8	12	12	4	11	4	9	13	19	11	12	9	1	15	11
加工批次	4	4	4	4	5	5	5	5	5	5	5	5	6	6	6	6	6	6	6	7	7	7	7	7	7	7
加工时间 工序1	188	180	200	200	216	212	212	208	220	204	216	216	240	228	232	232	240	228	240	248	260	260	244	240	256	240
加工时间 工序2	47	45	50	50	54	53	53	52	55	51	54	54	60	57	58	58	60	57	60	62	65	65	61	60	64	60
加工时间 工序3	141	135	150	150	162	159	159	156	165	153	162	162	180	171	174	174	180	171	180	186	195	195	183	180	192	180

现有紧急加工任务加入,即出现工件变更扰动,如新增第 51、第 52 号工件(对应第 3、第 4 加工批次)需要插入前述 50 个工件的初始调度加工时间表中。若实施干扰管理的两个调度目标的线性加权系数分别为 $\lambda_{\mathrm{I}}=1$ 和 $\lambda_{\mathrm{II}}=10$,假设工件扰动情况下工件的最早开工时间 $t_0=0$。以多次独立实验的方式,对所提出的混合 PSO 算法进行性能测试。

混合 PSO 算法的参数设置:①微粒迭代优化部分。种群规模 $M=80$,最大迭代次数 $\mathrm{Max}=100$,种群中各个微粒的加速因子 $c_1=c_1'=c_2=c_2'=2$,微粒的惯性权因子 $\omega_1=\omega_2=(0.9-0.4)\times(\mathrm{Max}-M_{\mathrm{cur}})/\mathrm{Max}+0.4$(其中 M_{cur} 为当前迭代次数)。②随机多邻域搜索部分。为了考察多邻域搜索算法中各类邻域算子的作用效果,这里设计了具有代表性的三种算法。HPSO I 算法,$c_{P\mathrm{III}}=\{c_{pi}[0.00,0.85],c_{pii}[0.75,0.95],c_{piii}[0.80,1.00]\}$;HPSO II 算法,$c_{P\mathrm{III}}=\{c_{pi}[0.75,0.95],c_{pii}[0.00,0.85],c_{piii}[0.80,1.00]\}$;HPSO III 算法,$c_{P\mathrm{III}}=\{c_{pi}[0.80,1.00],c_{pii}[0.75,0.95],c_{piii}[0.00,0.85]\}$;上述三种混合 PSO 算法的模拟退火搜索初温为 3.0,退温速率为 0.9,终止条件为最大迭代 150 次。三种算法均使用 C#语言在 Visual Studio 2010 集成开发环境下编程实现,算法的运行环境为 Intel Core i3-M350 @ 2.27GHz 双核/4G DDR3/ Windows7 专业版 32 位 SP1。

2. 结果分析

本书分别对 HPSO I 算法、HPSO II 算法和 HPSO III 算法进行了 20 次独立数值实验,图 6.7 描述了三种混合 PSO 算法求解相同 HNWFS-dmsp 问题所获得的最优调度指标情况。由图 6.7 可知,对干扰管理调度目标而言,HPSO I 算法和 HPSO II 算法的结果相差较小,并且这两种算法的计算结果都明显优于 HPSO III 算法的计算结果。

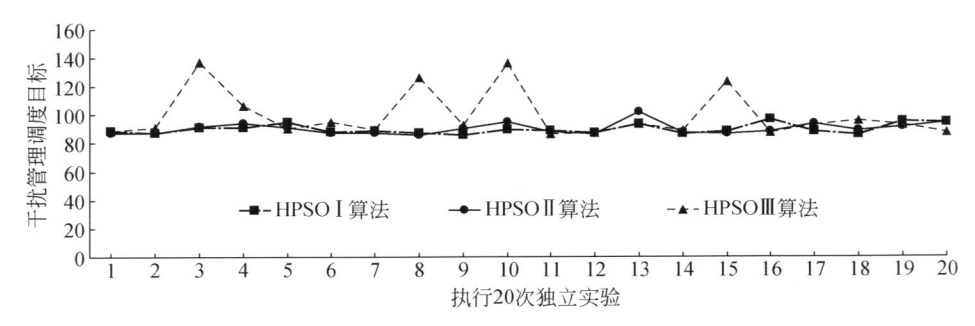

图 6.7 三种混合 PSO 算法 20 次独立实验的干扰管理调度指标变化曲线

表 6.7 列出了 HPSO I 算法、HPSO II 算法和 HPSO III 算法 20 次独立实验的统计结果,主要反映了三种算法求得 HNWFS-dmsp 问题的初始调度目标 $f_1(\pi')$、偏

离校正目标 $f_{\mathrm{II}}(\pi')$ 和干扰管理调度目标 $\lambda_{\mathrm{I}} \cdot f_{\mathrm{I}}(\pi') + \lambda_{\mathrm{II}} \cdot f_{\mathrm{II}}(\pi')$ 情况(包括最大值、平均值和最小值)。

表 6.7　三种混合 PSO 算法 20 次独立实验的结果对比

算法类别	多邻域结构中大概率算子	初始调度目标 $f_{\mathrm{I}}(\pi')$ 最大值	平均值	最小值	偏离校正目标 $f_{\mathrm{II}}(\pi')$ 最大值	平均值	最小值	干扰管理调度目标 最大值	平均值	最小值
HPSO I	insertChange(·)	838 800	818 175	661 780	29 624	7 711	2 803	958 020	895 283	851 883
HPSO II	insert(·)	839 654	788 396	659 298	27 088	10 940	2 731	1 013 720	897 799	853 731
HPSO III	swap(·)	1 307 736	870 192	657 582	24 877	11 957	2 277	1 367 686	990 864	862 757

由表 6.7 统计结果可见,HPSO III 算法求得初始调度目标均值和偏离校正目标均值的情况相对较差;HPSO I 和 HPSO II 算法在兼顾初始调度目标的同时,更为有效地降低了工件扰动对系统造成的影响;在双目标权衡方面,HPSO I 算法取得了较好的偏离校正目标,HPSO II 算法取得了较好的初始调度目标;在干扰管理综合调度目标方面,HPSO I 算法性能较好。

鉴于上述情况,我们应用 7 个指标:ONVG、CM、D_{av}、$D_{\max}$、TS、MS、AQ,评价 HPSO I、HPSO II 与 HCPSO(hill climbing particle swarm optimization)算法,以及 HPSO I 和 HPSO II 算法所得非劣解集合的质量,进一步考察和比较混合 PSO 算法的性能。均采用 10 次独立实验进行对比,对比结果分别见表 6.8 和表 6.9。

表 6.8 中的数据为 HPSO I 与 HCPSO 算法,以及 HPSO II 与 HCPSO 算法 10 次独立实验各项性能指标结果集合的最大值、最小值、平均值和标准差。由表 6.8 的平均值数据可知,HPSO I 和 HPSO II 算法在 CM、D_{av} 和 $D_{\max}$ 等指标上均好于 HCPSO 算法,在 TS 指标上略优于 HCPSO 算法,而在 ONVG、MS 和 AQ 等指标上与 HCPSO 算法非常接近。通过表 6.8 的标准差数据可知,在多数情况下,HPSO I、HPSO II 算法性能指标的标准差值小于 HCPSO 算法,即 HPSO I、HPSO II 算法所得的性能指标数值与其各自平均值之间的差异较小,表明两种算法结果的稳定性相对较好。

由表 6.9 可见,HPSO I 算法与 HPSO II 算法对于 HNWFS-dmsp 问题的求解都能获得比较好的计算结果,尽管两种混合 PSO 算法的性能指标非常相近,但仍可以发现其中细微的差别:对比 ONVG 指标值可见,HPSO I 算法所获得的非劣解个数与 HPSO II 算法非常接近;对比 CM 指标值可见,在两算法求得非劣解集合中解的相互支配关系方面,大多数情况下 HPSO I 算法优于 HPSO II 算法;对比 D_{av} 和 $D_{\max}$ 指标值可见,对于理论上最优 Pareto 前沿的逼近程度而言,HPSO I 算法所获得的非劣解在平均距离意义上和最大化最近距离意义上都要更加接近于理论最优的 Pareto 前沿,即在该项指标上 HPSO I 算法优于 HPSO II 算法;对比 TS 指标值可见,

表 6.8 HPSO I、HPSO II 与 HCPSO 算法(10 次独立实验)性能比较

性能指标	ONVG HCPSO 算法	ONVG HPSO I 算法	CM HCPSO 算法	CM HPSO I 算法	D_{av} HCPSO 算法	D_{av} HPSO I 算法	D_{max} HCPSO 算法	D_{max} HPSO I 算法	TS HCPSO 算法	TS HPSO I 算法	MS HCPSO 算法	MS HPSO I 算法	AQ HCPSO 算法	AQ HPSO I 算法
最大值	26	27	0.315 8	1.000 0	0.153 0	0.031 5	0.587 2	0.157 3	2.750 9	2.701 6	0.993 6	1.000 0	415 474	411 560
最小值	3	6	0.000 0	0.333 3	0.009 1	0.000 0	0.037 5	0.000 0	0.606 5	0.448 3	0.765 9	0.888 8	330 332	324 318
平均值	14.0	14.9	0.137 5	0.668 1	0.067 1	0.006 0	0.223 4	0.033 3	1.640 9	1.494 7	0.913 7	0.986 8	369 953	349 183
标准差	7.9	6.0	0.127 2	0.238 5	0.057 5	0.009 7	0.200 0	0.046 2	0.707 7	0.671 5	0.083 3	0.035 0	35 189	29 126
性能指标	HCPSO 算法	HPSO II 算法	HCPSO 算法	HPSO II 算法	HCPSO 算法	HPSO II 算法	HCPSO 算法	HPSO II 算法	HCPSO 算法	HPSO II 算法	HCPSO 算法	HPSO II 算法	HCPSO 算法	HPSO II 算法
最大值	21	21	0.500 0	0.900 0	0.236 4	0.083 3	0.712 4	0.337 6	2.629 7	2.303 7	0.988 5	1.000 0	413 197	414 118
最小值	10	8	0.000 0	0.523 8	0.013 9	0.000 0	0.047 5	0.000 0	1.203 4	0.692 5	0.629 9	0.819 5	329 417	329 074
平均值	14.2	14.8	0.205 4	0.764 9	0.114 2	0.012 7	0.450 2	0.062 3	1.998 9	1.404 1	0.821 3	0.959 1	366 574	342 864
标准差	3.9	4.1	0.139 9	0.133 5	0.063 4	0.025 3	0.216 5	0.099 7	0.467 4	0.474 1	0.125 7	0.067 0	29 683	25 899

表 6.9 HPSO I 与 HPSO II 的(10 次独立实验)性能指标对比

性能指标	ONVG HCPSO I 算法	ONVG HPSO II 算法	CM HCPSO I 算法	CM HPSO II 算法	D_{av} HCPSO I 算法	D_{av} HPSO II 算法	D_{max} HCPSO I 算法	D_{max} HPSO II 算法	TS HCPSO I 算法	TS HPSO II 算法	MS HCPSO I 算法	MS HPSO II 算法	AQ HCPSO I 算法	AQ HPSO II 算法
实验1	13	15	0.600 0	0.153 8	0.001 6	0.102 3	0.013 9	0.315 1	1.990 2	2.630 2	1.000 0	0.909 3	332 481	352 945
实验2	9	8	0.625 0	0.111 1	0.004 6	0.008 5	0.041 4	0.027 7	1.443 1	1.869 1	0.967 6	0.964 8	333 067	338 001
实验3	11	10	0.300 0	0.727 3	0.018 1	0.013 3	0.050 5	0.060 1	1.748 9	0.454 8	0.993 7	0.983 0	328 319	334 857
实验4	16	13	0.076 9	0.875 0	0.025 8	0.000 6	0.121 9	0.008 1	1.865 4	0.951 9	0.976 6	1.000 0	340 800	331 096
实验5	26	13	0.153 8	0.769 2	0.077 5	0.001 7	0.225 3	0.012 3	0.542 2	1.371 7	0.850 4	0.999 0	382 459	358 080
实验6	8	9	0.555 6	0.125 0	0.007 3	0.021 7	0.058 2	0.061 6	1.257 2	0.292 8	1.000 0	0.732 2	336 489	342 919
实验7	11	12	0.250 0	0.272 7	0.008 6	0.019 0	0.043 3	0.120 7	2.278 5	0.996 0	0.996 0	0.969 8	331 797	326 082
实验8	6	8	0.625 0	0.000 0	0.000 0	0.020 7	0.000 0	0.085 3	1.531 9	1.196 5	0.740 7	1.000 0	353 535	350 725
实验9	11	13	0.769 2	0.000 0	0.000 0	0.023 9	0.000 0	0.077 0	2.313 2	0.948 6	1.000 0	0.975 6	328 496	330 911
实验10	7	9	0.555 6	0.875 0	0.077 5	0.405 8	0.225 3	1.716 2	0.500 5	1.169 1	1.000 0	0.023 1	333 067	335 383
最大值	26	15	0.769 2	0.303 3	0.014 4	0.405 8	0.055 5	1.716 2	2.313 2	2.630 2	1.000 0	1.000 0	382 459	358 080
平均值	11.8	11	0.451 1	0.303 3	0.014 4	0.061 8	0.055 5	0.248 4	1.524 3	1.316 3	0.952 5	0.855 7	340 051	340 100
最小值	6	8	0.076 9	0.000 0	0.000 0	0.000 6	0.000 0	0.008 1	0.500 5	0.292 8	0.740 7	0.023 1	382 319	326 082

在非劣解集合中解的整体分布均匀性方面，HPSO Ⅱ 算法比 HPSO Ⅰ 算法更好一点；对比 MS 指标值可见，HPSO Ⅰ 算法所获得的非劣解对理论上最优 Pareto 前沿的覆盖情况较好，HPSO Ⅱ 算法则不如 HPSO Ⅰ 算法；对比 AQ 指标值可见，HPSO Ⅰ 算法与 HPSO Ⅱ 算法的结果相当接近，HPSO Ⅰ 算法略优于 HPSO Ⅱ 算法，这说明 HPSO Ⅰ 算法在非劣解的近似性与分散性方面的综合性能更好一些。

综上分析表明，HPSO Ⅰ 算法是求解 HNWFS-dmsp 问题的一种更加有效的混合算法。

6.2.5 本节小结

针对带分批约束的 HNWFS 加工环境中干扰事件的出现导致初始调度计划发生偏离的问题，本节研究了如何运用干扰管理理论来应对工件变更扰动情况，建立了兼顾最小化工件完工时间加权和指标（初始调度目标）与最小化工件完工滞后时间加权和指标（偏离校正目标）的干扰管理调度模型，提出了双层 PSO 策略与随机多邻域搜索机制相结合的混合求解算法。数值算例仿真实验结果表明，包含"插入-交换"大概率邻域搜索算子的混合 PSO 算法求解本节所构建的干扰管理调度模型是有效的。

第 7 章 制造供应链多目标协商调度模型及算法研究

7.1 两阶段制造供应链干扰管理模型

供应链由企业内部供应链或者外部供应链成员形成战略合作关系,供应链成员间拥有共同的管理目标,因而能够实现信息的完全共享,这为供应链中的决策提供了良好的条件。本章在此环境下,构建两阶段制造供应链模型,并将此抽象为无等待流水线调度环境进行分析。

7.1.1 问题描述

有如下所述供应链加工环境:进入流水线加工的工件必须依次经过两个供应链节点企业 M_1 和 M_2(如供应商和制造商);工件在流水线上的每个节点仅加工一次;同一工件在流水线上必须连续加工完成;流水线上的任一节点在某一时刻只能加工单一工件;工件在节点企业的加工时间成比例;任一工件在一个节点企业的加工时间总大于任一工件在另一个节点企业的加工时间;若加工工件被迫中断,则必须重新进入流水线加工。该供应链加工环境称为双机成比例无等待均匀差速流水线加工环境,在此加工环境下,有待加工工件集 $J=\{1,2,\cdots,j,\cdots,n\}$($n>1$),各工件加工优先级权重 $W=\{\omega_1,\omega_2,\cdots,\omega_j,\cdots,\omega_n\}$($n>1$),实际生产过程中该权重可以表示在未按期交付的情况下,不同工件所受到的惩罚力度不同。假设工件集 $J=\{1,2,\cdots,j,\cdots,n\}$ 和供应链节点集 $M=\{M_1,M_2\}$ 均在 0 时刻准备完毕(如一条供应链计划周期的开始),两企业 M_1、M_2 加工速度为 $v_1>v_2$;工件 j 在节点 i 上的加工时间为 p_{ij},对于工件 x,y($\forall x,y\in J$),加工时间满足 $p_{1x}/p_{2x}=p_{1y}/p_{2y}$,且 $p_{1x}\leqslant p_{2x}$;工件 j 在节点 i 上的加工开始时间为 s_{ij},加工完成时间为 C_{ij},可以得到 C_{2j},即为工件 j 在流水线上的加工完成时间,为表达简便,记为 C_j;可行的加工时间表记为 π,由其组成的可行加工时间表集合记为 Π。

(1)初始调度方案

流水线的初始调度目标为加权完工时间和的最小化,即 $\sum_{j=1}^{n}\omega_j C_j$,该目标符合流水线生产过程中高利用率的要求,避免不必要的停滞。可以证明,如本章的带有权重的工件加工时间,按照 WSPT 规则加工,能够实现加权完工时间和的最小化目标,该定理可以称为 WSPT 规则,对于带有权重的工件加工时间的加权完工时间和的最小化是最优的,本章以下内容将予以证明。初始调度问题可以描述为 $F_2 \mid \text{nwt} \mid F(\pi)$,此时初始最优调度加工时间表为 $\bar{\pi}$,最优目标函数值为 $F(\bar{\pi}) = \sum_{j=1}^{n} \omega_j C_j$。

(2) 干扰条件

在初始调度方案的实际执行过程中,可能会发生由企业内部原因造成的停产干扰事件,这会导致流水线上原来的生产安排发生中断,使初始最优调度加工时间表 $\bar{\pi}$ 变得不再最优甚至不可行。为了减少上述干扰事件对生产进程的影响,需要对流水线上的剩余待加工工件集 $J' = \{1, 2, \cdots, j, \cdots, n'\}$($1 \leq n' \leq n$)重新安排生产,即根据干扰事件具体情况对剩余工件的加工顺序进行调整。

如图 7.1 所示,其第一部分表示在 WSPT 规则下,形成的初始最优调度加工时间表 $\bar{\pi}$;干扰时间发生在 $t_1 \sim t_2$ 时段,持续时间 $\delta = t_2 - t_1$,干扰事件工况下,工件最早开始加工时间为 t_0,该干扰事件记作 $\Delta M \mid [t_1, t_2]$,简记为 ΔM;情况 A 和情况 B 表示干扰事件的两种形式,情况 A 表示,工件 3 在 M_1 上加工时,预知在 t_1 时刻将发生插单情况,此时从工件 4 开始的之后的待加工工件可以分为在 t_1 之前加工和在 t_2 之后加工两部分,同时,此情况还要满足 $t_1 > \min\{t_0 + p_{1j} + p_{2j} \mid j \in J'\}$,以满足在 $t_0 - t_1$ 时段,可以安排工件加工生产,否则,只需等到干扰事件的影响过去,再按初始最优调

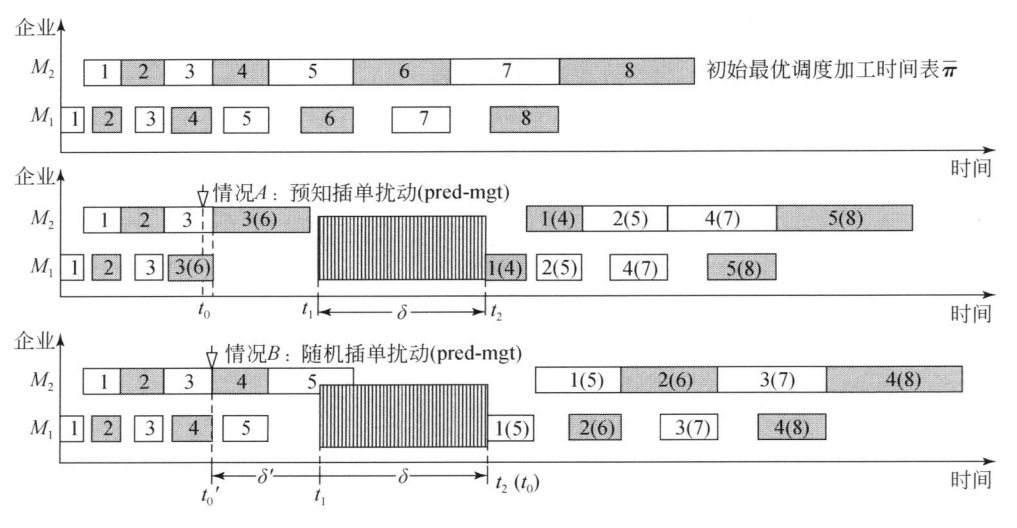

图 7.1 双机成比例无等待流水线环境中断干扰管理示意图

度加工时间表 π 执行即可;情况 B 表示,在无预知的情况下,在 t_1 时刻随机发生干扰事件,此时正在加工工件将被迫终止,并在 $t_0 = t_2$ 时刻重新开始加工。两种情况均将 t_0 时刻重置为重调度的 0 时刻,待加工工件集 J' 按照 WSPT 规则重新编号为 $1 \sim n'$。

(3) 干扰管理策略

干扰事件的发生使初始调度方案发生变化,这导致新方案 π' 需要考虑两方面的调度目标的最小化。

1) 初始调度目标:加权完工时间和,即所有工件完工时间的加权和 $F_{\mathrm{I}}(\pi') = \sum_{j=1}^{n} \omega_j C_j$。

2) 扰动修复目标:待加工工件集 J' 中所有工件的加权拖期时间和 $F_{\mathrm{II}}(\pi') = \sum_{j=1}^{n'} \omega_j T_j$。按照初始调度方案,工件 j 将在 $\bar{C}_j$ 时刻加工完成,但干扰事件的发生导致工件 j 将于 C_j 时刻加工完成,于是工件 j 则发生一个拖期时间 $T_j = \max\{C_j - \bar{C}_j, 0\}$,用 T_j 来衡量干扰事件对工件 j 加工的影响程度,再乘以工件权重,于是得到扰动修复目标 $F_{\mathrm{II}}(\pi') = \sum_{j=1}^{n'} \omega_j T_j$。

重调度问题需要充分考虑初始调度方案的目标,这一点在初始调度目标中得到体现;此外,还要控制其与初始调度目标的偏离程度,从而尽可能使重调度结果同初始调度方案的结果在时间上保持一致,这一点在扰动修复目标中得到体现。

从图 7.1 可以看出,在双机成比例无等待流水线工况下,干扰事件可分为预知扰动(情况 A)和随机扰动(情况 B)两种情况,对应地,也需要采取事前干扰管理(pred-mgt)和事后干扰管理(post-mgt)两种干扰管理策略。对于干扰事件多次发生的情况,则采取干扰管理方案滚动的处理方式,即将当前重调度加工时间表作为下一次处置干扰事件的初始调度方案。

综上所述,制造商重调度问题可拆分为两类干扰管理子问题,使用 $\alpha \mid \beta \mid \gamma$ 三参数法表示。

子问题 $A: F_2 \mid \text{nwt-sc}, \text{uni-dif}, \Delta M, \text{prep-mgt} \mid F_{\mathrm{I}}(\pi'), F_{\mathrm{II}}(\pi')$ (7.1)

子问题 $B: F_2 \mid \text{nwt-sc}, \text{uni-dif}, \Delta M, \text{post-mgt} \mid F_{\mathrm{I}}(\pi'), F_{\mathrm{II}}(\pi')$ (7.2)

7.1.2 问题建模

1. WSPT 规则最优解特性分析

定理:WSPT 规则对 $F_2 \mid \text{nwt-sc}, \text{uni-dif}, \Delta M, \text{prep-mgt} \mid F_{\mathrm{I}}(\pi'), F_{\mathrm{II}}(\pi')$ 是最优的。

其中，$F_{\mathrm{I}}(\pi') = \sum_{j=1}^{n'} \omega_j C_j$，$F_{\mathrm{II}}(\pi') = \sum_{j=1}^{n'} \omega_j T_j$，$T_j = \max\{C_j - \overline{C_j}, 0\}$。

证明：以图7.2中工况$A \to$工况A'的WSPT邻对交换为例，采用反证法进行证明。

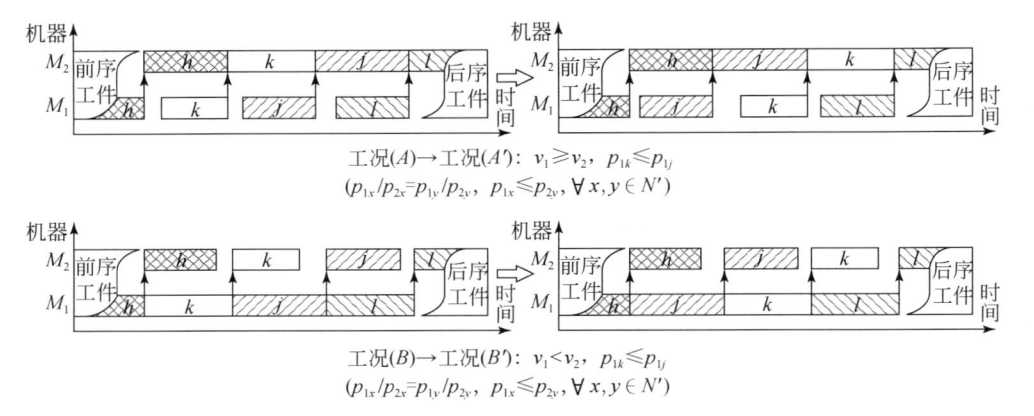

图7.2 $F_2 \mid \mathrm{nwt\text{-}sc, uni\text{-}dif}, \Delta M, \mathrm{prep\text{-}mgt} \mid F_{\mathrm{I}}(\pi'), F_{\mathrm{II}}(\pi')$问题WSPT规则最优解特性的情形分类

1）对于$F_{\mathrm{I}}(\pi') = \sum_{j=1}^{n} \omega_j C_j$，假设安排在$t_2$之后的待加工工件集合存在最优调度加工时间表$\pi^*$，在最优调度加工时间表$\pi^*$中至少有一对相邻工件$j$和$k$，工件$j$为工件$k$的紧后工件，且两者满足$\dfrac{\omega_k}{p_{ik}} < \dfrac{\omega_j}{p_{ij}}$，$\omega_j \cdot p_{ij} < \omega_k \cdot p_{ik}$条件。

在最优调度加工时间表π^*中，令工件h为工件k紧前工件、工件l为工件j紧后工件，s_{1l}和s'_{1l}分别为执行邻对交换操作前后工件l在机器1上的开工时间，令C'_{il}为执行邻对交换操作后工件j在机器i上的完工时间。这里若需证明邻对交换使加权完工时间和$\sum_{j=1}^{n'} \omega_j C_j$减少，只需证明命题：不滞后紧后加工工件$l$在机器1上的开工时间$s'_{1l}$的前提下，邻对交换使$\omega_j C'_{2j} + \omega_k C'_{2k} \leqslant \omega_j C_{2j} + \omega_k C_{2k}$成立即可。

邻对交换前，工况A：$\omega_j C_{2j} + \omega_k C_{2k} = \omega_j(C_{2h} + p_{2k} + p_{2j}) + \omega_k(C_{2h} + p_{2k})$，$s_{1l} = C_{2h} + p_{2k} + p_{2j} - p_{1l}$。

邻对交换后，工况A'：$\omega_j C'_{2j} + \omega_k C'_{2k} = \omega_j(C_{2h} + p_{2j}) + \omega_k(C_{2h} + p_{2j} + p_{2k})$，$s'_{1l} = C_{2h} + p_{2j} + p_{2k} - p_{1l}$。

工况$A \to$工况A'：$(\omega_j C'_{2j} + \omega_k C'_{2k}) - (\omega_j C_{2j} + \omega_k C_{2k}) = \omega_k p_{2j} - \omega_j p_{2k}$。由$\dfrac{\omega_k}{p_{ik}} < \dfrac{\omega_j}{p_{ij}}$可知，$\omega_k p_{2j} < \omega_j p_{2k}$，即$\omega_k p_{2j} - \omega_j p_{2k} < 0$；$s'_{1l} - s_{1l} = (C_{2h} + p_{2j} + p_{2k} - p_{1l}) - (C_{2h} + p_{2j} + p_{2k} - p_{1l}) = 0$。

第 7 章 | 制造供应链多目标协商调度模型及算法研究

综上所述，$(\omega_j C'_{2j}+\omega_k C'_{2k})-(\omega_j C_{2j}+\omega_k C_{2k})<0$，$s'_{1l}-s_{1l}=0$，即 $\omega_j C'_{2j}+\omega_k C'_{2k} \leqslant \omega_j C_{2j}+\omega_k C_{2k}$ 成立，且邻对交换不会延误紧后工件 l 开工时间的命题得证。

同理可证，安排在 t_1 之前待加工工件集合对于初始最优调度目标 $F_{\mathrm{I}}(\pi')$ 的最优排序解也须满足 WSPT 调度规则。

2）对于 $F_{\mathrm{II}}(\pi')=\sum_{j=1}^{n'}\omega_j T_j$，易证遵循 WSPT 调度规则对工件集合进行排序，安排在 t_1 之前加工的工件，满足 $C_j \leqslant \bar{C}_j$，其完工时间不会被滞后，即 $\omega_j T_j=0$。

若在某一 $F_{\mathrm{II}}(\pi')$ 最优调度加工时间表 $\pi^{\otimes}$ 中，安排在 t_2 之后的待加工工件集合中存在一对相邻工件 k 和 j，执行 WSPT 邻对交换后，令 $\omega_j T_j$ 为工件 j 使 $F_{\mathrm{II}}(\pi')$ 的减少量、$\omega_k T_k$ 为工件 k 使 $F_{\mathrm{II}}(\pi')$ 的增加量，那么 $F_{\mathrm{II}}(\pi')$ 目标函数的变化值可表示为 $\Delta F_{\mathrm{II}}(\pi')=-\omega_j T_j+\omega_k T_k$。

若证明 WSPT 邻对交换有效地减少了工件在均匀差速流水线上的加工滞后时间，即 $\Delta F_{\mathrm{II}}(\pi')<0$，则可确定 WSPT 规则能最小化 $F_2\mid\text{nwt-sc, uni-dif}, \Delta M, \text{prep-mgt}\mid F_{\mathrm{I}}(\pi'), F_{\mathrm{II}}(\pi')$ 问题的调度方案偏离度目标 $F_{\mathrm{II}}(\pi')=\sum_{j=1}^{n'}\omega_j T_j$。

由图 7.2 中工况 $A \to$ 工况 A' 的 WSPT 邻对交换操作可知，邻对交换前后：工件 j 使 $F_{\mathrm{II}}(\pi')$ 的减少量为 $\omega_j T_j=\omega_j p_{2k}$，工件 k 使 $F_{\mathrm{II}}(\pi')$ 的增加量为 $\omega_k T_k=\omega_k p_{2j}$，$F_{\mathrm{II}}(\pi')$ 目标函数的变化量为 $\Delta F_{\mathrm{II}}(\pi')=-\omega_j T_j+\omega_k T_k=-\omega_j p_{2k}+\omega_k p_{2j}<0$。显然，WSPT 调度规则最小化 $F_{\mathrm{II}}(\pi')$ 命题得证。

类似地，可以证明图 7.2 中 WSPT 邻对交换的另一种分类讨论情形：工况 $B \to$ 工况 B' 证明略（定理证毕）。

如图 7.2 中情况 B 所示，令被迫中断的加工工件 j 在 M_1 上开始加工时刻 t'_0 到随机干扰事件发生时刻 t_1 之间的时间窗为 δ'，则 δ' 满足 $\min\{p_{2(j-1)}, p_{1j}\} \leqslant \delta' < p_{1j}+p_{2j}$。

推论：对情况 B 中待加工工件集按照 WSPT 规则进行排序，可获得该重调度问题的最优干扰管理方案，其最优目标值为 $F_{\mathrm{I}}(\pi')=F(\bar{\pi})+\sum_{j=1}^{n'}\omega_j(\delta+\delta')$ 和 $F_{\mathrm{II}}(\pi')=\sum_{j=1}^{n'}\omega_j(\delta+\delta')$。

证明：子问题 B 在 t_2 之后时段加工的工件集符合定理中的条件，故按照 WSPT 规则进行排序，可获得子问题 B 的最优解。随机干扰事件发生后重置 0 时刻（即 t_2），将待加工工件集 J' 按照 WSPT 规则排序，可以得到工件 j 的完工时间 $C_j^{(0)}=C_{j-1}^{(0)}+p_{2j}$。干扰事件在 t_2 时刻停止对流水线的影响，所以工件 j 将在 $C_j=t_2+C_j^{(0)}$ 时刻加工完成，而在初始调度方案中，工件 j 在 $\bar{C}_j=t_1+(C_j^{(0)}-\delta')$ 时刻加工完成，由此被迫中断的加工工件 j 的拖期时间为 $T_j=C_j-\bar{C}_j=\delta+\delta'$。

综上可知,剩余待加工工件集 J' 的最优重调度排序保持不变,就目标值而言,t_2 时刻后安排加工的每个工件,加工完成时间均右移了 $\delta+\delta'$ 个时间单位,所以 $F_{\mathrm{I}}(\pi')$ 加权完工时间和的增加量为 $\sum_{j=1}^{n'}\omega_j(\delta+\delta')$,$F_{\mathrm{II}}(\pi')$ 加权拖期时间和的增加量也为 $\sum_{j=1}^{n'}\omega_j(\delta+\delta')$ (推论证毕)。

2. 重调度的干扰管理模型

根据推论,子问题 B 的重调度最优方案易求得,故下面只讨论流水线发生子问题 A 情况下的干扰管理模型。令 J^{t_1} 和 J^{t_2} 分别为安排在 t_1 之前和 t_2 之后加工的工件集,$J^{t_1}\in J'$,$J^{t_2}\in J'$;令 $C_j^{t_1}$ 和 $C_j^{t_2}$ 分别为安排在 t_1 之前或 t_2 之后加工工件 j 的加工完成时间。由定理可知,子问题 A 转化为决策工件 j 安排在 t_1 之前加工 ($j\in J^{t_1}$),还是安排在 t_2 之后加工 ($j\in J^{t_2}$) 的问题。于是子问题 A 的干扰管理模型 pred-mgt 可表示为

$$\min_{i\in\{1,2\}, j\in J'}\{F_{\mathrm{I}}(\pi')=C_{\max}, F_{\mathrm{II}}(\pi')=\sum_{j=1}^{n'}T_j\} \quad (7.3)$$

$$\text{s.t.}\quad C_j=C_j^{t_1}\cdot x_j+C_j^{t_2}\cdot(1-x_j), C_j^{t_1}\leqslant t_1 \quad (7.4)$$

$$s_{2j}\geqslant C_{1(j-1)}+p_{1j}, \forall j\geqslant 2 \quad (7.5)$$

$$C_{ij}=s_{ij}+p_{ij} \quad (7.6)$$

$$(s_{ij_1}\geqslant C_{ij_2})\vee(s_{ij_2}\geqslant C_{ij_1}) \quad (7.7)$$

$$p_{1(j或1)}\leqslant p_{1j}, \forall j\geqslant 2, j\in J^{t_1} \text{ 或 } j\in J^{t_2} \quad (7.8)$$

$$p_{1x}/p_{2x}=p_{1y}/p_{2y}, p_{1x}\leqslant p_{2y}, \forall x,y\in N' \quad (7.9)$$

$$x_j=\begin{cases}1 & j\in J^{t_1}\\ 0 & j\in J^{t_2}\end{cases}, j=1,2,\cdots,n' \quad (7.10)$$

在 pred-mgt 模型中,式(7.3)为干扰管理的目标是工件最大加工时间的最小化和工件拖期时间和最小化;式(7.4)为一个工件可能被安排在 t_1 之前或 t_2 之后加工,C_j 为其加工完成时间;式(7.5)为工件只有在上游企业完成加工,才能在下游企业开始加工;式(7.6)为流水线的无等待,工件加工过程中不发生等待和中断,即连续加工完成;式(7.7)为安排在同一机器上加工的两个工件不能同时进行;式(7.8)为工件加工顺序遵循 WSPT 规则;式(7.9)为工件在两供应链节点企业的加工时间成比例,且任一工件在第二个企业上的加工时间都不小于任一工件在第一个企业上的加工时间;式(7.10)定义了 0-1 决策变量 x_j,当 $j\in J^{t_1}$ 时,$x_j=1$;当 $j\in J^{t_2}$ 时,$x_j=0$。

7.1.3 问题求解

1. 理想点法

(1) 方法说明

多目标问题的解决方法有很多，本节采用理想点法。理想点法指通过对多目标问题可行解与理想点之间的欧氏距离作比较，评价可行解的优劣，通过足够次数的迭代，理论上可以得出与理想点距离最近的解，即多目标问题的最优解。其中理想点指多目标中每个目标的理想值所组成的理想解。本节的多目标问题符合理想点法的前提是每个目标函数的最优值可以事先确定。

对于本节的 pred-mgt 模型，假设其可行解集为 Π'，通过动态规划法可以求得本节两个目标的理想值，令其分别为 $F_{\mathrm{I}}^{*} = \min F_{\mathrm{I}}(\pi'^{*})$ 和 $F_{\mathrm{II}}^{*} = \min F_{\mathrm{II}}(\pi'^{*})$ ($\pi'^{*} \in \Pi'$)，再由以上描述的理想点法，可以设置本节的评价函数 $\min \sum_{k=\mathrm{I},\mathrm{II}} \lambda_k \cdot [F_k(\pi') - F_k^{*}]^2$，其中 λ_k 为目标的权重系数，本节中假设两目标有相同权重，即 $\lambda_{\mathrm{I}} = \lambda_{\mathrm{II}} = 1$。

式中求出的解 $\bar{\pi}'$，可以保证与理想点间的距离最近，是 pred-mgt 模型的最优解。

(2) 目标理想值的动态规划算法

依据定理，设计如下的动态规划算法求解 $F_{\mathrm{I}}^{*} = \min F_{\mathrm{I}}(\pi')$ 和 $F_{\mathrm{II}}^{*} = \min F_{\mathrm{II}}(\pi')$。

1) F_{I}^{*} 算法。定义状态变量二元组 $\langle j, C_{\max}^{t_1} \rangle$，$C_{\max}^{t_1}$ 表示重置 0 时刻并初始化后，安排在 t_1 之前加工工件集的最大完工时间，即 $[0, t_1-t_0]$ 时间窗流水线被占用的总时间，令 $P'_{2j} = \max\{p_{2j}, p_{1j}+p_{2j}-p_{2(j-1)}\}$，则 $C_{\max}^{t_1} = p_{11} + p_{21} + \sum_{j=2}^{n'} P'_{2j} (j \in J')$。令 $f_{\mathrm{I}}(j, C_{\max}^{t_1})$ 为工件集 $J' = \{1, 2, \cdots, j, \cdots, n'\}$ 的 $\min F_{\mathrm{I}}(\pi')$ 值；令 $C_j^{(0)}$ 为重置 0 时刻后工件 j 的加工完成时间。对于工件集 J' 的任一给定 $\langle j, C_{\max}^{t_1} \rangle$ 状态，工件 j 必须是所在时段内最后一个工件。当 $f_{\mathrm{I}}(j, C_{\max}^{t_1}) = f_{\mathrm{I}}(j-1, C_{\max}^{t_1} - P'_{2j}) + t_0 + P'_{2j}$ 时，决策变量 $x_j = 1$；否则 $x_j = 0$。运用动态规划递归算法，$f_{\mathrm{I}}(j, C_{\max}^{t_1})$ 求解如下。

初始条件：$f_{\mathrm{I}}(1, C_{\max}^{t_1}) = \begin{cases} t_0 + p_{11} + p_{21}, & \text{while}: C_{\max}^{t_1} = p_{11} + p_{21} \\ t_2 + p_{11} + p_{21}, & \text{while}: C_{\max}^{t_1} = 0 \\ +\infty, & \text{while}: C_{\max}^{t_1} \neq p_{11} + p_{21} \text{ 或 } C_{\max}^{t_1} \neq 0 \end{cases}$ (7.11)

递归关系：$f_{\mathrm{I}}(j, C_{\max}^{t_1}) = \min \begin{cases} f_{\mathrm{I}}(j-1, C_{\max}^{t_1} - p'_{2j}) + t_0 + p'_{2j} \\ f_{\mathrm{I}}(j-1, C_{\max}^{t_1}) + t_2 - C_{\max}^{t_1} + C_j^{(0)} \end{cases}$ (7.12)

边界条件:$\begin{cases}2\leq j\leq n'\\ 0\leq C_{\max}^{t_1}\leq t_1-t_0\\ f_{\mathrm{I}}(1,C_{\max}^{t_1})=+\infty, \quad \text{while}: C_{\max}^{t_1}<\min\{p_j\} \text{ 或 } C_{\max}^{t_1}>C_{\max}\end{cases}$ (7.13)

最优方案:$F_{\mathrm{I}}^{*}=\min f_{\mathrm{I}}(n',C_{\max}^{t_1})$ (7.14)

2)F_{II}^{*}算法。同上,对于某个给定的状态$\langle j, C_{\max}^{t_1}\rangle$,令$f_{\mathrm{II}}(j,C_{\max}^{t_1})$为工件集$J'=\{1,2,\cdots,j,\cdots,n'\}$的$\min F_{\mathrm{II}}(\pi')$值。运用动态规划递归算法,$f_{\mathrm{II}}(j,C_{\max}^{t_1})$求解如下。

初始条件:$f_{\mathrm{II}}(1,C_{\max}^{t_1})=\begin{cases}0, & \text{while}: C_{\max}^{t_1}=p_{11}+p_{21}\\ t_2, & \text{while}: C_{\max}^{t_1}=0\\ +\infty, & \text{while}: C_{\max}^{t_1}\neq p_{11}+p_{21} \text{ 或 } C_{\max}^{t_1}\neq 0\end{cases}$ (7.15)

递归关系:$f_{\mathrm{II}}(j,C_{\max}^{t_1})=\min\begin{cases}f_{\mathrm{II}}(j-1,C_{\max}^{t_1}-p_{2j}')\\ f_{\mathrm{II}}(j-1,C_{\max}^{t_1})+t_2-C_{\max}^{t_1}\end{cases}$ (7.16)

边界条件:$\begin{cases}2\leq j\leq n'\\ 0\leq C_{\max}^{t_1}\leq t_1-t_0\\ f_{\mathrm{II}}(1,C_{\max}^{t_1})=+\infty, \quad \text{while}: C_{\max}^{t_1}<\min\{p_j\} \text{ 或 } C_{\max}^{t_1}>C_{\max}\end{cases}$ (7.17)

最优方案:$F_{\mathrm{II}}^{*}=\min f_{\mathrm{II}}(n',C_{\max}^{t_1})$ (7.18)

2. 基于HDPSO算法的设计求解

标准的PSO算法作为一个普适性、概念性的工具,不可能恰当地解决框架内的所有问题,本节以PSO算法为基础,受遗传算法的变异和交叉进化策略以及局部搜索对最优解搜索的有效性的启发,提出混合离散微粒群优化(hybrid discrete particle swarm optimization, HDPSO)算法对pred-mgt模型进行求解。HDPSO算法的基本思想描述如下。

(1)算法初始化

种群中每个微粒的位置采用一个n'维实数向量$X_i^{(R)}=[x_{i,1}',x_{i,2}',\cdots,x_{i,n'}']$表达,随机初始化该实数向量,使$x_{i,k}'$为$(0,1)$均匀分布的随机数($k\in\{1,2,\cdots,n'\}$);针对每一微粒生成一个随机数$0<r_i<1$,并将$X_i^{(R)}$各维度的$x_{i,k}'$值与其比较,若$x_{i,k}'\geq r_i$,则$x_{i,k}=1$,否则$x_{i,k}=0$,于是得到离散化成0-1整数型的编码序列$X_i=[x_{i,1},x_{i,2},\cdots,x_{i,n'}]$。设定HDPSO算法的最大迭代次数$\max$。

(2)微粒迭代进化

不同于标准PSO算法,HDPSO算法不以微粒的历史位置和速度确定微粒的当前位置,其位置更新公式由三部分组成,分别是自身历史最佳位置($pbest$)$\bar{P}_i(t)$、种群当前最佳位置($gbest$)$\bar{P}_g(t)$和局部邻域搜索改进策略f_N。HDPSO算法的微粒迭代进化充分体现了上述更新机制,具体设计如下所示:

$$X_i(t+1) = f_N\{\bar{M}_{best} \oplus [f_C(c_{p3} \otimes \{f_M[c_{p1} \otimes \bar{P}_i(t)], f_M[c_{p2} \otimes \bar{P}_g(t)]\})]\}$$
(7.19)

对微粒位置进化策略设计的解释如下:

1)$f_M[c_{p1} \otimes \bar{P}_i(t)]$表示以$c_{p1}$概率($0 \leq c_{p1} \leq 0.5$)对$\bar{P}_i(t)$进行变异操作:生成$(0,1)$均匀分布随机数 rand,若 rand$<c_{p1}$,则对微粒位置$\bar{P}_i(t)$的随机两个维度上的元素执行 SWAP 操作,即进行 0-1 互换赋值,进而达到$\bar{P}_i(t)$的变异目的;否则微粒位置不发生变化,$f_M[c_{p1} \otimes \bar{P}_i(t)] = \bar{P}_i(t)$。

2)$f_M[c_{p2} \otimes \bar{P}_g(t)]$表示以$c_{p2}$概率($0 \leq c_{p2} \leq 0.5$)对$\bar{P}_g(t)$进行变异操作:生成$(0,1)$均匀分布随机数 rand,若 rand$<c_{p2}$,则对种群最优位置$\bar{P}_g(t)$的随机两个维度上的元素执行 SWAP 操作,即进行 0-1 互换赋值,进而达到$\bar{P}_g(t)$的变异目的;否则种群最优位置不发生变化,$f_M[c_{p2} \otimes \bar{P}_g(t)] = \bar{P}_g(t)$。

3)$f_C(c_{p3} \otimes \{f_M[c_{p1} \otimes \bar{P}_i(t)], f_M[c_{p2} \otimes \bar{P}_g(t)]\})$表示以$c_{p3}$概率($0.5 \leq c_{p3} \leq 1.0$)对微粒位置向量$f_M[c_{p1} \otimes \bar{P}_i(t)]$与$f_M[c_{p2} \otimes \bar{P}_g(t)]$进行交叉操作:生成$(0,1)$均匀分布随机数 rand,若 rand$<c_{p3}$,则随机选定向量维度元素区间$[\sigma, \delta]$($0 < \sigma, \delta \leq n$),进行交叉操作,即以$f_M[c_{p1} \otimes \bar{P}_i(t)]$的$[\sigma, \delta]$区间维度元素值替代$f_M[c_{p2} \otimes \bar{P}_g(t)]$在$[\sigma, \delta]$区间维度元素值,其余维度元素值保持不变,进而产生新的微粒位置,达到交叉的目的;否则微粒位置不发生变化,$f_C(c_{p3} \otimes \{f_M[c_{p1} \otimes \bar{P}_i(t)], f_M[c_{p2} \otimes \bar{P}_g(t)]\}) = f_M[c_{p1} \otimes \bar{P}_i(t)]$。

4)f_N表示对$f_C(c_{p3} \otimes \{f_M[c_{p1} \otimes \bar{P}_i(t)], f_M[c_{p2} \otimes \bar{P}_g(t)]\})$执行步长为$\bar{M}_{best}$的局部搜索操作,$\bar{M}_{best} = \beta \cdot (1/M) \cdot \sum_{k=1}^{M} d_H[X_i(t), \bar{P}_k(t)] \cdot \ln(1/u)$。

3. 邻域搜索设计

大量实验数据表明,HDPSO算法拥有较强的全局搜索能力,但是局部搜索能力较弱。为了更好地利用该算法,我们需要正视其局限性,并加以改进,这也是该算法亟待解决的问题。本节在常规算法逻辑内,利用邻域搜索算子,此方法很好地解决了前述的 PSO 算法的局部搜索能力较弱的问题。

本节的邻域搜索算子包含两种邻域结构,分别是 insert 插入邻域结构和 swap 交换邻域结构。

(1) insert 插入邻域结构

采用随机选取位置的方法,确定 t_1 之前工件集 J^{t_1} 和 t_2 之后工件集 J^{t_2} 中的工件各一个,如 k_m、k_n,将工件 k_n 前插至工件 k_m 位置,而工件 k_m 到工件 k_{n-1} 之间的工件依次后移一个位置。

(2) swap 交换邻域结构

采用随机选取位置的方法,确定 t_1 之前工件集 J^{t_1} 和 t_2 之后工件集 J^{t_2} 中的工件各一个,如 k_m、k_n,将工件 k_n 和工件 k_m 交换位置。

两种邻域结构得到的新加工方案只在合理情况下执行,即 t_1 之前工件集 J^{t_1} 的最大完工时间不超过 t_1 及新的加工方案的目标评价结果优于现行方案。否则,操作不被允许。

4. 算法框架解释

为表述清晰,对本章算法执行框架解释,基于 HDPSO 算法的无等待流水线重调度干扰管理算法流程如图 7.3 所示。

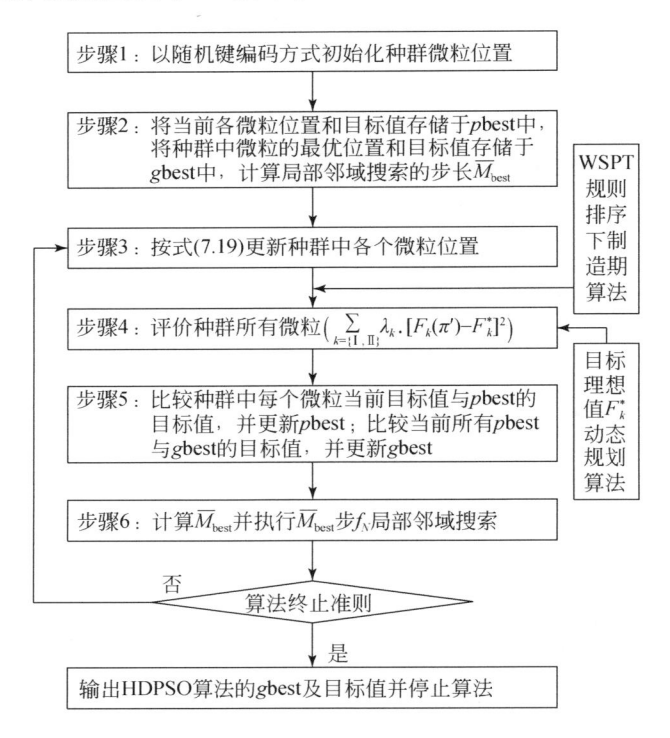

图 7.3 基于 HDPSO 算法的无等待流水线重调度干扰管理流程

7.2 干扰管理协商调度算例

7.2.1 算例设计

作为 pred-mgt 模型的输入值，本节设置算例实验参数如下：供应链节点企业 M_1 和 M_2 对于工件的加工速度分别为 v_1 和 v_2，$v_2=5v_1$，初始待加工工件集的工件数量为 50 个，置 0 时刻后，工件编码按照 WSPT 规则排序进行，工件 i 在供应链节点企业 M_1 上的加工时间 $p_{1j}=[12.14,9.85,8.12,10.45,9.91,12.91,9.76,8.96,$ 10.68,9.03,7.13,10.59,11.15,7.90,11.60,11.88,8.98,7.15,8.79,10.90,7.75, 9.81,11.66,11.81,7.64,12.80,12.38,8.36,7.28,12.58,9.98,11.88,12.38, 12.25,11.74,8.54,11.68,11.58,11.00,8.84,8.54,10.06,12.80,7.03,12.47, 9.92,9.31,11.59,7.71,11.53]，$i=1,2,\cdots,50$，由关系 $v_2=5v_1$ 得到工件 i 在供应链节点企业 M_2 上的加工时间，工件拖期的权重设置为 $w=[0.94,0.46,0.99,0.3,$ 0.15,0.81,0.35,0.22,0.74,0.92,0.98,0.71,0.75,0.88,0.8,0.24,0.43,0.8, 0.39,0.08,0.91,0.39,0.32,0.58,0.14,0.53,0.63,0.78,0.29,0.27,0.58,0.3, 0.04,0.05,0.21,0.08,0.53,0.41,0.37,0.31,0.2,0.29,0.41,0.6,0.87,0.58, 0.26,0.6,0.87,0.58]，双目标的权重关系无差别，即 $\lambda_{\mathrm{I}}=\lambda_{\mathrm{II}}=1$。实验设置以中断时间窗为区别的六组实验，每次实验进行 10 次，与此同时，实验中也对无邻域搜索算子嵌入的 HDPSO 算法（以下标示为 HDPSO1）的运行结果加以输出，以多项指标对两者的输出结果进行算法性能的多方位对比评价。

HDPSO 算法的各项参数分别是微粒群内粒子个数 $M=50$，粒子变异概率 $c_{p1}=c_{p2}=0.2$，粒子交叉概率 $c_{p3}=0.8$，算法收敛缩放系数 $\beta=1$，循环迭代次数为 60 次。

两算法均使用 C#语言在 Visual Studio 2012 实现，运行环境为 Inter Core i3-2120@3.30GHz 双核/4G DDR3/Windows7 专业版 64 位 SP1。

7.2.2 结果分析

以如下所列的常用评价指标对 HDPSO 算法与 HDPSO1 算法加以比较。

1) ONVG 指标：该指标表示非劣解集 E 和 E' 中解的个数，两种算法的非劣解个数分别记作 $|E|$ 和 $|E'|$。

2) CM 指标：考虑两种算法得到的非劣解集 E 和 E'，CM 指标反映两个集合中解的支配关系，将由非劣解集 E 和 E' 构成的有序对 (E,E') 或 (E',E) 映射为 0～1

的数值,如 $CM_{(E,E')} = |\{x' \in E' | \exists x \in E, x > x'\}|/|E'|$。

3) D_{av} 与 D_{max} 指标:这两个指标表示非劣解集 E 和 E' 中的解与最优 Pareto 边界 R 之间的距离,计算式为 $D_{av} = \sum_{x_R \in R} \min_{x \in E \text{ or } E'} d(x, x_R)/|R|$ 和 $D_{max} = \max_{x_R \in R} \{\min_{x \in E \text{ or } E'} d(x, x_R)\}$,其中,$d(x, x_R) = \max_j \{[f_j(x) - f_j(x_R)]/\Delta_j\}$, $x \in E$ or E', $x_R \in R$, Δ_j 为解集 E(或 E')和 R 中所有解的目标值 f_j 范围;对于 E(或 E')中的解,最优 Pareto 边界 R 中一定存在一个与之距离最近的解;D_{av} 为这些最小距离的平均值;D_{max} 为这些最小距离的最大值,可以知道,这两个指标越小,其逼近性越好。

4) TS 指标:该指标表示非劣解集 E 和 E' 中解分布的均匀性,计算式为 $TS_E = \sqrt{(1/|E|) \sum_{i=1}^{|E|} (D_i - \bar{D})^2}/\bar{D}$,其中,$D_i$ 为非劣解 E 中的解 x_i 在目标空间中与其邻近点的欧氏距离,$\bar{D} = \sum_{i=1}^{|E|} D_i/|E|$。

5) MS 指标:该指标表示非劣解集 E 和 E' 对最优 Pareto 边界 R 的包含情况,如 $MS_E = \sqrt{(1/N) \cdot \sum_{j=1}^{N} \{[\max_{i=1}^{|E|} f_j(x_j) - \min_{i=1}^{|E|} f_j(x_j)]/(F_j^{max} - F_j^{min})\}^2}$,其中,$f_j(x_j)$ 为解 x_j 的第 j 个目标值,F_j^{max} 和 F_j^{min} 分别为最优 Pareto 边界中所有解对于第 j 个目标的最大值和最小值,MS 指标越大,理论上讲,最优 Pareto 边界被包含的越多。

6) AQ 指标:该指标为一个分散性指示函数,以一系列具有典型权值的尺度函数对非劣解集 E 和 E' 进行采样求值,以反映解的邻近性和分散性综合性能,计算式为 $AQ_E = \sum_{\lambda \in \Lambda} s_a(f, z^0, \lambda, \rho)/|\Lambda|$,其中,$s_a(f, z^0, \lambda, \rho) = \min_i(\max_j\{\lambda_j[f_j(x_i) - z_j^0]\} + \rho \sum_{j=1}^{N} \lambda_j \cdot [f_j(x_i) - z_j^0])$, $\Lambda = \{\lambda = (\lambda_1, \cdots, \lambda_N) | \lambda_j \in \{0, 1/r, 2/r, \cdots, 1\}, \sum_{j=1}^{N} \lambda_j = 1\}$; z^0 为目标空间中设定的基准点;ρ 为充分小实数,λ 为与目标问题相关的参数。

6 组×10 次的算例实验的结果见表 7.1,上述各项指标值相互对比可见两算法的优劣。

对比 ONVG 指标值可知,HDPSO 算法非劣解集中解的个数多于 HDPSO1 算法解的个数;对比 CM 指标值可知,HDPSO 算法所得非劣解均能够支配 HDPSO1 算法所得非劣解;对比 D_{av} 与 D_{max} 指标值可知,HDPSO 算法所得非劣解与理论最优 Pareto 边界更为接近,在平均距离意义上和最大化最小距离意义上均优于 HDPSO1 算法所得结果;对比 TS 指标值可知,两算法在解的均匀分布方面各有优劣;对比 MS 指标值可知,HDPSO 算法的解对理论上的最优 Pareto 边界的覆盖情况优于 HDPSO1

第 7 章 制造供应链多目标协商调度模型及算法研究

表 7.1 数值算例实验的性能指标比较

实验	结果	ONVG HDPSO	ONVG HDPSO1	CM HDPSO	CM HDPSO1	D_{av} HDPSO	D_{av} HDPSO1	D_{max} HDPSO	D_{max} HDPSO1	TS HDPSO	TS HDPSO1	MS HDPSO	MS HDPSO1	AQ HDPSO	AQ HDPSO1
实验1 [300,350]	平均值	43.5	5.7	0.969 0	0	0.012 5	0.019 7	0.102 6	0.292 9	13.755 8	13.694 5	0.863 6	0.247 2	17 763.4	20 104.75
	最优值	52	7	1	0	0.004 2	0.008 2	0.051	0.198 3	8.076 6	3.235 3	1.053 25	0.556 1	17 734.15	19 811.07
	最差值	35	3	0.833 3	0	0.025 6	0.026 7	0.136 6	0.506 4	19.481 7	25.699 1	0.676 0	0.061 9	17 797.91	20 424.45
实验2 [300,320]	平均值	45.7	6.3	0.935 7	0	0.012 4	0.022 6	0.100 3	0.285 4	12.238 95	15.509 5	0.950 7	0.291 7	17 466.08	19 583.53
	最优值	50	10	1	0	0.002 9	0.009 6	0.047 1	0.207 9	9.904 8	5.846 2	1.108 7	0.462 1	17 412.37	19 352.88
	最差值	37	4	0.5	0	0.030 8	0.032 9	0.154 9	0.350 1	15.191 5	25.246 0	0.779 8	0.147 6	17 611.54	20 167.61
实验3 [496,530]	平均值	45.6	5.7	0.898 0	0.002 6	0.009 6	0.011 4	0.072 5	0.329 6	13.240 3	14.485 7	0.731 9	0.238 7	16 209.42	19 368.17
	最优值	72	7	1	0.026 3	0.002 0	0.003 9	0.025 1	0.176 6	7.447 9	4.279 5	0.902 5	0.431 3	15 986.1	19 040.85
	最差值	37	3	0.666 6	0	0.044 0	0.015 5	0.110 2	0.492 5	16.613 9	27.388 1	0.591 0	0.020 8	16 418.6	19 624.56
实验4 [496,510]	平均值	44.8	5.7	0.874 8	0.012 3	0.012 4	0.014 4	0.098 2	0.323 7	17.364 7	12.439 8	0.715 9	0.265 7	15 979.77	18 940.11
	最优值	77	9	1	0.052 6	0.052 1	0.026 3	0.151 7	0.475 7	29.562 9	30.131 1	1	0.565 9	16 179.57	19 496.28
	最差值	37	3	0.571 4	0	0.003 7	0.006 7	0.049 2	0.159 5	10.275 0	1.896 6	0.480 3	0.072 9	15 753.22	17 998.38
实验5 [800,820]	平均值	46.5	6.3	0.942 1	0	0.010 7	0.019 5	0.092 6	0.406 1	18.191 2	15.639 3	0.718 7	0.356 9	15 073.64	18 383.1
	最优值	53	9	1	0	0.006 6	0.010 5	0.044 4	0.282 7	13.286 1	9.408 2	0.954 3	0.641 3	14 792.15	17 951.21
	最差值	31	4	0.8	0	0.015 0	0.031 7	0.145 3	0.476 6	29.009 3	40.522 6	0.415 7	0.115 5	15 333.57	18 889.59
实验6 [760,820]	平均值	46.5	6.3	0.942 1	0	0.010 7	0.019 5	0.092 6	0.406 1	18.191 2	15.639 3	0.718 7	0.356 9	15 073.64	18 383.1
	最优值	53	9	1	0	0.006 6	0.010 5	0.044 4	0.282 7	13.286 1	9.408 2	0.954 3	0.641 3	14 792.15	17 951.21
	最差值	31	4	0.8	0	0.015 0	0.031 7	0.145 3	0.476 6	29.009 3	40.522 6	0.415 7	0.115 5	15 333.57	18 889.59

算法;对比 AQ 指标值可知,HDPSO 算法的指标值均小于 HDPSO1 算法所得值,即兼顾解集的近似性与分散性两方面指标,HDPSO 算法所得非劣解的综合性能更好。

综上所述,HDPSO 算法在多方面都优于 HDPSO1 算法,这说明邻域搜索算子在 HDPSO 算法中对局部搜索能力的提高有很重要的作用。

第 8 章　随机扰动下流程企业供应链协调调度方法

8.1　制造商出现扰动的供应链协调管理模型

在一个制造商与一个供应商组成的流程企业供应链中，制造商为领导者，所以制造商先进行自己的排产，再根据自己的排产向供应商下单。当制造商出现停机扰动时，制造商先根据自己的初始目标和干扰管理目标执行调度排产，再向供应商调整交货时间。针对该问题，本章描述了制造商为领导者的两级供应链遇到制造商停机扰动时的协调模型，并针对制造商抽象化的双机成比例无等待流水线建立了干扰管理模型，证明了 SPT 规则适用于该流水线干扰管理，设计了 HDQPSO 算法求解模型。

8.1.1　问题描述与定义

设制造商在 0 时刻由 n 个具有相同优先级任务构成的任务集 $J^P = \{1, 2, \cdots, j, \cdots, n\}$ $(n>1)$，任务集 J^P 需要安排在制造商的双机成比例无等待流水线上进行加工，该流水线的加工环境为每个任务在每台机器上仅加工一次；某一机器在某一时刻仅能加工一个任务；同一任务在两台机器上的加工过程必须连续完成；被中断的任务必须重新开始加工。假设在 0 时刻所有任务和设备均准备就绪，流水线上两台机器的加工速度关系为 $v_1 > v_2$；任务 j 在机器 i 上的加工时间为 p_{ij}^P（满足 $p_{1j}^P \cdot v_1 = p_{2j}^P \cdot v_2$），任务 j 在机器 i 上的开工时间为 s_{ij}^P，任务 j 在机器 i 上的完工时间为 C_{ij}^P，任务 j 在流水线上的完工时间为 C_j^P；制造商的可行加工时间表为 π^P，由全部可行加工时间表 π^P 所构成的集合为 Π^P。

设供应商在 0 时刻由 m 个任务构成的任务集 $J^S = \{1, 2, \cdots, k, \cdots, m\}$ $(m>1)$，任务集 J^S 需要安排在三机流水线上，该流水线的加工环境为每个任务在每台机器上仅加工一次；某一机器在某一时刻仅能加工一个任务；同一任务在两台机器上的加工过程必须连续完成；被中断的任务必须重新开始加工。假设在 0 时刻所有任务和设备均准备就绪。

假设制造商因某任务 Job 需要向供应商 S 下单采购物料 M，制造商先按照自己的目标排产，根据任务 Job 的开工时间倒推出物料 M 的需求时间，供应商接受物料 M 的交货时间并排产。

8.1.2 问题建模

1. 供应链协调模型

（1）初始条件

制造商以最小化制造期 $C_{max}^P = \max\{C_1^P, C_2^P, \cdots, C_n^P\}$ 为优化目标，目的在于保证流水线的高利用率。可以证明：任务集 J^P 内的所有任务遵循 SPT 规则排序，即任务按照加工时长由小到大的顺序进行编号，从任务 1 到任务 n 依次进入流水线进行加工能够实现该调度目标。初始调度问题可以描述为 $F_2|\text{nwt}|F(\pi) = C_{max}^P$，其最优调度加工时间表为 $\bar{\pi}$，目标函数的最优值为 $F(\bar{\pi}) = \bar{C}_{max}^P$。此时制造商的生产计划为 PlanTP，Job 的开工时间为 T，所以制造商向供应商要求在 T 时刻交付物料 M。供应商根据制造商的要求特殊安排物料 M 的生产时间，并按照自己的目标进行排产得出生产计划 PlanTS，物料 M 完工时间早于 T。

（2）干扰条件

在制造商的初始调度方案的实际执行过程中，设备停机造成的干扰事件，会导致制造商流水线上原计划任务的加工中断，使初始最优调度加工时间表 $\bar{\pi}$ 变得不再最优或可行。为了减少上述扰动对生产调度指标的影响，需要对流水线上的待加工任务集 $J^{P'} = \{1, 2, \cdots, j, \cdots, n'\}$ $(1 \leq n' \leq n)$ 实施生产重调度，即根据供应链扰动对流水线上待加工任务的排序进行调整。同时物料 M 的原交货时间 T 变得不可行或不最优，制造商需要根据扰动后的最优排产计划安排物料 M 的新交货时间 T'，供应商也需要重调度来应对物料 M 的交货时间变动。

（3）干扰管理机制

制造商是供应链中的主导企业，有权修改原材料的交货时间。生产过程中的扰动导致原生产计划不能实行，制造商先按照自己的目标重调度产生新生产计划，需要改变原材料齐套时间则直接修改物料 M 交货时间。首先制造商确定生产发生扰动，并通过干扰管理重调度得出新的生产计划 PlanT'P，分析是否需要变更物料 M 的交货时间；如果对供应商产生影响，向供应商发起订单变动，修改物料 M 的交货时间 T 为 T'；最后供应商按照新的交货时间 T' 重调度排产得出新的生产计划 PlanT'S。

（4）协调模型

供应链内企业按顺序生产最终形成产品并在市场上销售，是竞争的共同体，制造商的优势地位导致制造商出现扰动时可以不考虑原材料供应,直接按本企业目标重调度,具体过程如图 8.1 所示。

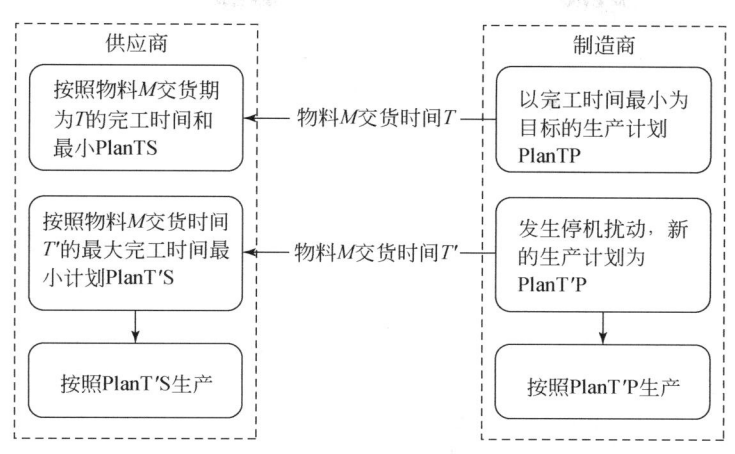

图 8.1 制造商发生扰动的供应链协调模型

2. 供应链干扰管理模型

假设一个供应商与一个制造商组成的供应链中,供应商为三道工序的钢铁制造企业,制造商为双机成比例无等待流水线铸造企业。当供应链出现制造商预期停机扰动时,供应链干扰管理步骤如下。

(1) 输入条件

制造商初始生产计划 PlanTP;物料 M 的初始交货时间 T;供应商初始生产计划 PlanTS;制造商事前干扰(pred-mgt) $\Delta M_P | [t_1, t_2]$。

(2) 运算过程

步骤一:制造商根据生产周期内的目标调度排产得出成本最低生产计划 PlanTS,倒推出物料 M 的交货时间 T 并向供应商下单。

步骤二:供应商接受物料 M 的交货时间 T,并据此对任务进行调度排产,得出生产计划 PlanTS 满足交货时间 T。

步骤三:制造商预期发生停机扰动,制造商根据自己的目标进行重调度,得出制造商新生产计划 PlanT′S,导致物料 M 的交货时间变为 T',并向供应商协调交货时间。将该过程定义为 $\text{ReSchedule}_1^P = F_2 | \text{nwt}, \Delta M_P, \text{pred-mgt} | F_P(\pi')$($\text{ReSchedule}_1^P$ 为供应链的第一次重调度主体是制造商;F_2 为制造商设备环境是流水车间;nwt 为制造商流水车间的无等待约束;ΔM_P 为预期停机区间;pred-mgt 为事前干扰;$F_P(\pi')$ 为制造商的重调度目标)。

步骤四:供应商收到新的交货时间 T',由于原生产计划安排的物料 M 的完成

时间与制造商需求时间 T 滞后,为了满足制造商的要求,供应商根据该交货时间 T' 重调度排产得出新的生产计划 PlanT′P。将该重调度定义为 ReSchedule$_2^S$ = $FF_3 | \Delta M_S$,pred-mgt$| F_S(\pi')$(ReSchedule$_1^S$ 为供应链第一次重调度主体是供应商;FF_3 为供应商设备环境是柔性流水车间;ΔM_S 为物料 M 插单时间区间,pred-mgt 为事前干扰;$F_S(\pi')$ 为供应商 S 的重调度目标)。

(3) 输出结果

供应商生产计划;制造商生产计划。

上述干扰管理过程中两次重调度为供应链协调干扰管理的数据基础,制造商重调度为本节研究重点,供应商重调度在 8.2 节有详细的描述和解决方法。

3. 制造商干扰管理策略

在图 8.2 中,令双机流水线上发生干扰事件的开始时间为 t_1、结束时间为 t_2,其持续时间 $\delta = t_2 - t_1$,停机扰动工况下的任务最早开工时间为 t_0,该干扰事件记作 $\Delta M_P | [t_1, t_2]$,简记为 ΔM_P。初始调度方案执行过程中的停机扰动可分为两种情况:情况 A 为任务 3 正在机器 1 上加工时,预知在 t_1 时刻将发生停机扰动,此时未开工任务集可以划分为安排在 t_1 之前加工(即 $[t_0, t_1]$ 时间窗)和在 t_2 之后加工的两阶段任务集;情况 B 为临时停机扰动,即流水线在 t_1 时刻停机,正在加工的任务被迫中断,此时 $t_0 = t_2$。对于情况 A,t_1 须满足 $t_1 > \min\{t_0 + p_{1j} + p_{2j} | j \in J'\}$,否则,须等待直到具备机器开工条件,按初始最优调度加工时间表 $\bar{\pi}$ 执行即可,供应商无须调整生产计划。两种情况均在 t_0 时刻对重调度环境进行重置 0 时刻初始化操作,即令 t_0 时刻为重调度的 0 时刻,待加工任务集 J' 按照 SPT 规则重新编号为 $1 \sim n'$。

干扰管理策略:一方面,重调度问题是初始调度问题在某种停机扰动工况条件下的特定表现,重调度问题需要充分考虑初始调度问题的调度目标;另一方面,重调度通常会引起初始调度方案的执行偏差,为了减小重调度方案与初始调度方案的偏离程度,重调度时需要尽可能地使调整前后的调度方案在时间安排上保持一致。因此,重调度问题的干扰管理方案 π' 需要考虑以下两个方面的最小化调度目标。

1) 初始调度目标:流水线制造期,即待加工任务集 J' 最大完工时间 $F_I(\pi') = C_{\max}$。

2) 扰动修复目标:待加工任务集 J' 中各任务的滞后时间和。任务 j 按初始调度方案将在 $\bar{C}_j$ 时刻完工,但由于发生停机扰动,任务 j 完工时间将变为 C_j,若以初始方案中任务 j 的完工时间 $\bar{C}_j$ 作为虚拟工期,则其加工滞后时间可定义为 $T_j = \max\{C_j - \bar{C}_j, 0\}$,用 T_j 来衡量干扰事件对任务 j 加工的影响程度,那么扰动修复目标可表示为 $F_{II}(\pi') = \sum_{j=1}^{n'} T_j$。

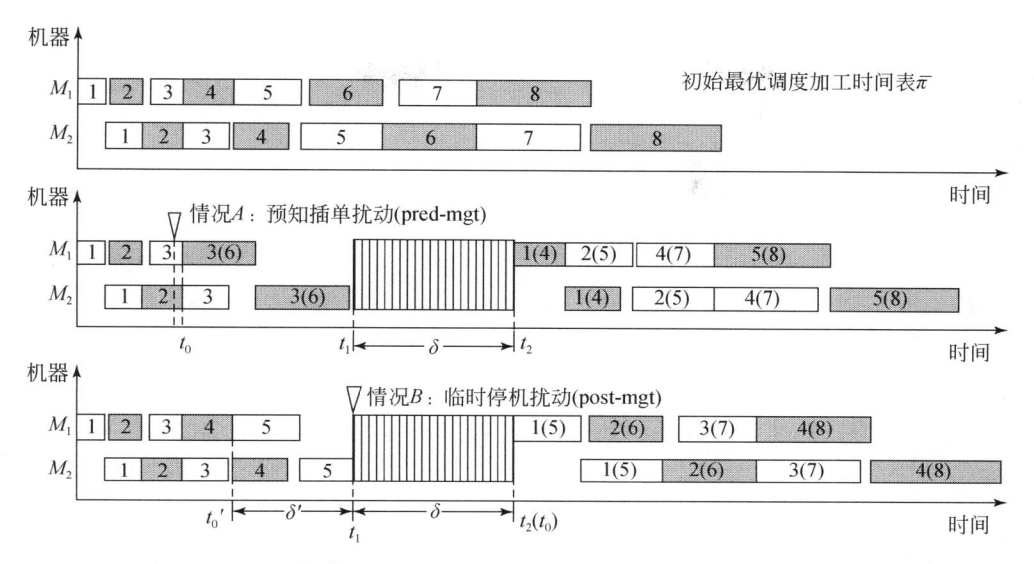

第 8 章 | 随机扰动下流程企业供应链协调调度方法

图 8.2 双机无等待流水线停机扰动工况下重调度问题的干扰管理示意图

双机成比例无等待流水线停机扰动工况下重调度问题的干扰管理过程如图 8.2 所示。考虑初始调度方案执行过程中停机扰动发生的两种情况，可分别采取以下两种干扰管理策略：情况 A 为事前干扰管理（pred-mgt），即决策者预先知道某时段将会有停机扰动发生，并可以选择最佳的时间点对加工时间表实施调整；情况 B 为事后干扰管理（post-mgt），即决策者事前不知道有停机扰动发生，当扰动突发后才进行加工时间表的调整。对于停机扰动可能多次发生的情况，则采取干扰管理方案滚动的处理方式，即将当前下发执行的加工时间表作为下一次处置干扰事件的初始调度方案。

综上所述，制造商重调度问题可拆分为两类干扰管理子问题，使用 $\alpha|\beta|\gamma$ 三参数法表示。

子问题 A： $\qquad F_2|\text{nwt}, \Delta M, \text{pred-mgt}|F_I(\pi'), F_{II}(\pi')$ \hfill (8.1)

子问题 B： $\qquad F_2|\text{nwt}, \Delta M, \text{post-mgt}|F_I(\pi'), F_{II}(\pi')$ \hfill (8.2)

4. SPT 规则最优解特性分析

定理：SPT 规则对于子问题 A 是最优的。

证明：对于 $F_I(\pi')$，采用反证法。假设安排在 t_2 之后加工的任务集任一其他最优调度加工时间表 π^* 中，存在一对相邻任务 j 和 k，令任务 j 为任务 k 的紧后任务，这对相邻任务满足 $p_{1j} < p_{1k}$ 条件，令 C'_{ij} 为邻对交换后任务 j 在机器 i 上的完工时间，需要证明邻对交换使制造期减少，这里即需证明 $C'_{2k} \leq C_{2j}$ 成立。

假设在调度 π^* 中，任务 h 为任务 k 的紧前任务、任务 l 为任务 j 的紧后任务，令 s_{1l} 和 s'_{1l} 分别为邻对交换前后的任务 l 开工时间。在调度 π^* 中，任务 j 在机器 2 上完工时间和任务 l 在机器 1 上开工时间分别为：$C_{2j} = \max\{C_{1h} + p_{1k} + p_{2k} + p_{2j}, C_{2h} + p_{2k} + p_{2j}\}$ 和 $s_{1l} = \max\{C_{2j} - p_{2j}, C_{2j} - p_{1l}\}$。交换后任务 k 在机器 2 上完工时间和任务 l 在机器 1 上开工时间分别为：$C'_{2k} = \max\{C_{1h} + p_{1j} + p_{1k} + p_{2k}, C_{1h} + p_{1j} + p_{2j} + p_{2k}, C_{2h} + p_{1k} + p_{2k}, C_{2h} + p_{2j} + p_{2k}\}$ 和 $s'_{1l} = \max\{C'_{2k} - p_{2k}, C'_{2k} - p_{1l}\}$。

由条件 $p_{1j} < p_{1k}$ 可得，$p_{2j} = p_{1j} \cdot (v_1/v_2) < p_{1k} \cdot (v_1/v_2) = p_{2k}$。显然，$C'_{2k}$ 表达式中第 1 项和第 2 项均小于 C_{2j} 中第 1 项，C'_{2k} 中第 4 项等于 C_{2j} 中第 2 项；注意到 C'_{2k} 表达式中第 3 项亦可表示为 $C_{1h} + p_{1k} + p_{2k} + p_{2h}$，该项不大于 C_{2j} 中第 1 项。故 $C'_{2k} \leq C_{2j}$ 得证。s'_{1l} 表达式中两项均不大于 s_{1l} 中的对应项，即 $s'_{1l} \leq s_{1l}$，也就是说，上述邻对交换不会滞后任务 l 在机器 1 上开工时间。

同理，安排 t_1 之前加工的任务集对于目标 $F_I(\pi')$ 的最优解也须满足 SPT 排序。

对于 $F_{II}(\pi')$，易证按照 SPT 规则排序，将任务安排在 t_1 之前加工，则 $C_j \leq \bar{C}_j$，即 $T_j = 0$；假设安排 t_2 之后加工的任务集中有紧邻任务 j 和 k，且满足 $p_{1j} < p_{1k}$ 条件。若安排任务 k 在任务 j 之前加工，邻对交换加工次序后，任务 j 使 $F_{II}(\pi')$ 减少了 T_j，任务 k 使 $F_{II}(\pi')$ 增加了 T_k，$F_{II}(\pi')$ 目标的变化值可表示为 $\Delta F_{II}(\pi') = -T_j + T_k$。若 $\Delta F_{II}(\pi') < 0$，则说明 SPT 邻对交换排序有效地减少了任务的加工滞后时间。如图 8.3 所示，情况 I：$T_j = p_{1k} + p_{2k} - p_{1j}$，$T_k = p_{1j}$。情况 II：$T_j = p_{1k} + p_{2k} - p_{1j}$，$T_k = p_{1j} + p_{2j} - p_{1k}$。由于在 SPT 排序中 $p_{1j} < p_{1k} \Rightarrow p_{2j} = p_{1j} \cdot (v_1/v_2) < p_{1k} \cdot (v_1/v_2) = p_{2k}$，显然，对于仅有可能出现的两种情况，$\Delta F_{II}(\pi')$ 均小于 0（定理证毕）。

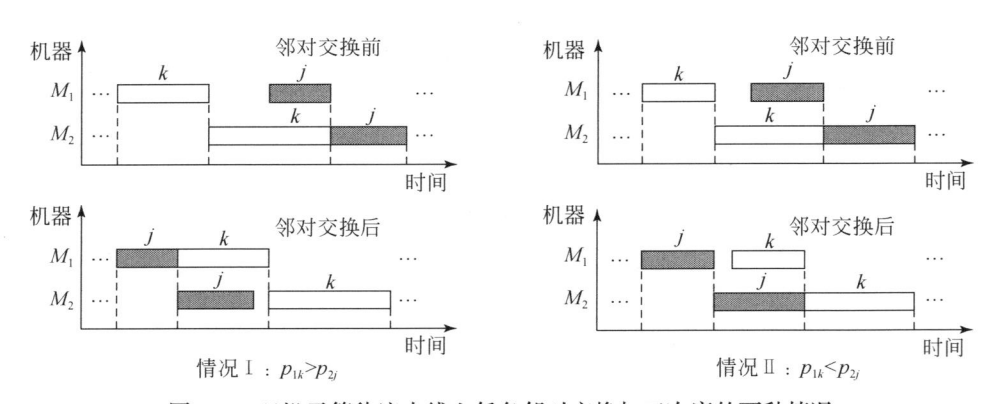

图 8.3 双机无等待流水线上任务邻对交换加工次序的两种情况

令从受扰任务 j 在机器 1 上开始加工时刻 t'_0 到随机停机扰动发生时刻 t_2 之间的时间窗为 δ'，如图 8.2 中情况 B 所示，δ' 满足 $\min\{p_{2(j-1)}, p_{1j}\} \leq \delta' < p_{1j}+p_{2j}$。

推论：对子问题 B 中待加工任务集按照 SPT 规则进行排序，可获得该重调度问题的最优干扰管理方案，其最优目标值为 $F_1(\pi') = F(\overline{\pi}) + (\delta + \delta')$ 和 $F_{\text{II}}(\pi') = \sum_{j=1}^{n'}(\delta + \delta')$。

证明：由定理可知，子问题 B 必存在最优解使安排在 t_2 之后加工的任务集满足 SPT 排序。当发生随机停机扰动后重置 0 时刻，将待加工任务集 J' 按照 SPT 规则排序重新编号，重置初始化后任务 j 的完工时间 $C_j^{(0)} = C_{j-1}^{(0)} + \max\{p_{1j}+p_{2j}-p_{2(j-1)}, p_{2j}\}$。停机扰动在 t_2 时刻修复，故任务 j 的实际完工时间为 $C_j = t_2 + C_j^{(0)}$，而任务 j 在初始方案中的完工时间为 $\overline{C}_j = t_1 + (C_j^{(0)} - \delta')$。由此可得，受扰中断任务 j 的滞后时间为 $T_j = C_j - \overline{C}_j = \delta + \delta'$。

由此可得，待加工任务集 J' 的最优重调度排序与初始调度方案完全相同，各任务的完工时间均右移了 $\delta+\delta'$ 个时间单位，任务加工滞后时间和为 $\sum_{j=1}^{n'}(\delta + \delta')$（推论证毕）。

5. 制造商重调度问题的干扰管理模型

由推论可知，通过右移初始最优调度加工时间表的方式，可直接求得子问题 B 的事后干扰管理方案最优解，而且不需要更改物料 M 的交货时间。这里只描述制造商发生子问题 A 的干扰管理模型，令 $C_j^{t_1}$ 和 $C_j^{t_2}$ 分别为安排在 t_1 之前或 t_2 之后加工的任务 j 的完工时间。根据定理，可将子问题 A 转化为待加工任务集 J' 的最优划分问题，即需要决策任务 j 安排在 t_1 时刻之前加工（$j \in J^{t_1}$），还是应该安排在 t_2 时刻之后加工（$j \in J^{t_2}$）。制造商子问题 A 的干扰管理模型 pred-mgt 可表示为

$$\min_{i \in \{1,2\}|j \in J'}\{F_1(\pi') = C_{\max}, F_{\text{II}}(\pi') = \sum_{j=1}^{n'} T_j\} \tag{8.3}$$

$$\text{s. t.} \quad C_j = C_j^{t_1} \cdot x_j + C_j^{t_2} \cdot (1-x_j), C_j^{t_1} \leq t_1 \tag{8.4}$$

$$s_{2j} \geq C_{1(j-1)} + p_{1j}, \forall j \geq 2 \tag{8.5}$$

$$C_{ij} = s_{ij} + p_{ij} \tag{8.6}$$

$$(s_{ij_1} \geq C_{ij_2}) \vee (s_{ij_2} \geq C_{ij_1}) \tag{8.7}$$

$$p_{1(j-1)} \leq p_{1j}, \forall j \geq 2, j \in J^{t_1} \text{ 或 } j \in J^{t_2} \tag{8.8}$$

$$x_j = \begin{cases} 1 & j \in J^{t_1} \\ 0 & j \in J^{t_2} \end{cases}, j = 1, 2, \cdots, n' \tag{8.9}$$

在 pred-mgt 模型中，式（8.3）为重调度问题干扰管理的优化目标是最小化流水

线的制造期和最小化各任务的滞后时间和；式(8.4)为待加工任务集 J' 被重新划分，任务 j 安排在 t_1 时刻之前加工或安排在 t_2 时刻之后加工；式(8.5)为任务加工的时序约束，指任务的前一工序加工完成才能开始下一工序的加工；式(8.6)为无中断流水作业约束，即任务一旦开始加工就不能中断；式(8.7)为机器作业的析取约束，指安排在同一机器上加工的两个任务不能同时进行；式(8.8)为各任务遵循 SPT 规则排序；式(8.9)定义了 0-1 决策变量 x_j，当 $j \in J'^1$ 时，$x_j = 1$；当 $j \in J'^2$ 时，$x_j = 0$。

8.1.3 问题求解

多目标问题的处理策略：对于能够事先确定每个目标函数理想值的多目标规划问题，可以设计基于理想点趋近的多目标函数评价方法。假设 pred-mgt 模型的可行解集为 Π'。通过动态规划法分别求得两个目标函数的理想值 $F_{\mathrm{I}}^* = \min F_{\mathrm{I}}(\pi'^*)$ 和 $F_{\mathrm{II}}^* = \min F_{\mathrm{II}}(\pi'^*)(\pi'^* \in \Pi')$；因为多目标理想值的最近距离点求解问题可以归结为带约束集合的最小平方和求解问题，所以定义如下评价函数：

$$\min \sum_{k=\{\mathrm{I},\mathrm{II}\}} \lambda_k \cdot [F_k(\pi') - F_k^*]^2$$

[λ_k 为由目标函数 $F_k(\pi')$ 重要度所决定的权重系数]

由此求得的最优值 $\overline{\pi}'$，能使向量 $[F_{\mathrm{I}}(\overline{\pi}'), F_{\mathrm{II}}(\overline{\pi}')]$ 与向量 $(F_{\mathrm{I}}^*, F_{\mathrm{II}}^*)$ 足够接近，即 $\overline{\pi}'$ 是 pred-mgt 问题模型的有效解。经转换得到的 0-1 整数二次规划问题特征，本文设计了一种改进的混合离散量子微粒群优化求解算法。

1. 目标理想值的动态规划算法

依据定理，设计求解 $F_{\mathrm{I}}^* = \min F_{\mathrm{I}}(\pi')$ 和 $F_{\mathrm{II}}^* = \min F_{\mathrm{II}}(\pi')$ 的动态规划算法。

1) F_{I}^* 算法。定义状态变量二元组 $\langle j, C_{\max}^{t_1} \rangle$，$C_{\max}^{t_1}$ 为重置 0 时刻初始化后，安排在 t_1 之前加工任务集的最大完工时间，即 $[0, t_1 - t_0]$ 时间窗双机流水线被占用的时间总和，令 $P'_{2j} = \max\{p_{2j}, p_{1j} + p_{2j} - p_{2(j-1)}\}$，则 $C_{\max}^{t_1} = p_{11} + p_{21} + \sum_{j=2}^{n'} P'_{2j}(j \in J')$。令 $f_{\mathrm{I}}(j, C_{\max}^{t_1})$ 为待加工任务集 $J' = \{1, 2, \cdots, j, \cdots, n'\}$ 的 $\min F_{\mathrm{I}}(\pi')$ 值；令 $C_j^{(0)}$ 为重置 0 时刻后任务 j 的完工时间。对于任务集 J' 的任一给定 $\langle j, C_{\max}^{t_1} \rangle$ 状态，由定理给出的 SPT 排序最优解特性可知，任务 j 一定需要安排在 t_1 之前最晚加工或者安排在 t_2 之后最晚加工。当 $f_{\mathrm{I}}(j, C_{\max}^{t_1}) = f_{\mathrm{I}}(j-1, C_{\max}^{t_1} - P'_{2j}) + t_0 + P'_{2j}$ 时，决策变量 $x_j = 1$；否则 $x_j = 0$。求解 $f_{\mathrm{I}}(j, C_{\max}^{t_1})$ 的动态规划递归算法如下。

初始条件：$f_1(1, C_{\max}^{t_1}) = \begin{cases} t_0 + p_{11} + p_{21}, & \text{while}: C_{\max}^{t_1} = p_{11} + p_{21} \\ t_2 + p_{11} + p_{21}, & \text{while}: C_{\max}^{t_1} = 0 \\ +\infty, & \text{while}: C_{\max}^{t_1} \neq p_{11} + p_{21} \text{ 或 } C_{\max}^{t_1} \neq 0 \end{cases}$ (8.10)

递归关系：$f_1(j, C_{\max}^{t_1}) = \min \begin{cases} f_1(j-1, C_{\max}^{t_1} - P'_{2j}) + t_0 + P'_{2j} \\ f_1(j-1, C_{\max}^{t_1}) + t_2 - C_{\max}^{t_1} + C_j^{(0)} \end{cases}$ (8.11)

边界条件：$\begin{cases} 2 \leq j \leq n' \\ 0 \leq C_{\max}^{t_1} \leq t_1 - t_0 \\ f_1(1, C_{\max}^{t_1}) = +\infty, \text{while}: C_{\max}^{t_1} < \min\{p_j\} \text{ 或 } C_{\max}^{t_1} > C_{\max} \end{cases}$ (8.12)

最优方案：$F_1^* = \min f_1(n', C_{\max}^{t_1})$ (8.13)

2) F_{II}^*算法。同上，对于某个给定的状态$\langle j, C_{\max}^{t_1}\rangle$，令$f_{\text{II}}(j, C_{\max}^{t_1})$为待加工任务集$J' = \{1, 2, \cdots, j, \cdots, n'\}$的$\min F_{\text{II}}(\pi')$值，求解的动态规划递归算法如下。

初始条件：$f_{\text{II}}(1, C_{\max}^{t_1}) = \begin{cases} 0, & \text{while}: C_{\max}^{t_1} = p_{11} + p_{21} \\ t_2, & \text{while}: C_{\max}^{t_1} = 0 \\ +\infty, & \text{while}: C_{\max}^{t_1} \neq p_{11} + p_{21} \text{ 或 } C_{\max}^{t_1} \neq 0 \end{cases}$ (8.14)

递归关系：$f_{\text{II}}(j, C_{\max}^{t_1}) = \min \begin{cases} f_{\text{II}}(j-1, C_{\max}^{t_1} - P'_{2j}) \\ f_{\text{II}}(j-1, C_{\max}^{t_1}) + t_2 - C_{\max}^{t_1} \end{cases}$ (8.15)

边界条件：$\begin{cases} 2 \leq j \leq n' \\ 0 \leq C_{\max}^{t_1} \leq t_1 - t_0 \\ f_{\text{II}}(1, C_{\max}^{t_1}) = +\infty, \text{while}: C_{\max}^{t_1} < \min\{p_j\} \text{ 或 } C_{\max}^{t_1} > C_{\max} \end{cases}$ (8.16)

最优方案：$F_{\text{II}}^* = \min f_{\text{II}}(n', C_{\max}^{t_1})$ (8.17)

3) F_1^*算法和F_{II}^*算法的计算复杂度：两算法均涉及$O(n't_1)$个状态变量$\langle j, C_{\max}^{t_1}\rangle$，每个状态变量的计算复杂度为$O(1)$或常数，故两算法的计算复杂度为$O(n't_1)$。

2. 基于HDQPSO的求解算法

为了克服标准的PSO算法的控制参数较多、进化方程复杂等缺点，受量子理论启发，孙俊等(2004)提出了引入量子模型的概率化微粒群优化算法——量子行为微粒群优化算法(quantum-behaved particle swarm optimization，QPSO)，简称量子微粒群优化算法。QPSO算法是一种全局最优化算法，同时具有算法鲁棒性好、收敛速

度快等特点。在 QPSO 算法中将微粒的运动状态看作量子态,使用波函数 $\Psi(x,t)$ 来表征,而不再用微粒的位置和速度来描述。通过波函数的概率密度 $|\Psi(x,t)|$ 计算微粒在解空间的位置概率分布,得到基于蒙特·卡罗随机模拟方法的 QPSO 算法迭代进化方程。

局部吸引因子: $p_{i,j}(t) = \varphi \cdot \bar{P}_{i,j}(t) + (1-\varphi) \cdot \bar{P}_{g,j}(t)$ (8.18)

平均最优位置: $\bar{M}_{best} = [(1/M) \sum_{i=1}^{M} \bar{P}_{i,1}(t), \cdots, (1/M) \sum_{i=1}^{M} \bar{P}_{i,n}(t)]$ (8.19)

微粒位置更新: $x_{i,j}(t+1) = p_{i,j}(t) \pm \beta \cdot |\bar{m}_{best,j} - x_{i,j}(t)| \cdot \ln(1/u)$ (8.20)

式(8.18)中 $\bar{P}_{i,j}(t)$ 和 $\bar{P}_{g,j}(t)$ 分别描述 t 时刻微粒及种群所经过的最佳位置,该式为微粒在 $\bar{P}_{i,j}(t)$ 和 $\bar{P}_{g,j}(t)$ 之间的随机位置,φ 为(0,1)均匀分布的随机数;式(8.19)为在 t 时刻种群中各个微粒历史最佳位置的欧氏几何中心,M 为微粒种群的规模;式(8.20)中 β 为控制算法收敛速度的缩放系数,$\bar{m}_{best,j}$ 为微粒在第 j 维上的平均最优位置,u 为(0,1)均匀分布的随机数。

对于 pred-mgt 模型中任务集划分的整数规划问题,不能直接使用标准的量子微粒群优化算法进行求解。为了适应对上述双机无等待流水线重调度问题离散空间的搜索寻优,借鉴遗传算法的变异和交叉进化策略,本节提出基于离散量子微粒群优化与局部搜索策略相结合的混合离散量子微粒群优化(hybrid discrete quantum-behaved particle swarm optimization,HDQPSO)算法对 pred-mgt 模型进行求解。HDQPSO 算法原理描述如下。

(1)算法初始化

种群中每个微粒的位置采用一个 n' 维实数向量 $X_i^{(R)} = [x'_{i,1}, x'_{i,2}, \cdots, x'_{i,n'}]$ 表达,实数向量 $X_i^{(R)}$ 的初始值采用标准 PSO 初始化的随机键编码方式在连续空间内随机产生,即 $x'_{i,k}$ 为(0,1)均匀分布的随机数($k \in \{1, 2, \cdots, n'\}$);将微粒实数型位置向量 $X_i^{(R)}$ 离散化成 0-1 整数型的编码序列 $X_i = [x_{i,1}, x_{i,2}, \cdots, x_{i,n'}]$。针对每一微粒生成一个(0,1)随机数 r_i,比较微粒位置实数向量 $X_i^{(R)}$ 各个维度的 $x'_{i,k}$ 值与 r_i 值,若 $x'_{i,k} \geq r_i$,则 $x_{i,k} = 1$,否则 $x_{i,k} = 0$。设定 HDQPSO 算法的最大迭代次数 Max。

(2)微粒迭代进化

HDQPSO 的优化机制是量子态微粒根据个体及种群的飞行经验不断调整位置,从而自适应地向离散空间最优位置飞行,即微粒新位置的确定是其自身历史最佳位置(pbest)$\bar{P}_i(t)$、种群当前最佳位置(gbest)$\bar{P}_g(t)$ 和局部邻域搜索改进策略 f_N 相互作用的结果。依据上述机制,设计 HDQPSO 算法的微粒位置更新公式:

$$X_i(t+1) = f_N\{\bar{M}_{best} \oplus [f_C(c_{p3} \otimes \{f_M[c_{p1} \otimes \bar{P}_i(t)], f_M[c_{p2} \otimes \bar{P}_g(t)]\})]\}$$
(8.21)

式(8.21)中,$X_i(t+1)$为微粒 i 在 $t+1$ 时刻的位置,微粒的迭代进化方式包括如下。

1) $f_M[c_{p1} \otimes \bar{P}_i(t)]$ 表示以 c_{p1} 概率对 $\bar{P}_i(t)$ 进行变异操作:对于(0,1)均匀分布随机数 rand,若 rand<c_{p1},则执行 swap 操作产生新微粒,即对通过随机数确定的 $\bar{P}_i(t)$ 向量两个维度上的元素进行 0-1 互换赋值,否则 $f_M[c_{p1} \otimes \bar{P}_i(t)] = \bar{P}_i(t)$,$c_{p1}$ 为通过微粒位置记忆提高算法全局搜索能力的认知特征概率($0 \leq c_{p1} \leq 0.5$)。

2) $f_M[c_{p2} \otimes \bar{P}_g(t)]$ 表示以 c_{p2} 概率对 $\bar{P}_g(t)$ 进行变异操作:对于(0,1)均匀分布随机数 rand,若 rand<c_{p2},则执行 swap 操作产生新微粒,即对通过随机数确定的 $\bar{P}_g(t)$ 向量两个维度上的元素进行 0-1 互换赋值,否则 $f_M[c_{p2} \otimes \bar{P}_g(t)] = \bar{P}_g(t)$,$c_{p2}$ 为体现种群微粒间信息共享的社会特征概率($0 \leq c_{p2} \leq 0.5$)。

3) $f_C(c_{p3} \otimes \{f_M[c_{p1} \otimes \bar{P}_i(t)], f_M[c_{p2} \otimes \bar{P}_g(t)]\})$ 表示以 c_{p3} 概率执行微粒位置向量 $f_M[c_{p1} \otimes \bar{P}_i(t)]$ 与 $f_M[c_{p2} \otimes \bar{P}_g(t)]$ 的交叉操作:对于(0,1)均匀分布随机数 rand,若 rand<c_{p3},则执行交叉复制操作,即通过随机方式确定向量维度元素的复制区间 $[\sigma, \delta]$($0<\sigma, \delta \leq n$),将 $f_M[c_{p1} \otimes \bar{P}_i(t)]$ 的 $[\sigma, \delta]$ 区间维度元素值复制到新微粒向量的相应维度,将 $f_M[c_{p2} \otimes \bar{P}_g(t)]$ 在 $[\sigma, \delta]$ 区间之外其他维度元素值按次序复制到新微粒向量的剩余维度,否则 $f_C(c_{p3} \otimes \{f_M[c_{p1} \otimes \bar{P}_i(t)], f_M[c_{p2} \otimes \bar{P}_g(t)]\}) = f_M[c_{p1} \otimes \bar{P}_i(t)]$,$c_{p3}$ 为反映微粒通过交叉操作获取最佳位置的进化特征概率($0.5 \leq c_{p3} \leq 1.0$)。

4) f_N 表示对 $f_C(c_{p3} \otimes \{f_M[c_{p1} \otimes \bar{P}_i(t)], f_M[c_{p2} \otimes \bar{P}_g(t)]\})$ 执行步长为 $\bar{M}_{\text{best}}$ 的局部搜索操作,$\bar{M}_{\text{best}} = \beta \cdot (1/M) \cdot \sum_{k=1}^{M} d_H[X_i(t), \bar{P}_k(t)] \cdot \ln(1/u)$,其中 $d_H[X_i(t), \bar{P}_k(t)]$ 为计算在 t 时刻微粒的当前位置 $X_i(t)$ 与第 k 个微粒历史最佳位置 $\bar{P}_k(t)$ 间 Hamming 距离的函数,其结果值为两向量在对应维度上的不同元素个数之和。

f_N 局部搜索策略采用 swap 和 insert 两种邻域结构:swap 邻域,即随机交换任务集 J'^1 和 J'^2 中的两个任务;insert 邻域,即随机选择任务集 J'^2 中的一个任务并将其插入任务集 J'^1。若 swap 和 insert 邻域后任务集 J'^1 的最大完工时间超过 t_1 或新生成方案的目标评价结果不优于现行方案,则不允许该操作。

基于 HDQPSO 的双机无等待流水线重调度干扰管理启发式算法流程如图 8.4 所示。

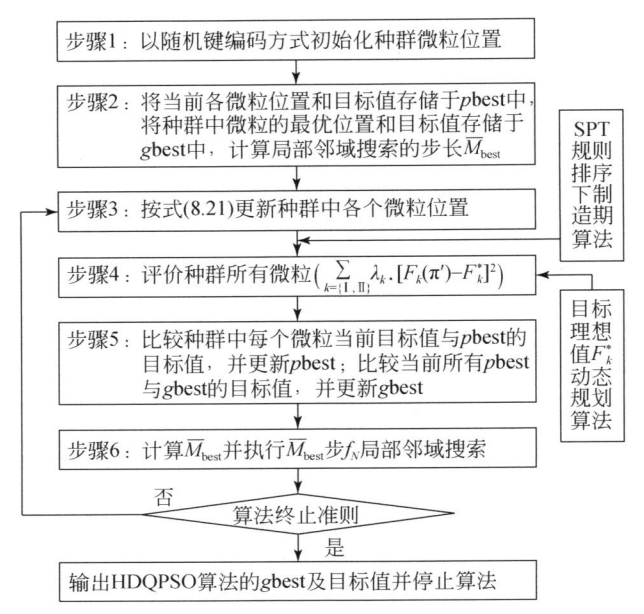

```
┌─────────────────────────────────────┐
│ 步骤1：以随机键编码方式初始化种群微粒位置 │
└─────────────────────────────────────┘
              ↓
┌─────────────────────────────────────┐       ┌──────┐
│ 步骤2：将当前各微粒位置和目标值存储于pbest中，│       │ SPT  │
│ 将种群中微粒的最优位置和目标值存储于          │       │ 规则 │
│ gbest中，计算局部邻域搜索的步长 $\overline{M}_{best}$ │       │ 排序 │
└─────────────────────────────────────┘       │ 下制 │
              ↓                              │ 造期 │
┌─────────────────────────────────────┐       │ 算法 │
│ 步骤3：按式(8.21)更新种群中各个微粒位置 │←──────│      │
└─────────────────────────────────────┘       └──────┘
              ↓
┌─────────────────────────────────────┐       ┌──────┐
│ 步骤4：评价种群所有微粒 $(\sum_{k=\{I,II\}}\lambda_k\cdot[F_k(\pi')-F_k^*]^2)$ │←──│ 目标 │
└─────────────────────────────────────┘       │ 理想 │
              ↓                              │ 值 $F_k^*$ │
┌─────────────────────────────────────┐       │ 动态 │
│ 步骤5：比较种群中每个微粒当前目标值与pbest的 │       │ 规划 │
│ 目标值，并更新pbest；比较当前所有pbest      │       │ 算法 │
│ 与gbest的目标值，并更新gbest              │       └──────┘
└─────────────────────────────────────┘
              ↓
┌─────────────────────────────────────┐
│ 步骤6：计算 $\overline{M}_{best}$ 并执行 $\overline{M}_{best}$ 步 $f_N$ 局部邻域搜索 │
└─────────────────────────────────────┘
              ↓
          ◇算法终止准则◇──否──┐
              │是             │
              ↓               │
┌─────────────────────────────────────┐
│ 输出HDQPSO算法的gbest及目标值并停止算法 │
└─────────────────────────────────────┘
```

图 8.4 基于 HDQPSO 的双机无等待流水线重调度干扰管理启发式算法流程

8.1.4　算例实验

1. 数值算例设计

针对 pred-mgt 模型的数值测试算例参数设置为：双机成比例无等待流水线上两台机器的加工速度分别为 $v_1=1.2v_2$ 和 v_2，加工任务集中的任务数量为 50 个，置 0 时刻后，任务按照 SPT 规则排序进行编码，任务 i 在机器 1 上的加工时间 $p_i=i,i=1,2,\cdots,50$。不失一般性假设插单扰动工况下待加工任务的最早开工时间 $t_0=0$，目标函数的权重系数 $\lambda_I=\lambda_{II}=1$。在测试算例环境中随机设置 6 组不同时间窗的停机干扰事件，均分别进行 10 次独立的计算实验，对本文提出的基于 HDQPSO 的启发式算法进行性能测试，并与 Ishibuchi 和 Murata（1998）提出的多目标遗传局部搜索（IM-MOGLS）算法进行比较分析。

HDQPSO 算法参数设置为：种群规模 $M=40$，微粒的变异概率 $c_{p1}=c_{p2}=0.2$，交叉概率 $c_{p3}=0.8$，算法收敛缩放系数 $\beta=1$，终止条件为迭代 60 次（获得约 80 000 个可行解）；IM-MOGLS 算法的种群规模为 800，交叉概率为 0.6，变异概率为 0.1，局部搜索执行概率为 0.8，最大无改进解搜索步长为 2，终止条件为迭代 100 次（获得约 80 000 个可行解）；两算法均使用 C#语言在 Visual Studio 2010 集成开发环境下编程实现,运行环境为 Intel Core i3-2120 @ 3.30GHz 双核/4G DDR3/Windows7 专业版 32 位 SP1。

2. 结果分析

采用归纳的评价指标对 HDQPSO 算法与 IM-MOGLS 算法进行比较。

1) ONVG 指标:两种不同算法非劣解集 E 和 E' 中解的个数,分别记作 $|E|$ 和 $|E'|$。

2) CM 指标:将由非劣解集 E 和 E' 构成的有序对 (E,E') 或 (E',E) 映射为 0~1 数值,如 $CM_{(E,E')} = |\{x' \in E' | \exists x \in E, x > x'\}|/|E'|$,该指标反映两解集中解的支配比例。

3) D_{av} 与 D_{max} 指标:度量两非劣解集 E 和 E' 中的解与最优 Pareto 前沿 R 之间的距离,计算式为 $D_{av} = \sum_{x_R \in R} \min_{x \in E \text{ or } E'} d(x,x_R)/|R|$ 和 $D_{max} = \max_{x_R \in R}\{\min_{x \in E \text{ or } E'} d(x,x_R)\}$,其中,$d(x,x_R) = \max_j\{[f_j(x) - f_j(x_R)]/\Delta_j\}$,$x \in E$ 或 E',$x_R \in R$,Δ_j 为解集 E(或 E')和 R 中所有解的目标值 f_j 范围;对于 E(或 E')中解,最优 Pareto 前沿 R 中一定存在一个与之距离最近的解;D_{av} 为这些最小距离的平均值;D_{max} 为这些最小距离的最大值。

4) TS 指标:度量解集 E 和 E' 中解分布的均匀性,如 $TS_E = \sqrt{(1/|E|)\sum_{i=1}^{|E|}(D_i - \bar{D})^2}/\bar{D}$,其中,$D_i$ 为非劣解集 E 中的解 x_i 在目标空间中与其邻近点的欧氏距离,$\bar{D} = \sum_{i=1}^{|E|} D_i/|E|$。

5) MS 指标:度量非劣解集 E 和 E' 中的解对最优 Pareto 前沿 R 的覆盖程度,如 $MS_E = \sqrt{(1/N) \cdot \sum_{j=1}^{N}\{[\max_{i=1}^{|E|} f_j(x_i) - \min_{i=1}^{|E|} f_j(x_i)]/(F_j^{max} - F_j^{min})\}^2}$,其中,$f_j(x_i)$ 为解 x_i 第 j 个目标值,F_j^{max} 和 F_j^{min} 分别为最优 Pareto 前沿中所有解对于第 j 个目标的最大值和最小值。

6) AQ 指标:度量非劣解集 E 和 E' 中解的平均质量指标,反映解的邻近性和分散性综合性能,如 $AQ_E = \sum_{\lambda \in \Lambda} s_a(f,z^0,\lambda,\rho)/|\Lambda|$,其中 $s_a(f,z^0,\lambda,\rho) = \min_i(\max_j\{\lambda_j[f_j(x_i) - z_j^0]\} + \rho \sum_{j=1}^{N} \lambda_j \cdot [f_j(x_i) - z_j^0])$,$\Lambda = \{\lambda = (\lambda_1,\cdots,\lambda_N) | \lambda_j \in \{0,1/r,2/r,\cdots,1\}, \sum_{j=1}^{N} \lambda_j = 1\}$;$z^0$ 为目标空间中设定的基准点(即坐标原点);ρ 为充分小实数;λ 为与目标问题相关的参数。

7) RT 指标:算法的运行时间,用来度量算法的优化效率。

表 8.1　数值算例实验（6 组×10 次）的性能指标比较

实验	结果	ONVG HDQ-PSO	ONVG IM-M OGLS	CM HDQ-PSO	CM IM-M OGLS	D_{av} HDQ-PSO	D_{av} IM-M OGLS	D_{max} HDQ-PSO	D_{max} IM-M OGLS	TS HDQ-PSO	TS IM-M OGLS	MS HDQ-PSO	MS IM-M OGLS	AQ HDQ-PSO	AQ IM-M OGLS	RT HDQ-PSO	RT IM-M OGLS
实验1 [300,350]	平均值	8.200	6.900	0.354	0.545	0.077	0.111	0.289	0.382	18.883	17.198	1.122	1.334	1503.906	1518.287	1.319	1.325
	最优值	12.000	9.000	0.000	0.000	0.000	0.000	0.000	0.000	5.294	9.708	1.755	4.237	1498.184	1498.225	1.280	1.295
	最差值	5.000	4.000	0.714	1.000	0.206	0.426	0.820	1.762	50.370	34.056	0.336	0.452	1513.741	1555.223	1.418	1.358
实验2 [300,320]	平均值	6.444	6.222	0.237	0.649	0.040	0.376	0.189	1.437	20.921	21.540	0.994	0.966	1140.599	1154.829	1.286	1.329
	最优值	9.000	9.000	0.000	0.333	0.000	0.032	0.000	0.121	6.132	9.152	1.353	1.632	1139.894	1146.842	1.264	1.310
	最差值	3.000	4.000	0.600	1.000	0.087	2.094	0.523	8.393	42.726	50.986	0.509	0.390	1143.842	1171.423	1.341	1.357
实验3 [496,530]	平均值	18.000	16.200	0.153	0.645	0.010	0.054	0.104	0.319	28.274	31.852	0.966	1.205	1162.372	1237.565	1.245	1.277
	最优值	20.000	21.000	0.000	0.333	0.001	0.012	0.013	0.078	16.337	12.933	1.150	2.824	1162.097	1162.395	1.216	1.263
	最差值	15.000	13.000	0.500	0.923	0.033	0.151	0.193	1.043	59.591	53.452	0.753	0.483	1163.157	1420.231	1.280	1.297
实验4 [496,510]	平均值	18.000	15.600	0.905	0.962	0.061	0.062	0.211	0.214	0.643	0.806	0.397	0.326	1206.648	1206.312	1.245	1.277
	最优值	20.000	18.000	0.706	0.800	0.047	0.044	0.202	0.209	0.539	0.352	0.466	0.523	1205.638	1205.180	1.216	1.263
	最差值	15.000	11.000	1.000	1.000	0.073	0.075	0.221	0.253	0.817	1.321	0.305	0.179	1208.086	1207.321	1.280	1.297
实验5 [800,820]	平均值	38.300	33.900	0.234	0.453	0.007	0.012	0.072	0.713	24.695	36.198	0.885	1.125	1161.058	1161.402	1.340	1.324
	最优值	47.000	40.000	0.054	0.265	0.001	0.004	0.027	0.051	10.216	21.748	1.000	1.625	1160.804	1160.565	1.326	1.310
	最差值	31.000	29.000	0.447	0.583	0.014	0.023	0.113	0.519	46.388	61.061	0.578	0.877	1161.392	1164.923	1.373	1.342
实验6 [760,820]	平均值	23.889	20.778	0.383	0.363	0.018	0.025	0.092	0.202	24.402	30.422	0.835	1.176	1176.626	1176.964	1.309	1.335
	最优值	27.000	25.000	0.185	0.050	0.007	0.002	0.054	0.038	12.614	16.377	1.022	2.624	1176.227	1176.303	1.294	1.326
	最差值	20.000	18.000	0.600	0.632	0.045	0.119	0.148	1.061	52.853	54.005	0.571	0.917	1177.134	1180.377	1.373	1.359

第 8 章 | 随机扰动下流程企业供应链协调调度方法

对于上述 6 组×10 次的算例实验，表 8.1 中列出了 HDQPSO 算法和 IM-MOGLS 算法的各项指标；图 8.5 为两种算法求解[496,530]时间窗插单扰动问题算例的 Pareto 边界图形，该图具有代表性，其他算例的运算结果与之相类似。

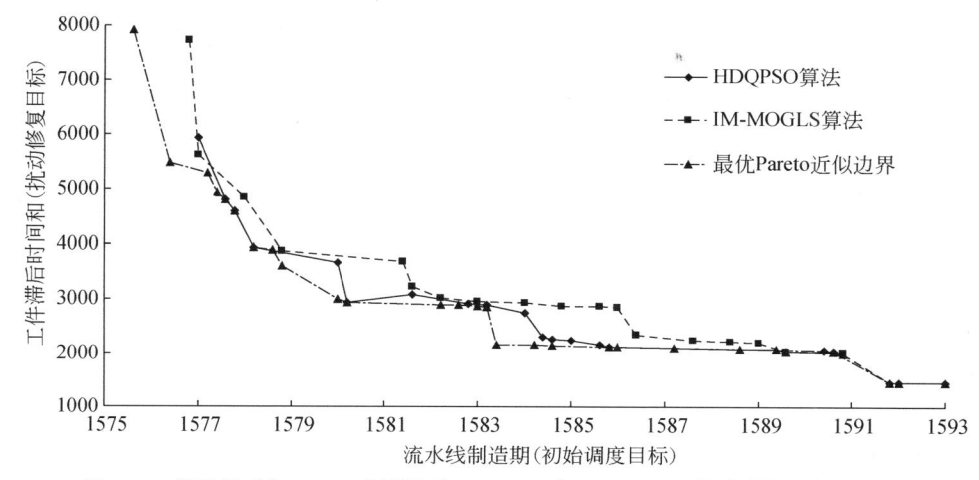

图 8.5　停机扰动[496,530]情况下 HDQPSO 和 IM-MOGLS 算法所得 Pareto 边界

由表 8.1 可知，HDQPSO 算法和 IM-MOGLS 算法对双机成比例无等待流水线重调度问题都能得到比较好的计算结果，但两种算法的性能指标仍存在着细小的差别。对比 ONVG 指标值可知，HDQPSO 算法所得非劣解的个数多于 IM-MOGLS 算法；对比 CM 指标值可知，大多数情况下 HDQPSO 算法所得非劣解均能够支配 IM-MOGLS 算法所得非劣解；对比 D_{av} 和 D_{max} 指标值可知，HDQPSO 算法所得非劣解与理论最优 Pareto 边界更为接近，与理论最优 Pareto 边界的近似程度，无论在平均距离意义上还是在最大化最小距离意义上均优于 IM-MOGLS 算法所得结果（图 8.5）；对比 TS 指标值可知，HDQPSO 算法所得非劣解比 IM-MOGLS 算法分布的更为均匀，即非劣解集的分散性更好；对比 MS 指标值可知，大多数情况下 IM-MOGLS 算法所得非劣解在解的覆盖范围方面性能较好；对比 AQ 指标值可知，大多数情况下 HDQPSO 算法所得非劣解的 AQ 指标值均小于 IM-MOGLS 算法的 AQ 指标值，这说明兼顾解集的近似性与分散性两方面指标，HDQPSO 算法所得非劣解的综合性能更好；对比 RT 指标值可知，HDQPSO 算法的优化效率优于 IM-MOGLS 算法。

综上所述，与 IM-MOGLS 算法对比分析表明，HDQPSO 算法是求解双机成比例无等待流水线重调度问题的一种更为快速有效的进化算法。

8.1.5 本节小结

本节针对制造商有领导权的供应链中,双机成比例无等待流水线制造商遇到停机扰动情况下的供应链协调进行研究。当制造商对一段时间内的订单以最大完工时间最小为目标制定了生产计划 π 后,制造商发生了停机扰动,原生产计划不可行,根据干扰管理目标重调度得出的新排产计划 PlanT'P 倒推的物料 M 交货时间 T' 比原交货时间 T 提前,由于制造商主导供应链,直接修改了供应商的交货时间。

同时本节对于双机无等待且加工时间成比例的流水线,证明了 SPT 规则对于事前干扰管理和事后干扰管理是有效的,最优解特性分析进一步降低了问题的复杂程度,将问题从强 NP 问题简化为 0-1 背包问题,利用本节提出的 HDQPSO 算法结合邻域搜索可以有效求出 Pareto 解集,并通过七种评价指标与 IM-MOGLS 算法的对比,可以看出 HDQPSO 算法对求解背包问题是更高效的。

8.2 供应商出现扰动的供应链协调管理模型

在以制造商为主导的供应链中,制造商有权安排向供应商采购物料的交货时间,供应商无条件的按照制造商要求的交货时间交货;当供应商不能按照制造商的要求交货时,为了保持供应关系,供应商会以现金补偿的形式向制造商协调交货时间。

8.2.1 问题描述与定义

考虑一个供应商 S 和一个制造商 P 组成的供应链,供应商 S 与制造商 P 是两个独立的流程企业,供应商 S 有自己独立的客户群,其中包括制造商 P,制造商有自己独立的供应商集合,供应商 S 是其中之一。供应链中企业之间信息不共享,制造商 P 在供应链中处于领导地位,所以在供应链中制造商先根据自己的任务排产,之后向供应商 S 下单,供应商在适应制造商的交货时间的基础上进行自己的排产。制造商 P 需要对 n 个任务构成的任务集 $Orders_P = [O_1^P, O_2^P, O_3^P, \cdots, O_n^P]$ 制定生产计划,以最大完工时间最小为目标对 $Orders_P$ 进行调度排产得出的生产计划可以最大化制造商的生产线利用率,根据生产计划倒推出物料 M 的交货时间并向供应商下订单。制造商必须在规定的交货时间 T 收到供应商 S 供应的物料 M 才能保证按照预先制定的生产计划生产,否则制造商将因为物料 M 的拖期交付干扰生产,产生额外成本。

供应商 S 有多个客户，但与制造商 P 之间的供应关系是企业生存的命脉，制造商 P 给供应商 S 的订单具有最高优先级，供应商 S 会优先满足制造商 P 的订单。在这样一条供应链中，当制造商出现干扰时，制造商可以随时更改物料 M 的交货时间来适应自己的重调度；当供应商出现停机等干扰时，供应商会首先以节约成本为目标进行重调度产生新的排产计划，并提出物料 M 的新交货时间 T'。制造商如果接受新交货时间 T'，意味着最优的生产计划不能执行，将产生更多成本，所以要通过罚金补偿来接受交货时间 T'，制造商按照 T' 作为物料 M 的交货时间评估干扰产生的成本，并把惩罚金额告知供应商，供应商按照 T 为交货时间在干扰情况下重调度比以 T' 为交货时间产生的成本增加额与制造商的罚金对比，如果罚金高则不接受罚金，仍然按照 T 为交货时间安排生产；如果自己产生的成本增加额高于罚金，则接受罚金，以 T' 为交货时间安排生产，并向制造商支付罚金。

8.2.2　问题建模

1. 供应链协调模型

在供应商 S 与制造商 P 组成的供应链中，制造商有领导权，当供应商出现干扰导致不能按期交货时，供应链需要协调管理扰动。

（1）初始条件

制造商以最大完工时间最小 $f(x) = \min(\max\{C_1^P, C_2^P, \cdots, C_n^P\})$ 为目标对近期订单 $\text{Orders}_P = [O_1^P, O_2^P, O_3^P, \cdots, O_n^P]$ 调度排产，得出最优的生产计划 PlanTP，并向供应商发出物料 M 的采购需求，交货时间为 T。供应商接到制造商 P 的订单后以最大完工时间最小为目标对近期订单 $\text{Orders}_S = [O_1^S, O_2^S, O_3^S, \cdots, O_m^S]$ 调度排产，制定最优生产计划 PlanTS 满足物料 M 的交货时间 T 的同时，设备利用率最高。

（2）干扰条件

在供应商因为计划断电、设备检修等而发生预期性扰动 $\Delta M_S | [t_1^S, t_2^S]$（设备在 t_1^S 和 t_2^S 之间不能工作）的情况下，供应商对扰动进行事前干扰管理（pred-mgt），为了减少订单拖期罚金，供应商以拖期之和最小为目标进行重调度产生新生产计划 PlanT'S，对应 PlanT'S 供应商提出了一个与原交货时间 T 不同的交货时间 T'，如果 $T < T'$，表示物料 M 不能按时到达制造商，制造商无法按照原计划 PlanTP 生产，所以物料 M 的拖延干扰了制造商的正常生产；当制造商因客户临时提前交货时间而产生扰动时，会对物料 M 提出一个比 T 早的交货时间，供应商为了维持供应关系，保证供应链的盈利，会按照制造商的新交货时间交货，这就会干扰供应商的生产计划。

(3) 干扰管理机制

制造商是供应链中主导企业,当制造商出现干扰时,会使用供应链中的优势地位来转嫁干扰,如制造商的客户提前了产品交货时间,制造商会直接向供应商修改物料 M 交货时间;供应商是供应链中的弱势企业,如果制造商不给供应商订单,供应商会受到巨大影响,所以供应商在应对因停机、停电等产生的干扰时不能只考虑自身目标,要与制造商协商进行干扰管理,对于制造商的订单,未按期交付要与制造商协商以现金补偿的方式弥补制造商产生的多余成本。

(4) 协调模型

在供应商发生干扰时,供应商会先根据自己的目标重调度排产,产生新的生产计划 PlanT′S 对供应商来说成本最小,但不能保证制造商物料 M 的交货时间 T,产生了对供应商有利的新的交货时间 T' 并与制造商协商;制造商根据物料 M 的齐套时间 T' 重调度,得到新的生产计划 PlanT′P,新的生产计划与原生产计划 PlanTP 相比成本增加了 C_P = PlanT′P − PlanTP,并与供应商协商接受 T' 作为交货时间的补偿为 C_P;供应商在干扰情况下按照原交货时间调度排产得到的生产计划 PlanTS′ 比只考虑扰动的排产计划 PlanT′S 增加的成本为 C_S = PlanTS′ − PlanT′S,对比 C_P 与 C_S,如果 $C_P > C_S$,供应商不能补偿扰动给制造商带来的所有成本,只能继续按照 T 交货,制造商按照初始计划 PlanTP 生产,供应商按照 PlanTS′ 生产;如果 $C_P < C_S$,供应商按照 T' 交货节约的成本足够补偿物料 M 拖期给制造商带来的额外成本,所以供应商按照 T' 交货,并补偿制造商成本 C_P,供应商按照 PlanT′S 生产,节约成本为 $C_S - C_P$,制造商按照 PlanT′P 生产。过程如图 8.6 所示。

2. 供应链干扰管理模型

假设一个供应商与一个制造商组成的供应链中,供应商为三道工序的钢铁制造企业,制造商为双机成比例无等待流水线铸造企业。当供应链出现供应商预期停机扰动时,供应链干扰管理步骤如下。

(1) 输入条件

制造商初始生产计划 PlanTP;物料 M 的初始交货时间 T;供应商初始生产计划 PlanTS;供应商事前干扰(pred-mgt)$\Delta M_S = |t_1, t_2|$;

(2) 运算过程

步骤一:制造商根据生产周期内的目标调度排产得出成本最低生产计划 PlanTS,倒推出物料 M 的交货时间 T 并向供应商下单。

步骤二:供应商无条件接受物料 M 的交货时间 T,并据此对供应商的订单进行调度排产,得出生产计划 PlanTS 满足交货时间 T。

步骤三:供应商发生干扰,供应商根据干扰和自己的目标进行重调度,得出使

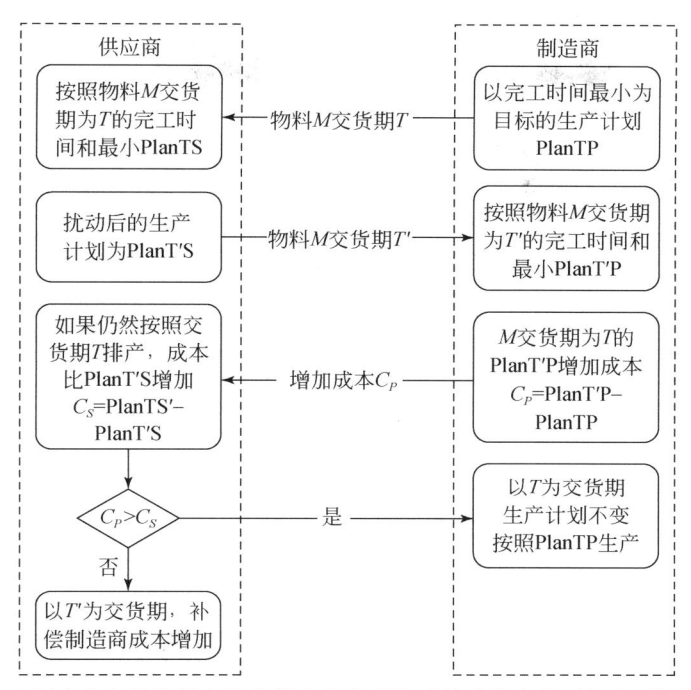

第 8 章 | 随机扰动下流程企业供应链协调调度方法

```
┌─────────────────供应商─────────────────┐        ┌─────────────────制造商─────────────────┐
│  按照物料M交货        │                │        │  以完工时间最小为     │                │
│  期为T的完工时        │ ◄── 物料M交货期T ──── │  目标的生产计划      │
│  间和最小PlanTS      │                │        │  PlanTP              │
│                      │                │        │                      │
│  扰动后的生产         │                │        │  按照物料M交货期      │
│  计划为PlanT'S       │ ── 物料M交货期T' ──► │  为T'的完工时间和     │
│                      │                │        │  最小PlanT'P          │
│                      │                │        │                      │
│  如果仍然按照交        │                │        │  M交货期为T的         │
│  货期T排产，成本       │                │        │  PlanT'P增加成本      │
│  比PlanT'S增加        │ ◄── 增加成本C_P ──── │  C_P=PlanT'P-        │
│  C_S=PlanTS'-        │                │        │  PlanTP              │
│  PlanT'S             │                │        │                      │
│                      │                │        │                      │
│      C_P>C_S         │ ─────── 是 ──────────► │  以T为交货期          │
│         │            │                │        │  生产计划不变         │
│        否            │                │        │  按照PlanTP生产       │
│         ▼            │                │        │                      │
│  以T'为交货期，补      │                │        │                      │
│  偿制造商成本增加      │                │        │                      │
└──────────────────────────────────────┘        └──────────────────────────────────────┘
```

图 8.6 制造商主导的供应链中供应商出现扰动导致的交货时间变更协调模型

供应商成本最低的生产计划 PlanT'S，导致物料 M 的交货时间推迟为 T'，并向制造商协商交货时间。将该过程定义为 ReSchedule$_1^S$=$FF_3 | \Delta M_S$, pred-mgt $| F_S(\pi')$ (ReSchedule$_1^S$ 为供应链第一次重调度主体是供应商；FF_3 为供应商设备环境是柔性流水车间；ΔM_S 为预期停机区间；pred-mgt 为干扰为事前干扰；$F_S(\pi')$ 为供应商 S 的重调度目标)。

步骤四：制造商收到新的交货时间 T'，由于物料 M 的齐套时间 T' 比制造商需求时间 T 滞后，对制造商正常生产产生干扰，根据该齐套时间 T' 重调度排产得出新的生产计划 PlanT'P，评估 PlanT'P 增加的成本 C_P = PlanT'P-PlanTP，并向供应商提出以 C_P 作为接受交货时间滞后的罚金。将该重调度定义为 ReSchedule$_2^P$=$F_2 |$ nwt, ΔM_P, pred-mgt $| F_P(\pi')$ (ReSchedule$_2^P$ 为供应链的第二次重调度主体是制造商；F_2 为制造商设备环境是流水车间；nwt 为制造商流水车间的无等待约束；ΔM_P 为物料 M 滞后导致的干扰；pred-mgt 为事前干扰；$F_P(\pi')$ 为制造商的重调度目标)。

步骤五：供应商在干扰 $\Delta M_S |[t_1,t_2]$ 和维持原交货时间 $\Delta M_S' |[T-p_M,T]$ 的条件下调度排产得出的生产计划为 PlanTS'，并评估比 PlanT'S 增加的成本 C_S = PlanTS'-PlanT'S。如果 $C_P>C_S$，供应商不接受罚金，并按照 PlanTS'生产，这样可以按照 T 交货，制造商保持原生产计划 PlanTP 不变；如果 $C_P<C_S$，供应商接受罚金，

并按照 PlanT'S 生产，在时间 T' 交货，节约成本为 $C_S - C_P$，制造商需要按照 M 齐套时间为 T' 的生产计划 PlanT'P 组织生产。将该重调度定义为 $\text{ReSchedule}_3^S = FF_3$ $|\Delta M_S, \Delta M_S', \text{pred-mgt}|F_S(\pi')$（$\text{ReSchedule}_3^S$ 为供应链第三次重调度主体是供应商；ΔM_S 与 $\Delta M_S'$ 为供应商的两个干扰）。

（3）输出结果

供应商生产计划；制造商生产计划；物料 M 的交货时间。

上述干扰管理过程中三次重调度为供应链协调干扰管理的数据基础，通过供应链内企业协调预排产，预估企业在不同方案下的各自成本，企业间信息不必完全公开，以有限信息协调的方式实现供应链应对干扰总成本最低。三次重调度分别为

问题 A：　　　　$\text{ReSchedule}_1^S = FF_3 | \Delta M_S, \text{pred-mgt}|F_S(\pi')$　　　（8.22）

问题 B：　　　　$\text{ReSchedule}_2^P = F_2 | \text{nwt}, \Delta M_P, \text{pred-mgt}|F_P(\pi')$　　（8.23）

问题 C：　　　　$\text{ReSchedule}_3^S = FF_3 | \Delta M_S, \Delta M_S', \text{pred-mgt}|F_S(\pi')$　　（8.24）

3. 供应商重调度模型

供应商 S 在 0 时刻有 m 个具有相同优先级任务构成的任务集 $\text{Orders}_s = [O_1^S, O_2^S, O_3^S, \cdots, O_m^S]$（$m > 1$），任务集 Orders_s 需要安排在供应商的离散设备上进行加工，供应商的加工环境为：供应商的设备集合为 $\text{Machines}_s = [M_1^S, M_2^S, M_3^S]$，供应商由三个工位串行构成的柔性流水车间，每项工作必须先在工位 1 加工，然后工位 2、工位 3，每个工位只有一台设备。每个设备上，任务 O_i^S 只能加工一次。任务的加工顺序决定后，在所有的设备上都按照该顺序加工。对于每一个任务，只有上一道工序完工才可以开始下一道工序，在每道工序上加工时，一旦中断要重新进行该道工序；对于每台设备，只有上一个任务加工完成才可以开始下一个任务的加工。假设所有任务和设备均在 0 时刻准备就绪，任务 O_j^S 在设备 M_i^S 上的开工时间为 s_{ij}^S，任务 O_j^S 在设备 M_i^S 上的加工时间为 p_{ij}^S，任务 O_j^S 在设备 M_i^S 上的完工时间为 C_{ij}^S；供应商的可行加工时间表为 π^S，由全部可行加工时间表 π^S 所构成的集合为 Π^S。

供应商为钢铁制造企业，物料准备简单，任务提前不会产生大量成本，但滞后生产会产生罚金，所以供应商重调度目标只考虑任务生产完工滞后时间。设任务 O_i^S 的完工时间为 C_i^S，初始生产计划 PlanTS 对应的完工时间为 $\overline{C_i^S}$。对于问题 A 和问题 C，重调度模型 pred-mgt 为

$$\min F_S(\pi') = \sum_{j=0}^{n} w_j T_j \qquad (8.25)$$

$$T_j = \max[(C_i^S - \overline{C_i^S}), 0] \qquad (8.26)$$

s.t. $\text{if}(s_{ij}^S \leq t_1 \wedge C_{ij}^S > t_2) \longrightarrow s_{ij}^S = t_2$ (8.27)

$$s_{ij}^S \geq C_{(i-1)(j-1)}^S + p_{(i-1)j}^S, \quad \forall i \geq 2, \forall j \geq 2 \quad (8.28)$$

$$C_{ij}^S = s_{ij}^S + p_{ij}^S \quad (8.29)$$

$$(s_{ij_1}^S \geq C_{ij_2}^S) \vee (s_{ij_2}^S \geq C_{ij_1}^S) \quad (8.30)$$

$$x_i = 1, 2, \cdots, m \quad (8.31)$$

$$s_{x_i j}^S \geq C_{x_i j}^S, i = 1, 2, \cdots, m, 1 \leq j \leq 3 \quad (8.32)$$

$$s_M^S < T \wedge C_M^S < T \quad (8.33)$$

在 pred-mgt 模型中,式(8.25)为重调度的优化目标是最小化各任务的加权滞后时间和;式(8.26)为滞后时间计算式;式(8.27)为任何任务的任何工序不能在 t_1 和 t_2 之间加工,一旦被安排在这个区间,则该任务该工序在 t_2 时刻开始加工;式(8.28)为任务加工的时序约束,指任务的前一工序加工完成才能开始下一工序的加工;式(8.29)为无中断流水作业约束,即任务一旦开始加工就不能中断;式(8.30)为设备作业的析取约束,指安排在同一设备上加工的两个任务不能同时进行;式(8.31)定义了调度排序变量 x_j,表示 n 个任务的生产顺序;式(8.32)为在每台设备上,任务都按照 x_i 定义的顺序加工;式(8.33)为物料 M 对应的任务必须在 T 时刻之前完工,该约束只针对问题 C。

4. 制造商重调度模型

制造商设备集合 Machines$_P = [M_1^P, M_2^P]$,设制造商 P 在 0 时刻有 n 个具有相同优先级任务构成的任务集 Orders$_P = [O_1^P, O_2^P, O_3^P, \cdots, O_n^P]$ ($n>1$),任务集 Orders$_P$ 需要安排在制造商的双机成比例无等待流水线上进行加工,该流水线的加工环境为:对于任意任务 O_j^P 在设备 M_j^P 上仅加工一次;任意设备 M_j^P 在某一时刻仅能加工一个任务;同一任务在两台设备上的加工过程必须连续完成;被中断的任务必须重新开始加工。假设所有任务和设备均在 0 时刻准备就绪,流水线上两台设备的加工速度关系为 $v_1 > v_2$;任务 O_j^P 在设备 M_i^P 上的加工时间为 p_{ij}^P(满足 $p_{1j} \cdot v_1 = p_{2j} \cdot v_2$),任务 O_j^P 在设备 M_i^P 上的开工时间为 s_{ij}^P,任务 O_j^P 在设备 M_i^P 上的完工时间为 C_{ij}^P,任务 O_j^P 在流水线上的完工时间为 C_j^P;制造商的可行加工时间表为 π^P,由全部可行加工时间表 π^P 所构成的集合为 Π^P。制造商在某一个任务必须延迟加工的情况下可调度的任务集为 J'。

制造商是领导企业,在供应链干扰后仍然以初始目标调度任务,产生的成本转嫁给供应商,所以问题 B 的干扰管理模型 pred-mgt 可表示为

$$\min_{i \in \{1,2\}|j \in J'} \{F_I^P(\pi') = C_{\max}, F_{II}^P(\pi') = \sum_{j=1}^{n'} T_j\} \quad (8.34)$$

s.t. $s_{1M}^P \geq T'$ (8.35)

$$s_{2j}^P \geq C_{1(j-1)}^P + p_{1j}^P, \quad \forall j \geq 2 \tag{8.36}$$

$$C_{ij}^P = s_{ij}^P + p_{ij}^P \tag{8.37}$$

$$(s_{ij_1}^P \geq C_{ij_2}^P) \vee (s_{ij_2}^P \geq C_{ij_1}^P) \tag{8.38}$$

$$x_i = 1, 2, \cdots, n \tag{8.39}$$

$$s_{x_i j}^P \geq C_{x_i j}^P, i = 1, 2, \cdots, n, 1 \leq j \leq 2 \tag{8.40}$$

在 pred-mgt 模型中,式(8.34)为重调度问题干扰管理的优化目标是最大完工时间最小和最小化任务加权滞后时间之和;式(8.35)为需要使用物料 M 的任务被安排在交货时间 T' 之后加工;式(8.36)为任务加工的时序约束,指任务的前一工序加工完成才能开始下一工序的加工;式(8.37)为无中断流水作业约束,即任务一旦开始加工就不能中断;式(8.38)为机器作业的析取约束,指安排在同一机器上加工的两个任务不能同时进行;式(8.39)定义了决策变量 x_i,为任务调度排序;式(8.40)为任务的时序约束,即在任意设备上都按照 x_i 定义的顺序加工,且对于一个设备,一定要上一个任务完成才可以进行下一个任务。

制造商为铸造企业,生产过程严重依赖供应商提供的原材料,且变更会导致能耗成本飙升,在初始生产计划生成之后相应的物料表已经下发仓库,任务的突然提前会导致仓库库存波动,物料的准备会产生更多的成本,所以任务提前是制造商在计算罚金时的一个方面;与所有企业一样,任务拖期会导致客户罚单,所以任务加权滞后时间之和是制造商计算罚金的另一个方面。综上,制造商成本公式为

$$C_P = \alpha \sum_{j=1}^n \max[(C_j^P - \overline{C_j^P}), 0] + \beta \sum_{j=1}^n \sum_{i=1}^3 \max[(s_{ij}^P - \overline{s_{ij}^P}), 0] \tag{8.41}$$

式中,α、β 为制造商的滞后成本和物流筹措成本系数,由制造商根据自身情况和与供应商的关系自行安排。

8.2.3 问题求解

1. DPSO 算法设计

本节探讨的重调度问题为离散问题,采用标准 PSO 需要把连续的实数速度和位置不断转换为整数,已有 ROV 规则可以实现,但微粒位置各维度有相同的可能,连续的实数向量不易于理解。通过进行大量 benchmark 实验,证明了 DPSO 在解决调度问题时比 PSO 耗时更多,但能找到更多的最优解。

DPSO 在微粒当前位置、自身最佳位置和群体最佳位置的相互作用下获得新的位置,位置更新公式为

$$X_i^{k+1} = c_2 \otimes g\{c_1 \otimes g[w \otimes f_{a,b}(X_i^k), pB_i^k], gB^k\} \tag{8.42}$$

式中,w、c_1 和 c_2 为 0~1 的小数。w 为微粒上一位置对当前位置的影响,也可以理解为惯性系数;c_1 为微粒位置受自身历史最好位置的影响程度;c_2 为微粒位置受群体历史最优位置的影响程度。

位置更新操作依次为:

第一部分,执行 $w \otimes f_{a,b}(X_i^k)$ 操作。可理解为微粒根据自身当前位置所做出的调整,首先产生 0~1 均匀分布的一个随机数 ρ,如果 $w < \rho$,则 $w \otimes f_{a,b}(X_i^k) = X_i^k$,否则 $w \otimes f_{a,b}(X_i^k) = f_{a,b}(X_i^k)$。$f_{a,b}(X_i^k)$ 为对 X_i^k 的第 a 维分量与第 b 维分量实施交换。显然第一部分的结果是一个可行的任务序列。

第二部分,执行 $c_1 \otimes g[w \otimes f_{a,b}(X_i^k), pB_i^k]$,可理解为微粒根据自身的最佳位置所做出的调整,首先产生 0~1 均匀分布的一个随机数 ρ;若 $\rho < c_1$,则 $c_1 \otimes g[w \otimes f_{a,b}(X_i^k), pB_i^k] = g[w \otimes f_{a,b}(X_i^k), pB_i^k]$,否则第二部分的结果等于第一部分的结果。执行步骤为

步骤 1,把整数 1~n 随机分成两个集合 S_1 和 S_2;

步骤 2,令 $l=1, j=1$;

步骤 3,若 $x_{i,j}^k \in S_1$,则 $y_{i,l}^k = x_{i,j}^k, l=l+1$;若 $pB_{i,j}^k \in S_2$,则 $y_{i,l}^k = pB_{i,j}^k, l=l+1$;

步骤 4,若 $l = m \times n + 1$,则输出序列 Y_i^k;否则,令 $j=j+1$,然后返回步骤 3。

第三部分,执行 $c_2 \otimes g\{c_1 \otimes g[w \otimes f_{a,b}(X_i^k), pB_i^k], gB^k\}$,可理解为微粒根据群体的最佳位置所做出的调整,首先产生 0~1 之间均匀分布的一个随机数 ρ;若 $\rho < c_2$,则第三部分输出结果为 $g\{c_1 \otimes g[w \otimes f_{a,b}(X_i^k), pB_i^k], gB^k\}$,否则第三部分的结果等于第二部分的结果。

2. 邻域搜索策略

邻域搜索策略能弥补算法局部搜索能力。对于组合优化问题,特别是重调度干扰管理问题,一种邻域结构中的局部最优解不一定是另一种邻域结构中的局部最优解,同时一种邻域结构中的局部最优解常常在另一种邻域结构中的局部最优解附近。VNS 算法就是基于这种考虑,从一个初始解开始,通过在搜索过程中不断变换邻域结构来获得更高质量的解,并通过不断更新初始位置增大邻域搜索范围,使算法具有跳出局部最优的能力。

结合退火策略,本节设计了如下邻域搜索策略,在搜索过程中根据算法进程逐渐变化邻域搜索步长,并与固定步长邻域搜索对比,探讨邻域搜索对算法结果的影响。

策略 1:设置邻域搜索步长 n,如果邻域搜索进行过程中连续 n 次没有找到更优解,则邻域搜索终止;若邻域搜索 n 次内找到了更优解,则更新原微粒,并从 0 开

始计算邻域搜索次数,直到连续 n 次没有找到更优解,邻域搜索终止。

```
LocalSearch_1( 步长 n )
    {
        while (count<n)
        {
            temp← x;
            p1← p2 ← Random;
            if (p1 > p2)→ 交换 p1 和 p2;
            将 temp 中 p1 向量插入 p2 向量后;
            评价 temp;
            如果 temp 优于 x;
            则 x ← temp;
            否则 count++;
        }
```

策略 2:设置邻域搜索步长 N,N 随着搜索的进行逐渐变大,用户输入最大邻域搜索次数 n,初始 $N=0.5n$,在计算的过程中根据公式 $N = \text{Max}(n, \lceil N \cdot \text{fitness}_{n-1}/\text{fitness}_n \rceil)$ 不断更新 N,如果邻域搜索进行过程中连续 N 次没有找到更优解,则邻域搜索终止;若邻域搜索 N 次内找到了更优解,则更新原微粒,并从 0 开始计算邻域搜索次数。

```
LocalSearch_2( 步长 n )
    {
        while (count<n)
        {
            temp← x;
            p1← p2 ← Random;
            if (p1 > p2)→ 交换 p1 和 p2;
            将 temp 中 p1 向量插入到 p2 向量后;
            评价 temp;
            如果 temp 优于 x;
            则 x ← temp 且 N ← math.Max( n, N * fitness / fittemp );
            否则 count++;
        }
```

8.2.4 算例实验

1. 数值算例设计

设制造商任务集中有 10 个任务 $\text{Orders}_P = [\, O_1^P, O_2^P, \cdots, O_i^P, \cdots, O_{10}^P \,]$，每个任务 O_i^P 在设备 M_2^P 上的加工时间是设备 M_1^P 上的加工时间的 1.2 倍，每个任务在每台设备上的加工时间见表 8.2。

表 8.2 制造商任务集在两个设备上的加工时间

i	M_1^P	M_2^P
1	1	1.2
2	2	2.4
3	3	3.6
4	4	4.8
5	5	6
6	6	7.2
7	7	8.4
8	8	9.6
9	9	10.8
10	10	12

供应商任务集中有 10 个任务 $\text{Orders}_S = [\, O_1^S, O_2^S, \cdots, O_i^S, \cdots, O_{10}^S \,]$，每个任务 O_i^S 在每台设备上的加工时间见表 8.3。

表 8.3 供应商任务集在设备上的加工时间

i	M_1^S	M_2^S	M_3^S
1	1	2	3
2	2	3	4
3	3	4	5
4	4	5	6
5	5	6	7
6	3	2	1
7	4	3	2

续表

i	M_1^S	M_2^S	M_3^S
8	5	4	3
9	6	5	4
10	7	6	5

制造商以完工时间和最小 $f(\pi)^P = \min \sum_{j=1}^{10} C_j^P$ 为目标，根据定理可知，制造商的排产符合 SPT 规则，得出制造商的最优排产计划 PlanTP = [$O_1^P, O_2^P, O_3^P, O_4^P, O_5^P, O_6^P, O_7^P, O_8^P, O_9^P, O_{10}^P$]。安排见表 8.4。

表 8.4 制造商 PlanTP 任务在各设备上开工完工时间表

i	M_1^P 开工时间	M_1^P 完工时间	M_2^P 开工时间	M_2^P 完工时间
1	0	1	1	2.2
2	1	3	3	5.4
3	3	6	6	9.6
4	6	10	10	14.8
5	10	15	15	21
6	15	21	21	28.2
7	21.2	28.2	28.2	36.6
8	28.6	36.6	36.6	46.2
9	37.2	46.2	46.2	57
10	47	57	57	69

供应商以最小化最大完工时间 $f(\pi)^S = \min(\max C_{ij}^P)$（$1 \leq i \leq 10, 1 \leq j \leq 3$）为目标。考虑到制造商任务 O_6^P 需要供应商任务 O_3^S 在 $T=15$ 时刻交货，供应商在调度时确保任务 O_3^S 在 $T=15$ 之前完工。

调度策略：根据交货时间倒推出三个设备的占用时间为 $\Delta M(M_1^S) = |3, 6|$，$\Delta M(M_2^S) = |6, 10|$，$\Delta M(M_3^S) = |10, 15|$。在排产过程中，任意任务 O_i^S 占用了 $\Delta M(M_j^S)$，则将任务 O_3^S 安排在该任务 O_i^S 之前。注意，O_3^S 未必安排在上述三个时段，但用上述机制安排，任务 O_3^S 可以早于等于交货时间 T 完成。

利用上述策略求解得出 PlanTS = [$O_1^S, O_2^S, O_3^S, O_4^S, O_5^S, O_{10}^S, O_9^S, O_8^S, O_7^S, O_6^S$]，时间表见表 8.5。

表 8.5 供应商按照最大完工时间最小得出的生产计划表

i	M_1^S 开工时间	M_1^S 完工时间	M_2^S 开工时间	M_2^S 完工时间	M_3^S 开工时间	M_3^S 完工时间
1	0	1	1	3	3	6
2	1	3	3	6	6	10
3	3	6	6	10	10	15
4	6	10	10	15	15	21
5	10	15	15	21	21	28
10	15	22	22	28	28	33
9	22	28	28	33	33	37
8	28	33	33	37	37	40
7	33	37	37	40	40	42
6	37	40	40	42	42	43

2. 计算过程及结果

当停机干扰 $\Delta M_S = |14, 18|$ 发生时，对应问题 A，此时供应商已经安排好交货时间，如果不能按期完成将产生拖期惩罚。供应商为钢铁生产企业，物料准备简单，故在计算成本时不在意任务提前，只在意任务拖期造成的罚单费用，成本计算公式为

$$C_S = \sum_{i=0}^{m} \theta_i \cdot \max[(C_i^S - \bar{C}_i^S), 0] \qquad (8.43)$$

式中，θ_i 为任务 O_i^S 的成本系数；C_i^S 为任务 O_i^S 完工时间；$\bar{C}_i^S$ 为干扰前原最优计划 PlanTS 中任务 O_i^S 的完工时间；式(8.42)为所有任务加权滞后时间之和。以此为目标求解干扰 ΔM_S 发生后供应商成本最小的重调度计划 PlanT′S = [O_1^S, O_2^S, O_7^S, O_3^S, O_4^S, O_5^S, O_9^S, O_8^S, O_6^S, O_{10}^S]（同为最优解序列分别为[1, 2, 7, 3, 4, 5, 10, 6, 8, 9][1, 2, 7, 3, 4, 5, 9, 6, 8, 10][1, 2, 7, 3, 4, 5, 8, 9, 6, 10]），取 $\theta_i = 1$ ($i = 1, 2, \cdots, 10$)，此时 $f(\pi)'_S = 53$，各任务开工完工时间见表 8.6。

表 8.6 供应商应对扰动 ΔM 的生产计划 PlanT′S 时间表

i	M_1^S 开工时间	M_1^S 完工时间	M_2^S 开工时间	M_2^S 完工时间	M_3^S 开工时间	M_3^S 完工时间
1	0	1	1	3	3	6
2	1	3	3	6	6	10

续表

i	M_1^S 开工时间	M_1^S 完工时间	M_2^S 开工时间	M_2^S 完工时间	M_3^S 开工时间	M_3^S 完工时间
7	3	7	7	10	10	12
3	7	10	10	14	18	23
4	10	14	18	23	23	29
5	18	23	23	29	29	36
9	23	29	29	34	36	40
8	29	34	34	38	40	43
6	34	37	38	40	43	44
10	37	44	44	50	50	55

由表 8.6 可知,制造商需物料 M 对应的任务 O_3^S 不能按照 $T=15$ 交货,供应商向制造商协商在 $T'=23$ 交付物料 M 是否可行。制造商收到供应商的协商请求,考虑物料 M 的滞后齐套根据原目标式(8.13)调度排产,找出干扰 ΔM_P 下的最优重调度解,并计算相应的成本。

求解策略 1:对于算法产生的任意序列,在转换为生产计划时,如果任务 O_6^P 在 $T'=23$ 之前开工,则任务 O_6^P 的开工时间等于 23,再安排后面的任务。

制造商经过计算得出应对干扰 ΔM_P 的最优排产计划 PlanT'P = [O_1^P, O_2^P, O_3^P, O_4^P, O_5^P, O_6^P, O_8^P, O_7^P, O_9^P, O_{10}^P]。

由表 8.7 可知,在 ΔM_P 干扰下制造商最优排产对应的提前时间之和为 Earliness^P = 7.6,滞后时间之和为 Tardiness^P = 13.2。取 $\alpha=\beta=1$, $C_P=20.8$。制造商根据物料 M 拖期交付导致的扰动做出了评估,将损失转嫁给供应商,向供应商提出 20.8 的罚金来接受物料 M 的新交货时间 T'。

表 8.7　制造商在干扰 ΔM_P 条件下 PlanT'P 各任务时间表

i	M_1^P 开工时间	M_1^P 完工时间	M_2^P 开工时间	M_2^P 完工时间	原开工时间	提前时间	原完工时间	拖期
1	0	1	1	2.2	0	0	2.2	0
2	1	3	3	5.4	1	0	5.4	0
3	3	6	6	9.6	3	0	9.6	0
4	6	10	10	14.8	6	0	14.8	0
5	10	15	15	21	10	0	21	0
6	15	21	21	28.2	15	0	28.2	0

续表

i	M_1^P 开工时间	完工时间	M_2^P 开工时间	完工时间	原开工时间	提前时间	原完工时间	拖期
8	21	29	29	38.6	28.6	7.6	46.2	0
7	31.6	38.6	38.6	47	21.2	0	36.6	10.4
9	38.6	47.6	47.6	58.4	37.2	0	57	1.4
10	48.4	58.4	58.4	70.4	47	0	69	1.4
总计	—	—	—	—	—	7.6	—	13.2

供应商为了评估以 T 为交货时间和以 T' 为交货时间的成本,根据扰动 ΔM_S 和扰动 $\Delta M_S'$ 重调度得出双扰动下的生产计划 PlanT'S,并计算双扰动下的 PlanT'S 比 PlanTS 多产生的拖期罚金 C_S,与 C_P 对比做决策。

求解策略 2:供应商此时面对双扰动,分别为 $\Delta M_S =$ |14,18| 和任务 O_3^P 交货时间倒推出扰动 $\Delta M_S' = \{\Delta M(M_1^S) = |2,5|, \Delta M(M_2^S) = |5,9|, \Delta M(M_3^S) = |9,14|\}$。在任务序列转换为排产计划时,针对 ΔM_S,当任意任务的任意工序占用区间 |14,18| 时,该任务的当前工序开工时间调整至 18;针对 $\Delta M_S'$ 任意任务在设备上的加工时间占用了这三个区间,则将任务 O_3^P 插入当前任务前。

供应商经过计算得出双干扰下最优排产计划 PlanTS' = [$O_1^S, O_3^S, O_6^S, O_2^S, O_4^S, O_5^S, O_9^S, O_7^S, O_8^S, O_{10}^S$](同为最优解序列 [1,3,2,6,4,5,9,7,8,10])。$f(\pi)_S'' = 59, C_S = f(\pi)_S'' - f(\pi)_S' = 59 - 53 = 6$。由于 $C_S = 6 < 20.8 = C_P$,供应商选择以 T 为物料 M 的交货时间,采用 PlanTS' 为生产计划,具体见表 8.8。

表 8.8 供应商双干扰下的排产计划 PlanTS' 对应的开工时间、完工时间和拖期

i	M_1^S 开工时间	完工时间	M_2^S 开工时间	完工时间	M_3^S 开工时间	完工时间	原完工时间	拖期
1	0	1	1	3	3	6	6	0
3	1	4	4	8	8	13	15	0
6	4	7	8	10	13	14	43	0
2	7	9	10	13	18	22	10	12
4	9	13	18	23	23	29	21	8
5	18	23	23	29	29	36	28	8
9	23	29	29	34	36	40	37	3
7	29	33	34	37	40	42	42	0
8	33	38	38	42	42	45	40	5

续表

i	M_1^S 开工时间	M_1^S 完工时间	M_2^S 开工时间	M_2^S 完工时间	M_3^S 开工时间	M_3^S 完工时间	原完工时间	拖期
10	38	45	45	51	51	56	33	23
总计	—	—	—	—	—	—	—	59

供应商告知制造商继续以 $T=15$ 为交货时间，制造商以 PlanTP 为生产计划，无须做任何调整。协商结束。

8.2.5 本节小结

本节研究的问题适用于一个供应商与一个制造商组成的以制造商为核心的流程企业供应链，供应链中的两个企业相互独立，并分别有自己的订单，互相没有完全对称的信息交互，制造商是供应商的特殊客户，在供应链中有绝对的领导权。针对供应商出现扰动引起的供应链扰动，引入协商现金补偿的方式实现扰动的快速管理，帮助供应商和整个供应链降低成本。明确了该种扰动发生后，解决扰动发起协调的主体。建立了以协商补偿的方式管理供应链弱势企业扰动的协调模型，并在该协调模型下，建立了针对三机流水线供应商和双机成比例无等待流水线型制造商的重调度干扰管理模型。

结合渐变邻域搜索 DPSO 算法，提出了解决三机流水线停机 pred-mgt 干扰，同时应对插单干扰和停机干扰的干扰管理模型算法，并进行了算例实验，提出最优成本对应的排产计划。算例表明，本节提出的供应链干扰管理协商模型在企业信息不对称、只沟通交货时间和罚金的条件下能够迅速找到供应链成本最低的干扰管理办法，同时证明本节提出的渐变邻域搜索 DPSO 算法和重调度机制在解决三机流水线多干扰时是有效的。

参 考 文 献

薄洪光,潘裕韬,马晓燕.2013.双机成比例无等待流水线重调度干扰管理研究.运筹与管理,4:
    111-119,125.
陈安,李铭禄.2006.干扰管理、危机管理和应急管理概念辨析.应急管理汇刊,1(1):8-9.
丁玲.2006.对供应链突发事件防御的思考.北方经贸,(5):42-43.
丁然.2006.不确定条件下鲁棒性生产调度的研究.济南:山东大学博士学位论文.
关旭,马士华,肖庆.2015.两种运作模式下加工-装配式供应链响应性比较分析.管理学报,
    12(12):1840-1852.
胡虎,赵敏,宁振波,等.2016.三体智能革命.北京:机械工业出版社.
黄河,何青,徐鸿雁.2015.考虑供应风险和生产成本不确定性的供应链动态决策研究.中国管
    理科学,23(11):56-61.
计国君,杨光勇.2011.基于异质性顾客的随机配给策略研究.中国管理科学,19(2):161-168.
姜洋,孙伟,丁秋雷,等.2012.受扰机器单机干扰管理模型.农业机械学报,43(12):251-256.
姜洋,孙伟,丁秋雷,等.2013.考虑行为主体的单机调度干扰管理模型.机械工程学报,49(14):
    191-198.
雷臻,徐玖平.2004.供应链中突发事件的应急管理探讨.项目管理技术,(5):26-29.
李丛,张洁.2003.藕节型供应链的建立.商业时代,(18):18-19.
李铁克,肖拥军,王柏琳.2010.基于局部性修复的 HFS 机器故障重调度.管理工程学报,24(3):
    45-49,32.
刘锋,王建军,杨德礼,等.2012a.加权折扣单机排序干扰管理模型和算法研究.管理科学,
    (1):99-108.
刘锋,王建军,杨德礼,等.2012b.加工能力受限的单机干扰管理研究.管理工程学报,26(2):
    191-196.
刘锋,王建军,杨德礼,等.2013.考虑加工效率变化的变速机干扰管理研究.运筹与管理,
    22(3):201-208.
刘家国,周粤湘,卢斌,等.2015.基于突发事件风险的供应链脆弱性削减机制.系统工程理论与
    实践,35(3):556-566.
刘检华,宁汝新,刘少丽,等.2015.快速响应制造技术的内涵、基本特征及共性关键技术.国防
    制造技术,(1):28-34.
刘建,郝秀清,明黎民,等.2007.基于模糊算法的数据查询技术在应急管理中的应用.矿业安全
    与环保,(1):85-87.
潘逢山,叶春明.2012.生产调度干扰管理模型构建及智能算法研究.工业工程与管理,17(3):
    85-89.
苏程,李忠学,张金瑞.2011.基于 FAHP 的中小制造企业敏捷性评价体系研究.兰州交通大学
    学报,30(1):112-116.
王建华,李南,郭慧.2011.基于时间槽的敏捷供应链集成调度模型及优化.系统工程理论与实
    践,31(2):283-290.

王文宾,张雨,范玲玲,等.2015.不同政府决策目标下逆向供应链的奖惩机制研究.中国管理科学,23(7):68-76.
王勇,陈俊芳.2004.供应链事件管理——从技术到方法.预测,23(1):62-65.
吴成林.2016.提升我国制造业供应链快速响应能力的途径研究.生产力研究,(5):69-72.
吴娟.2010.供应商快速反应能力影响因素及综合评价研究.科技和产业,10(5):31-35.
吴忠和,陈宏,吴晓志,等.2015.突发事件下不对称信息供应链协调机制研究.运筹与管理,(1):48-56.
杨海,李凯,白代敏,等.2015.面向航空复杂产品生产线的快速响应制造模式研究.制造业自动化,(4):116-119.
杨瑾,尤建新,蔡依平.2007.产业集群环境下供应链系统快速响应能力评价.中国管理科学,15(1):34-40.
杨腾,张映锋,王晋,等.2015.云制造模式下制造服务主动发现与敏捷配置方法.计算机集成制造系统,(4):1124-1133.
杨锌,李智伟,李作为,等.2015.基于CAD/CAE/CAM的快速铸造方法及应用.特种铸造及有色合金,(3):255-257.
张菊亮,陈剑.2008.供应商管理库存应对突发事件.中国管理科学,16(5):71-76.
张凯峰,韩永生,潘旭伟.2004.供应链例外事件管理系统.计算机集成制造系统,10(11):1402-1407.
张连成,白书清,刘检华.2008.航天复杂产品快速响应制造数字化能力平台研究.计算机集成制造系统,(4):722-730.
张玉春,申风平,余炳,等.2013.企业集群环境下供应链快速响应能力影响因素研究——基于扎根理论.兰州大学学报(社会科学版),(1):126-131.
朱传波,季建华.2013.考虑供应商风险的订货与可靠性改善策略研究.管理评论,25(6):170-176.
朱子华,李严峰.2006.供应链中突发事件的分类、分级与分期研究//陆江.中国物流学术前沿报告.北京:中国物资出版社.
庄品,张庆.2007.应急管理及其在航空工业供应链中应用探讨.航空科学技术,(5):14-16.
邹辉霞.2007.供应链协同管理理论与方法.北京:北京大学出版社.

Abumaizar R J, Svestka J A. 1997. Rescheduling job shops under random disruptions. International Journal of Production Research,35(7):2065-2082.

Babiceanu R F, Seker R. 2016. Big data and virtualization for manufacturing cyber-physical systems: a survey of the current status and future outlook. Computers in Industry,81(C),128-137.

Baheti R, Gill H. 2011. Cyber-physical systems//Samad T, Annaswamy A M. The Impact of Control Technology. New York: IEEE Control Systems Society.

Ballestín F, Leus R. 2008. Meta-heuristics for stable scheduling on a single machine. Computers and Operations Research,35(7):2175-2192.

Barua A, Raghavan N, Upasani A, et al. 2005. Implementing global factory schedules in the face of stochastic disruptions. International Journal of Production Research,43(4):793-818.

参考文献

Bogataj D, Bogataj M, Hudoklin D. 2017. Mitigating risks of perishable products in the cyber-physical systems based on the extended MRP model. International Journal of Production Economics, 193: 51-62.

Cao X, Cheng P, Chen J, et al. 2013. An online optimization approach for control and communication codesign in networked cyber-physical systems. IEEE Transactions on Industrial Informatics, 9(1): 439-450.

Caro F, Martínez-De-Albéniz V. 2010. The impact of quick response in inventory-based competition. Manufacturing and Service Operations Management, 12(3): 409-429.

Chen Y X, Song Y. 2014. Emergency response capability assessment of emergency supply chain coordination mechanism based on hesitant fuzzy information. International Journal of Simulation Modelling, 13(4): 485-496.

Cheng A M K. 2008. Cyber-physical medical and medication systems. Beijing: The International Conference on Distributed Computing Systems Workshops.

Choi T M, Chow P S. 2008. Mean-variance analysis of Quick Response Program. International Journal of Production Economics, 114(2): 456-475.

Chow P S, Choi T M, Cheng T C E. 2012. Impacts of minimum order quantity on a quick response supply chain. IEEE Transactions on Systems, Man, and Cybernetics—Part A: Systems and Humans, 42(4): 868-879.

Christopher M. 2000. The agile supply chain competing in volatile markets. Industrial Marketing Management, 29(1): 37-44.

Clausen J, Larsen J, Larsen A, et al. 2001. Disruption management—operations research between planning and execution. Technical Report, 28(5): 40-43.

Colombo A W, Karnouskos S, Bangemann T. 2013. A system of systems view on collaborative industrial automation. Cape Town: IEEE International Conference on Industrial Technology.

Elkins D, Handfield R B, Blackhurst J, et al. 2005. 18 ways to guard against disruption. Supply Chain Management, 11(1): 46-53.

Fink J, Ribeiro A, Kumar V. 2012. Robust control for mobility and wireless communication in cyber-physical systems with application to robot teams. Proceedings of the IEEE, 100(1): 164-178.

Fu K, Xu J, Miao Z. 2013. Newsvendor with multiple options of expediting. European Journal of Operational Research, 226(1): 94-99.

Gunton R. 1987. Quick response (QR) US and UK experiences. Textiles outlook International, (10): 43-51.

Hall N G, Potts C N. 2004. Rescheduling for new orders. Operations Research, 52(3): 440-453.

Ishibuchi H, Murata T. 1998. A multi-objective genetic local search algorithm and its application to flowshop scheduling. IEEE Transactions on Systems Man and Cybernetics, 28(3): 392-403.

Jia W, Wang L H. 2017. Big data analytics based fault prediction for shop floor scheduling. Journal of Manufacturing Systems, 43: 187-194.

Kincade D H. 1995. Quick response management system for the apparel industry definition through technologies. Clothing Textiles Research,13(4):245-251.

Kleindorfer P R, Saad G H. 2009. Managing disruption risk in supply chains. Production and Operations Management,14(1):53-68.

Ko E, Kincade D B. 1998. Product line characteristics as dominants of quick response implementation for usapparol industry. Clothing and Textiles research Journal,16(1):1-18.

Lee C K M, Lv Y, Ng K K H, et al. 2018. Design and application of internet of things-based warehouse management system for smart logistics. International Journal of Production Research,(3):1-16.

Lee C Y, Joseph Y T, Leung, et al. 2006. Two machine scheduling under disruptions with transportation Considerations. Journal of Scheduling,9(1):35-48.

Lee C Y, Yu G. 2008. Parallel-machine scheduling under potential disruption. Optimization Letters, 2(1):27-37.

Lee C Y. 1997. Minimizing the makespan in the two-machine flowshop scheduling problem with an availability constraint. Operations Research Letters,20(3):129-139.

Leitão P, Colombo A W, Karnouskos S. 2016. Industrial automation based on cyber-physical systems technologies: Prototype implementations and challenges. Computers in Industry,81(c):11-25.

Leus R, Herroelen W. 2005. The complexity of machine scheduling for stability with a single disrupted job. Operations Research Letters,33(2):151-156.

Levi D S. 2007. Designing and Managing the Supply Chain. New York: McGraw-Hill International.

Li Y, Cheng H D. 2013. Resource planning for quick emergency response with multi-objective optimization. Application Research of Computers,30(11):3328-3335.

Lin Y, Wang P, Ma M. 2017. Intelligent Transportation System (ITS): Concept, Challenge and Opportunity. Boston: IEEE International Conference on Big Data Security on Cloud.

Liu C, Jiang P. 2016. A cyber-physical system architecture in shop floor for intelligent manufacturing. Procedia CIRP,56:372-377.

Lowson B, King R, Hunter A. 1999. Quick Response Managing the Supply to Meet Customers Demand. Hoboken: John wiley & Sons.

Ma M, Lin W, Pan D, et al. 2017. Data and decision intelligence for human-in-the-loop cyber-physical systems: reference model, recent progresses and challenges. Journal of Signal Processing Systems, 90(8),1167-1178.

Ma M, Wang P, Chu C H. 2015. LTCEP: Efficient Long-Term Event Processing for Internet of Things Data Streams. Sydney: IEEE International Conference on Data Science and Data Intensive Systems.

Mehta S V, Uzsoy R M. 2002. Predictable scheduling of a job shop subject to breakdowns. IEEE Transactions on Robotics and Automation,14(3):365-378.

Modak N M, Panda S, Sana S S. 2016. Two-echelon supply chain coordination among manufacturer and duopolies retailers with recycling facility. International Journal of Advanced Manufacturing Technology,87(5-8):1531-1546.

Monostori L. 2014. Cyber-physical production systems: roots, expectations and R&D challenges. Procedia CIRP,17:9-13.

Mulvey J M, Vanderbei R J, Zenios S A. 1995. Robust optimization of large-scale systems. Operations Research, 43(2): 264-281.

Pasqualetti F, Dörfler F, Bullo F. 2013. Attack detection and identification in cyber-physical systems. IEEE Transactions on Automatic Control, 58(11): 2715-2729.

Petrovic D, Duenas A. 2006. A fuzzy logic based production scheduling/rescheduling in the presence of uncertain disruptions. Fuzzy Sets and Systems, 157(16): 2273-2285.

Pugh L. 1991. Quick Response Trading Partnership the Future of Manufacturing. Nashville: Quick Response Conference.

Qi X T, Bard J F, Yu G. 2006. Disruption management for machine scheduling: the case of SPT schedules. International Journal of Production Economics, 103(1): 166-184.

Rajan S. 1999. Beyond JIT and the Lean Manufacturing Paradigm Implementing Quick Response Manufacturing. Norcross: Industrial engineering Solutions conference.

Rajkumar R, Lee I, Sha L, et al. 2015. Cyber-Physical Systems. Anaheim: The 47th Design Automation Conference.

Schirner G, Erdogmus D, Chowdhury K, et al. 2013. The future of human-in-the loop cyber-physical systems. Computer, 46(1): 36-45.

Serel D A. 2012. Multi-item quick response system with budget constraint. International Journal of Production Economics, 137(2): 235-249.

Serel D A. 2015. Production and pricing policies in dual sourcing supply chains. Transportation Research Part E: Logistics and Transportation Review, 76: 1-12.

Shan S, Wang L, Xin T, et al. 2013. Developing a rapid response production system for aircraft manufacturing. International Journal of Production Economics, 146(1): 37-47.

Smirnov A, Kashevnik A, Ponomarev A. 2015. Multi-level self-organization in cyber-physical-social systems: smart home cleaning scenario. Procedia Cirp, 30: 329-334.

Sowe S K, Simmon E, Zettsu K, et al. 2016. Cyber-physical-human systems: putting people in the loop. IT Professional, 18(1): 10-13.

Soyster A L. 1973. Technical note convex programming with set inclusive constraints and applications to inexact liner programming. Operation Research, 21(5): 1154-1157.

Stevens G. 1989. Integrating the supply chain. International Journal of Distribution & Material Management, 19(8): 3-8.

Sullivan P, Kang J. 1999. Quick response adoption in the apparel manufacturing industry competitive advantage of innovation. Journal of Small Business Management, 37(1): 1-13.

Vieira G E, Herrmann J W, Lin E. 2000. Predicting the performance of rescheduling strategies for parallel machine systems. Journal of Manufacturing Systems, 19(4): 256-266.

Volkan G, Steffen P, Tony G, et al. 2014. A survey on concepts, applications, and challenges in cyber-physical systems. KSII Transactions on Internet and Information Systems, 8(12): 4242-4268.

Wan K, Alagar V. 2014. Context-aware security solutions for syber-shysical systems. Mobile Networks and Applications, 19(2): 212-226.

Wang J, Abid H, Lee S, et al. 2011. A secured health care application architecture for cyber-physical systems. Control Engineering and Applied Informatics, 13(3):101-108.

Wang T, Thomas D J, Rudi N. 2014. The effect of competition on the efficient-responsive choice. Production and Operations Management, 23(5):829-846.

Womack J P, Jones D T. 1994. From the lean production to the lean enterprise. Harvard Business Review, 72(2):93-104.

Xu N R, Liu J B, Li D X, et al. 2016. Research on evolutionary mechanism of agile supply chain network based on complex network theory. Mathematical Problems in Engineering, (1):1-9.

Yan D, Huang F. 2015. Research on Company's Quick Response Model Oriented to Customer Demand. Berlin: Springer-Verlag.

Yang D, Qi E, Li Y. 2015. Quick response and supply chain structure with strategic consumers. Omega, 52:1-14.

Yossi S. 2001. Supply Chain management under the threat of international terrorism. International Journal of Logistics Management, 12(2):1-11.

Yu G, Qi X. 2004. Disruption Management: Framework, Models and Applications. Singapore: Singapore world scientific publishing Co. Pte. Ltd.

Zhang C, Dai W, Zhao Y. 2014. Product reliability evaluation based on manufacturing process information fusion. Vibroengineering Procedia, 5:15-24.

Zhang F, Szwaykowska K, Wolf W, et al. 2008. Task Scheduling for Control Oriented Requirements for Cyber-Physical Systems. Barcelona: Proceedings of IEEE Real-Time Systems Symposium.

Zhang Y, Zou D, Zheng J, et al. 2016. Formation mechanism of quick emergency response capability for urban rail transit: inter-organizational collaboration perspective. Advances in Mechanical Engineering, 8(6):1-14.

Zhao Q, Wang W, Chen H, et al. 2015. Pareto Improvements for A Supply Chain with Price-only Contracts based on Quick Response. Guangzhou: IEEE International Conference on Service Systems and Service Management.

Zhou J, Li P G, Zhou Y H, et al. 2018. Toward New-Generation Intelligent Manufacturing. Engineering, 4(1):11-20.